金融结构
对产业结构升级的
影响效应研究

马　微◎著

中国财经出版传媒集团

经济科学出版社
Economic Science Press

图书在版编目（CIP）数据

金融结构对产业结构升级的影响效应研究/马微著 . —北京：
经济科学出版社，2020.10
ISBN 978 - 7 - 5218 - 1993 - 9

Ⅰ. ①金…　Ⅱ. ①马…　Ⅲ. ①金融结构 - 影响 - 产业结构
升级 - 研究 - 中国　Ⅳ. ①F269.24

中国版本图书馆 CIP 数据核字（2020）第 203056 号

责任编辑：孙丽丽　胡蔚婷
责任校对：王苗苗
责任印制：范　艳

金融结构对产业结构升级的影响效应研究
马　微　著
经济科学出版社出版、发行　新华书店经销
社址：北京市海淀区阜成路甲 28 号　邮编：100142
总编部电话：010 - 88191217　发行部电话：010 - 88191522
网址：www. esp. com. cn
电子邮箱：esp@ esp. com. cn
天猫网店：经济科学出版社旗舰店
网址：http: //jjkxcbs. tmall. com
北京季蜂印刷有限公司印装
710 × 1000　16 开　17.5 印张　280000 字
2020 年 12 月第 1 版　2020 年 12 月第 1 次印刷
ISBN 978 - 7 - 5218 - 1993 - 9　定价：69.00 元
（图书出现印装问题，本社负责调换。电话：010 - 88191510）
（版权所有　侵权必究　打击盗版　举报热线：010 - 88191661
QQ: 2242791300　营销中心电话：010 - 88191537
电子邮箱：dbts@ esp. com. cn）

　　本书是教育部人文社会科学研究项目"新型数字基础设施驱动黄河流域产业高质量发展的机制与路径研究"（项目批准号：21YJC790085）和陕西省自然科学基础研究计划项目"基于金融供给侧结构性改革的企业部门杠杆率影响机制研究"（项目编号：2021JQ‑316）的阶段性研究成果，由陕西师范大学一流学科建设经费资助出版

前　　言

　　经济新常态下,积极发挥金融改革的重要作用,扩大和优化金融等软件基础设施的供给,形成高效的金融体系和有效支撑高新技术产业发展的金融结构,是从供给侧角度提升经济运行质量、实现产业结构升级的重要举措。国务院办公厅制定出台了《国务院办公厅关于金融支持经济结构调整和转型升级的指导意见》,明确指出要更好地发挥金融对经济结构调整和转型升级的支持作用。连续四年的中央经济工作会议均强调要把推进供给侧结构性改革作为经济工作的主线,并对金融行业在供给侧改革中的任务做出了总体部署,这为金融助力产业结构升级以及两者协调发展的相关研究提出了新的命题。然而现实是,一方面,中国当前金融运行总体是稳健的,但结构不合理的问题仍然存在,金融市场制度尚不完善,直接融资占比偏低,银行间接融资仍然占据主导地位,宏观杠杆率居高不下的同时金融风险大量集中于商业银行体系,与经济结构调整和转型升级的要求不相适应,高新技术企业、小微企业的融资难、融资成本高等问题始终未得到根本性的解决,这也成为制约企业自主创新能力提升和中国产业结构升级的重要瓶颈;另一方面,既有文献虽关注到了金融体系在经济增长过程中的重要作用,但相关研究大多停留在总量层面,鲜有研究从结构层面探讨金融结构与产业结构升级的关联性。因此,金融结构如何深化改革,特别是金融对实体经济的服务如何有效聚焦到产业结构调整和转型升级上已成为助力中国产业结构成功转型的关键。由此,开展"以产业结构升级为核心的金融结构研究"就成为当下乃至未来盘活中国经济整个一盘大棋的重要问题。

本书紧密围绕金融结构助力产业结构升级这一主题，按照"既有文献梳理—理论分析—历史演化—现状、趋势及问题分析—实证检验—政策建议"的思路展开研究，较为系统地分析了金融结构对产业结构升级的影响效应。第一，对国内外相关既有研究文献进行了系统梳理与评价，为本书的后续分析奠定了基础。第二，构建理论分析框架，一是从演化规律的视角分析了金融结构的基本特征，并结合技术进步、产业结构升级和经济增长的关系分析了产业结构升级的基本特征；二是从产业资本形成、产业资源配置和产业技术进步三个维度探讨金融结构影响产业结构升级的内在机制，回答了金融结构为什么会影响产业结构升级的问题；三是构建金融结构作用于产业结构升级的理论模型，揭示了金融发展在经济增长中的作用，以及金融结构与产业结构升级的内在关系；四是从直接、间接和非线性三个维度系统阐述了金融结构对产业结构升级的影响路径，回答了金融结构如何影响产业结构升级的问题，并提出相应的理论假说，从而为后文影响效应的进一步检验奠定理论基础。第三，从历史变迁的视角，考察了中国金融结构与产业结构的发展历程，依次剖析了不同阶段中国金融结构与产业结构的演化背景、基本特征及其变动方向。第四，从总体上考察了中国金融结构与产业结构的发展现状、趋势及存在的问题，一是从融资结构、银行业结构和资本市场结构三个层面出发，全面考察了中国金融结构的发展现状，并结合实践中金融结构的动态演变，总结出中国金融结构的复杂化趋势；二是从三次产业分布、中小企业发展、技术创新水平和主导产业发展等四个层面对中国产业结构的发展现状进行了系统分析，并结合实际中产业发展面临的巨大挑战，提出了中国产业结构升级的目标趋势；三是总结了中国当前的金融结构在助力产业结构升级过程中存在的不足。第五，构建金融结构与产业结构升级的测度指标体系，运用2005～2017年中国30个省份的面板数据从三个方面进行了实证检验，一是运用一步系统GMM估计技术对动态面板模型进行回归，考察了金融结构对产业结构升级的影响效应及地区差异；二是构建中介效应模型，从中小企业成长、技术创新和主导产业发展等三个层面考察了金融结构对产业结构升级的间接影响效应的存在性；三是采用面板门槛回归技术检验了金融结构对产业结构升级的非线性影响效应，揭示了金融结构对产业结构升级的非线性影响规律、约束机制及地区差异等问题。第六，在理论分析与实证检验得出的研究结论的基础上，结合中国金融改革和产业结构调整的前进态势，提出了金融助力中国产业结构升级的相关政策建议。

本书研究发现：第一，金融结构推动产业结构升级的过程，体现为市场经济体制下金融体系为产业发展提供多元化金融服务，并通过产业资本形成机制、产业资源配置机制和产业技术进步机制的三层递进机制，促进国民储蓄和资本积累，引导资金优化配置，提升技术创新水平，进而实现产业结构升级。第二，中国的金融结构经历了巨大变迁，初步形成了银行主导型融资结构、竞争性银行业结构和复合型资本市场结构，且随着实践中金融结构的动态演变，呈现出交叉融合的复杂化趋势和显著的地区差异；中国的产业结构经历了明显的阶段性变迁，并基本形成了"三二一"的产业结构类型，但同时中国的产业发展还存在第三产业占比过低，产值结构与就业结构不匹配，产业结构地区分布不平衡，产业内部结构低端化等结构性问题。第三，金融结构对产业结构升级具有显著影响，一是无论融资结构、银行业结构还是资本市场结构，均对产业结构升级具有显著影响，且产业结构的升级受惯性影响表现出了延续性与累积性的特征；二是市场主导型融资结构、竞争性银行业结构和复合型资本市场结构更有利于促进产业结构升级；三是金融结构对产业结构升级的影响效应确实存在着一定的地区差异。第四，金融结构能够通过中小企业发展、技术创新等产生中介效应，从而间接影响产业结构升级，一是从融资结构层面来看，对技术创新水平的提升确实是融资结构推动产业层次提升的一个重要影响路径；二是从银行业结构层面来看，银行业集中度的提升确实会阻碍中小企业成长和技术创新水平提升而抑制产业结构的升级；三是资本市场结构层面，资本市场结构通过助力中小企业成长和技术创新进而促进产业结构升级的机制是成立的。第五，金融结构与产业结构升级之间存在着复杂的非线性关联，且受到经济发展阶段和金融生态环境等因素的制约。

区别于以往的研究，本书的创新点主要有：第一，初步构建了金融结构影响产业结构升级研究的逻辑框架，不同于现有研究大多集中于总量层面，本书从结构角度出发探讨了金融结构对产业结构升级的作用机理、影响路径与影响效应，厘清了与不同产业结构相匹配的金融结构，进一步丰富了金融结构理论的相关研究成果。第二，较为深入地剖析了金融结构影响产业结构升级的理论机理，本书从产业资本形成、产业资源配置和产业技术进步三个层面剖析了金融结构影响产业结构升级的内在机制，回答了金融结构为什么会影响产业结构升级的问题，同时探究了金融结构对产业结构升级的直接、间接和非线性影响路径，回答了金融结构如何影响产业结构升级的问题，这对理论界深入认识金融结构与产业结构升级问题提供了有益的思考。第三，弥补了传统金融结构理论与实践的脱节，现代金融结构呈现出超越传统金融结构理论的复杂化特征，而现有金融结构理论研究并未体现这一内容，本书结合实践中金融结构的内生演变，系统阐述了现代金融结构交叉融合的复杂化趋势。第四，较为全面地考察了金融结构对产业结构升级的影响效应。不同于现有研究大多停留在理论分析层面，本书在从融资结构、银行业结构和资本市场结构三个方面对金融结构进行全景式衡量的基础上，利用中国省际面板数据从直接、间接和非线性三个维度实证考察了金融结构对产业结构升级的影响效应，无疑为该前沿研究领域增添了不可或缺的重要经验证据。

目 录
CONTENTS

第 1 章   **导论** / 1

1.1   问题的提出 / 1

1.2   研究思路、方法及相关概念的界定 / 7

1.3   研究框架与结构安排 / 14

1.4   本文创新点 / 17

第 2 章   **文献综述** / 20

2.1   金融发展理论 / 20

2.2   金融发展与经济增长关系的相关研究 / 28

2.3   金融结构与经济增长关系的相关研究 / 35

2.4   金融结构与产业结构升级关系的相关研究 / 44

2.5   对现有文献的评价 / 47

第 3 章   **金融结构影响产业结构升级的理论分析** / 51

3.1   金融结构与产业结构升级的特征分析 / 51

3.2   金融结构影响产业结构升级的内在机制 / 56

3.3   金融结构作用于产业结构升级的理论模型 / 62

3.4   金融结构对产业结构升级的影响路径研究 / 67

3.5　本章小结 / 84

第4章　**中国金融结构与产业结构的历史演化** / 85

4.1　中国金融结构的发展历程 / 85

4.2　中国产业结构的发展历程 / 90

4.3　本章小结 / 102

第5章　**中国金融结构与产业结构发展现状、趋势及问题分析** / 103

5.1　中国金融结构发展现状及趋势 / 103

5.2　中国产业结构发展现状及趋势 / 124

5.3　金融结构助力产业结构升级存在的问题 / 133

5.4　本章小结 / 136

第6章　**金融结构对产业结构升级直接影响效应的实证检验** / 137

6.1　核心变量的指标构建与测算 / 137

6.2　研究设计 / 149

6.3　金融结构对产业结构升级的直接影响效应检验 / 156

6.4　本章小结 / 165

第7章　**金融结构对产业结构升级间接影响效应的实证检验** / 168

7.1　中介变量的指标设定 / 168

7.2　研究设计 / 176

7.3　金融结构对产业结构升级的间接影响效应检验 / 179

7.4　本章小结 / 185

第8章　　金融结构对产业结构升级非线性影响效应实证检验 / 187

8.1　研究设计 / 187

8.2　基于金融结构门槛的非线性影响效应检验 / 193

8.3　基于经济发展阶段门槛的非线性影响效应检验 / 204

8.4　基于金融生态环境门槛的非线性影响效应检验 / 216

8.5　本章小结 / 226

第9章　　金融助力中国产业结构升级的对策 / 229

9.1　构筑金融结构与产业结构协调发展的新格局 / 229

9.2　深化金融对产业结构升级的支持作用 / 234

9.3　完善差异化与动态化的金融支撑体系 / 239

9.4　本章小结 / 242

第10章　　研究结论与展望 / 243

10.1　研究结论 / 243

10.2　进一步研究方向 / 246

参考文献 / 248

|第 1 章|
导　　论

1.1　问题的提出

1.1.1　选题背景

1. 产业结构升级是经济新常态下的重要战略任务

改革开放以来，中国经济发展取得了举世瞩目的辉煌成就，国内生产总值由 1978 年的 3645 亿元跃升至 2018 年的 900309 亿元，经济总量排名相继超越日本和德国，仅次于美国，位居世界第二。随着经济总量的不断增大，经济运行中不确定、不稳定的因素也在增加，经济结构失衡的深层次矛盾和问题日益凸显，传统比较优势减弱、经济发展方式较为粗放、创新能力不足、产能过剩等问题突出。经济发展面临速度换挡、结构调整和动力转换的节点。经济发展向形态更高级、分工更优化、结构更合理阶段演化的趋势更加明显，经济提质增效、转型升级的要求更加紧迫。

无论从国际还是国内形势来看，推动经济结构调整和产业结构升级将是我国"十三五"时期的重要战略任务。就国际形势而言，金融危机的爆发使世界经济受到严重冲击，经历了较长时间的恢复调整。美国、欧洲等发达国家强烈意识到产业结构升级对于改善经济和就业的重要性，纷纷从自身的现状与优势出发，站在国家中长期发展的高度，陆续推出应对新一轮产业革命的国家战略。从德国的"工业4.0"、美国的"制造业回归"、法国的"新工业法国"到日本的"工业价值链"、韩国的"制造业创新3.0"，其本质都是希望借助产业结构升级来提振制造业、改善就业、恢复经济，尤其是加大在高新技术密集型制造业领域的支持力度，试图牢牢掌控全球价值链的高端环节。高新技术领域一批新技术、新业态和新型产业正在蓬勃涌现，新一轮科技革命和产业变革已有萌芽之势，这迫使中国必须要加速转变经济增长方式、推动产业迈向中高端水平。此外，传统产业发展模式所依靠的极具竞争力的要素价格已被较晚开放的国家如印度尼西亚、越南等国所取代，以低成本优势取胜的发展模式难以持续。就国内形势而言，发展方式粗放、结构不合理、产能过剩、创新不足等问题日益突出，资源瓶颈与环境约束也在不断加大，这对新常态下中国产业结构的进一步升级形成了倒逼机制。随着人均国民总收入的快速增长，21世纪初我国按照世界银行的标准已进入中等收入国家行列，随之而来的是经济增长动力不足、人均国民收入难以提高的"中等收入陷阱"考验。要摆脱"中等收入陷阱"，一个关键的挑战就是以可持续的方式保持高速增长。在中国，这就意味着必须用改革的办法推进结构调整来应对过去二十年的高速增长所带来的生产成本持续上升、资源环境约束不断强化、要素的规模驱动力减弱、传统产业供给过剩等一系列问题。因此，要实现国民经济的平稳健康科学发展，就必须要加快转变经济增长方式，推进经济结构的战略性调整和产业结构的持续升级。

党的十八大报告明确提出，优化产业结构是加快转变经济发展方式的重点任务。"十三五"规划更是将产业迈向中高端水平作为今后五年经济社会发展的主要目标之一，强调必须用改革的办法推进结构调整，优化要素配置，推动产业结构升级，扩大有效和中高端供给，提高全要素生产率。综观这些文件，均与产业结构升级有关，这既反映了产业结构问题已成为当前中国经济社会发展的最重要的阶段性问题，也反映出产业结构问题迄今尚未获得根本性的改善与解决。

2. 优化金融结构是从供给侧推动产业结构升级的重要举措

积极发挥金融改革的重要作用，扩大和优化金融等软件基础设施的供给，形成高效的金融体系和有效支撑高新技术产业发展的金融结构，是从供给侧角度提升经济运行质量、实现产业结构升级的重要举措。

经济进入"新常态"后，既有的需求管理政策难以维持巨大体量的经济继续高速前行。在适度扩大总需求的同时，从供给侧发力加强结构性改革，已成为释放经济活力、实现产业结构升级的有效途径。需求虽然是经济发展的原动力，但供给体系效率的低下会直接影响需求的有效满足，供给短缺的问题又会反过来制约需求水平的有效提升，因而在重视需求管理的同时需要进行供给侧改革。从经济全局的高度出发，强调宏观调控的重心由需求侧向供给侧转变，是推进产业迈向价值链高端的重要力量和手段。有别于以往的需求管理，供给侧改革不再注重通过消费需求、投资需求和外贸需求的拉动来"美化"所谓的产业结构数据，而是注重加强供给体系的运行效率，顺应产业结构升级的内在规律。

供给侧包含两个基本方面，一方面是生产要素的投入与积累，另一方面是要素升级、制度变革和结构优化。由于资本、劳动力、土地资源等生产要素的投入在短期内是不可变的，因而从供给侧入手，针对结构性问题而推进的改革更依赖于制度层面改革。金融业是资本形成和资本配置的重要渠道，金融制度的改革对经济的持续健康发展至关重要，直接决定供给侧资金的形成和分配效率。产业结构的优化调整不是一蹴而就的，它需要多方合力，如人口、自然资源、技术进步、消费和投资需求等协同推进，但起决定作用的还是资金配置，这是因为资金配置在微观上决定了其他生产要素的配置。资金作为一种稀缺性的生产资源，是支持产业结构升级的重要因素。因此，金融结构作为影响资金获得便利的关键，对产业结构的升级具有至关重要的影响。良好的金融结构通过资金聚集、流动性创造、信息揭示等金融功能的发挥，影响资本积累和资金配置，最终作用于产业结构的升级。国务院办公厅于 2013 年 7 月 5 日出台了《国务院办公厅关于金融支持经济结构调整和转型升级的指导意见》（以下简称《意见》），明确指出，要更好地发挥金融对经济结构调整和转型升级的支持作用，优化社会融资结构，持续加强对重点领域和薄弱环节的金融支持。从 2015 年至今，连续四年的中央经济工作会议均强调要把推进供给侧结构性改革作为经济工作的主线，并对金融行业在供给侧改革中的任务做出了总体部署。

3. 中国当前的金融结构不足以为产业结构升级提供有效支撑

多年以来中央政府出台的包括《意见》在内的多项政策秉承了资金支持的针对性和有效性的一贯方针（诸如加大对有市场发展前景的先进制造业、战略性新兴产业等领域的资金支持力度，整合金融资源支持小微企业发展等），也取得了一定的积极效果，使金融服务实体经济的效率有所提升。但遗憾的是，从政策效果的规模和持续性来看，似乎都无法从根本上改变高新技术企业、小微企业的融资难、融资成本高的问题，这也成为制约企业自主创新能力提升和中国产业结构升级的重要瓶颈。

这就值得我们进一步更深入地省思。为什么长期以来，在政策上持续重视，在资金上不断投入，高新技术产业的资金获取还存在诸多困难？是否金融体系在支持产业结构调整的过程中还存在一些问题未被发现或正视？回顾1978年以来经济和金融发展的基本事实可以发现，症结恰恰在于金融结构的不合理，对产业层次提升的资金支持有限。当前中国金融运行总体是稳健的，但结构不合理问题仍然存在，金融市场制度尚不完善，直接融资占比偏低，银行间接融资仍然占据强势地位（周小川，2015）。

产业结构要升级，企业自主创新能力要提升，关键是资本要到位。金融结构的本质正是资金传导至实体经济的方式，金融结构理论所要解决的现实问题也正是在一定的资金约束下，以怎样的形式推动资金从盈余者向短缺者快速流动，从而实现金融体系和实体经济的良性循环。判断金融结构是否合理主要取决于金融结构与产业结构的适应性，只有当金融结构与经济发展中的产业结构相互适应，才能确保金融体系基本功能的有效发挥，进而促进具有比较优势产业的成长和实体经济的发展。

在这样的背景下，金融结构如何深化改革，特别是金融对实体经济的服务如何有效聚焦到支持产业结构调整和转型升级领域，有利于新兴产业发展的金融生态环境如何构建已成为助力中国产业结构成功转型的关键。由此，开展"以产业结构升级为核心的金融结构研究"就成为当下乃至未来盘活中国经济"一盘大棋"的重要问题。时至今日，金融工作的主题已经确定：即服务实体经济、防控金融风险、深化金融改革"三位一体"。这个战略目标的明确具有不同寻常的意义：首先，它提出了金融改革的基本导向，更加注重金融体系支持实体经济的针对性和有效性；其次，它强调金融服务实体经济的可持续性，着力强实抑虚，保障金融市场稳健运行。有理由相信，经过种种的曲折往复，金融改革终于找到了正确的方向。但要实现金融支持经济结构调整和产业结构升级的目标，仅有正确的方向是远远不够的。要保证转型的成功，关键是要更加深入彻底地了解产业的需求特性和金融的供给特性，以及金融结构对产业结构优化的内作用机理和影响效应，进而围绕产业链部署资金链，实现金融结构和产业结构的有效对接。

1.1.2　研究意义

中国处在经济转型升级、新旧动能转换的关键时期，推动产业结构升级势在必行。同时，高新技术产业高科技、高风险与高收益的典型特征也对金融结构的有效对接和金融生态环境的进一步完善提出了更高的要求。产业结构升级对金融支持的迫切需求与金融体系改革的滞后并存，在这一背景下，探索如何围绕产业链部署资金链，实现金融结构和产业结构的有效对接，对于助力产业结构升级具有非常重要的理论与现实意义。

1. 理论意义

从金融结构调整的视角构建理论分析框架探讨产业结构升级问题，不仅有利于为中国的供给侧结构性改革提供全新的研究视角，还有助于进一步丰富传统金融结构理论的研究成果。第一，近半个世纪以来，国内外学者围绕金融结构与经济增长的关系这一议题展开深入研究，形成了金融发展理论、金融抑制和金融深化理论、金融约束论、内生金融论、金融结构无关论、法律制度相关论、两分法金融结构理论等丰硕的研究成果。然而，关于金融结构的现有研究大多集中于经济增长层面，鲜有研究关注到金融结构对产业结构升级的作用与影响。经济转型时期，优化金融结构已成为推动产业结构升级的重要措施，但对于金融结构是否影响以及如何影响产业结构升级，学术界尚无定论。本书从金融结构调整视角研究产业结构升级问题，探讨金融结构对产业结构升级的作用机理、路径与影响效应，对于相关理论体系的完善具有重要的理论意义。第二，随着实践中金融结构的不断演变，现代金融结构呈现出超越传统金融结构理论的复杂化特征，而现有金融结构理论研究并未体现这一内容。本书结合实践中金融结构的内生演变，从理论层面阐述现代金融结构交叉融合的复杂化趋势，有助于弥补传统金融结构理论与实践的脱节。此外，现有文献对金融结构的研究大多局限于直接融资与间接融资的相对比例，即融资结构层面，这是一种比较狭隘的理解，忽视了金融结构理论的实质。本书在现有研究的基础上，将金融结构细分为融资结构、银行业结构和资本市场结构，并从完整性和可比性的视角改进融资结构的度量方法，有助于为金融结构与产业结构关系研究提供思路启发及理论支撑。第三，现有研究大多从线性视角出发，探讨金融结构对经济增长、产业结构升级的直接影响，而忽视了潜在的间接影响以及非线性影响。本书在已有研究的基础上进一步考察了金融结构对产业结构的间接影响效应及其非线性约束机制，尤其是对不同经济发展阶段下要素禀赋结构的差异和金融生态环境的差异如何作用于金融结构对产业结构升级的非线性影响效应进行了深入考察，对于扩展金融结构理论研究视角具有重要理论意义。

2. 现实意义

资本技术的大量引进和后发优势成就了中国经济的持续高位增长。然而，面对新常态，中国的高位增长正在转向下行，以低成本优势取胜的发展模式难以持续。发展方式粗放、结构不合理、产能过剩、创新不足等问题日益突出，迫使我们进行产业结构改革，推动低端落后产业向高新技术产业转型升级。面对新的形势，决策层适时提出以供给侧结构性改革引领产业结构优化升级。优化金融结构正是从供给侧推动产业结构升级的重要举措。就金融结构与产业结构的关系而言，金融结构是一种制度供给，而产业结构本质上是一种需求，金融结构这一供给侧因素必须与由产业结构所决定的金融需求相适应。随着实体经济的发展与产业结构的升级，融资主体的需求特征也在发生演变，这一"需求面"因素将不断驱动金融结构的变迁。中国经济已由高速增长阶段转向高质量发展阶段，依托低成本竞争优势的传统产业发展模式难以为继。要获得新的发展动能，关键在于推动产业结构从依靠资源和低成本劳动力等要素投入的传统产业向以创新驱动的高新技术产业转型升级。然而，现有研究大多数是从发达国家背景来研究金融结构对经济增长、产业结构升级的影响效应。理论的适用性取决于前提条件的相似性，然而，发展中国家与发达国家从劳动生产率、要素禀赋结构，到金融体系发展水平、技术结构和产业结构等方面均存在巨大差异。本书从中国现阶段经济发展的主要特征和产业结构升级的前进态势出发，考察金融结构对产业结构升级的作用机理、路径与影响效应，有利于厘清与中国当前产业结构升级需求相匹配的金融结构，为推动实践和制定决策提供坚实的依据，这对于转型时期促进经济提质增效和转型升级具有重要现实意义。

1.2 研究思路、方法及相关概念的界定

1.2.1 研究思路

只有金融体系的结构与实体经济的最优产业结构相互匹配，才能有效发挥金融体系的基本功能，促进实体经济的发展，金融体系为实体经济中具有比较优势的产业提供配套金融服务的过程就是适应产业结构升级所需要的金融结构的形成过程（林毅夫等，2009）。本书以林毅夫提出的"经济发展中的最优金融结构"理论为支撑，从我国现阶段经济发展的主要特征和产业结构升级的前进态势出发，分析金融结构对产业结构升级的作用机理、路径及影响效应，旨在揭示与我国经济转型期产业结构升级需求相匹配的金融结构，为新一轮金融改革提供坚实的理论依据与有益的政策建议。

本书的研究将按照"既有文献梳理—理论分析—历史演化—现状、趋势及问题分析—实证检验—政策建议"的思路展开。在阐述选题背景进而引出研究问题的基础上，对国内外相关既有研究文献进行了系统梳理与评价。正是基于对前人所取得的丰硕成果的综述，发现了现有研究中存在的不足，进而明确了本书的研究方向与研究内容。理论分析部分中，在明确了金融结构与产业结构升级基本特征的基础上，系统分析了金融结构作用于产业结构升级的内在机理，并对金融结构影响产业结构升级的直接、间接和非线性路径依次展开具体分析，以此构建金融结构影响产业结构升级的理论分析框架。在对金融结构影响产业结构升级的机理与路径进行理论层面的剖析之后，本书进一步对中国金融结构与产业结构升级的历史演化、现状与趋势进行归纳总结，以揭示当前金融结构助力产业结构升级中存在的问题。在此基础上，

本书利用 2005～2017 年中国 30 个省、自治区、直辖市的面板数据，采用混合 OLS、固定效应和一步系统 GMM 等估计技术从线性视角考察了金融结构是否影响产业结构升级，影响力度有多大以及何种形式的金融结构更有利于促进产业结构升级，并利用中介效应模型实证检验了金融结构影响产业结构升级的三种间接效应的存在性。进一步，本书从非线性视角出发，分别以金融结构、经济发展阶段和金融生态环境为门槛变量构建面板门槛模型，实证检验了金融结构对产业结构升级的非线性影响效应。最后，在理论和经验分析的基础上，提出金融助力中国产业结构升级的相应政策建议，并总结了本书的主要研究结论以及未来可能的研究方向。

1.2.2　研究方法

本书对于产业结构升级背景下的金融结构改革与建设问题的研究是一个理论与实践相结合的政策性研究课题。它不仅涉及金融学、新结构经济学、产业经济学等众多学科的基本理论，而且更多地涉及在中国的制度背景下，金融发展的现实问题。因此，立足中国的制度背景，基于经济理论分析框架进行实证分析和检验，定性和定量分析相结合，便成为本书研究的指导思想和基本方法。一方面，力图准确地把握实体经济发展中最重要的问题，另一方面，则利用有力的理论工具分析和解决现实问题，旨在对金融结构影响产业结构升级的效应进行较为全面而系统的研究。本书所采用的具体研究方法如下：

（1）采用规范分析与逻辑分析相结合的方法。在明确金融结构与产业结构升级内涵的前提下，结合金融学、新结构经济学和产业经济学等基本理论和原理，采用规范分析与逻辑分析相结合的方法系统阐述金融结构作用于产业结构升级的内在机理，并对金融结构影响产业结构升级的直接、间接和非线性路径依次展开具体分析，以此构建金融结构影响产业结构升级的理论分析框架。

（2）采用历史分析、描述性统计与归纳推理相结合的方法。在全面掌握中国历史经济数据的前提下，采用历史分析与描述性统计相结合的方法对中国金融结构与产业结构的变迁、现状及其目标趋势进行分析，在此基础上采用归纳推理法总结当前金融结构助力产业结构升级过程中存在的问题，从而为后面的进一步经验研究奠定现实基础。

（3）采用一步系统GMM估计方法。由于本书选取了2005～2017年中国30个省份的面板数据作为研究样本，因而需要在实证检验中借助面板数据估计技术。考虑到本书在设定的计量模型中引入了因变量的滞后项作为解释变量，加上金融结构与产业结构升级之间的联立性，因而不可避免地存在内生性问题。因此，为对模型中可能存在的内生性和异方差问题加以控制和解决，本书采用了一步系统GMM估计方法，以核心解释变量和被解释变量的滞后项作为工具变量对模型进行估计。

（4）采用面板固定效应和混合OLS法。为确保一步系统GMM估计结果的有效性，同时采用固定效应模型和混合OLS模型对其进行检验。由于混合OLS模型通常会高估模型的滞后项系数，而固定效应模型通常会低估模型的滞后项系数，所以，当一步系统GMM的估计值介于混合OLS模型和固定效应模型给出的真实估计值之间时，该估计结果是有效的。

（5）采用全局主成分分析法。为对中介变量中小企业成长进行综合评价，本书构建了中小企业成长指标体系，并在时序立体数据表的基础上构建全局数据表，采用全局主成分分析法对原有指标进行浓缩和综合，进而得出了2005～2017年中国30个省份的中小企业成长指数。

（6）采用中介效应分析方法。为验证金融结构能否通过中小企业成长、技术创新和主导产业发展间接影响产业结构升级，本书构建了金融结构影响产业结构升级的中介效应模型，并采用中介效应分析方法逐一对三种中介效应进行了检验，进而识别出间接影响机制的存在性。

（7）采用面板门槛回归方法。为考察金融结构与产业结构升级之间的非线性关联，本书构建了金融结构影响产业结构升级的面板门槛模型，分别以金融结构、经济发展阶段和金融生态环境作为门槛变量，采用面板门槛回归方法实证检验了金融结构对产业结构升级的非线性影响规律及其约束机制。

1.2.3 相关概念的界定

1. 金融结构的内涵

格利和肖（1960）在《金融理论中的货币》中系统阐述了金融资产及金

融工具多样化与经济增长的关联性，提出货币金融理论的研究对象应面向初级证券和间接证券等多样化的金融资产，而不仅局限于货币；融资方式依据金融中介机构的参与与否，可划分为盈余部门和赤字部门直接实现的直接融资和通过金融中介机构实现的间接融资两种；金融中介机构依据其负债类型，可划分为以货币为负债的货币系统和以间接证券为负债的非货币系统两类；货币资产依据其来源途径的不同，可划分为来自政府部门债务的外在货币和来自私人金融部门债务的内在货币。上述观点虽未明确提及金融结构的概念，但却隐含了金融资产结构、融资结构、金融机构结构和货币资产结构等金融结构问题，并将结构层面的研究置于金融理论研究的重要地位。戈德史密斯（1969）首次明确提出了"金融结构"的概念，并从数量层面对金融结构进行了界定，认为一国的金融结构体现为该国现存的各种不同门类的金融机构和金融工具的形式、性质和相对规模。为便于从数量关系的角度对金融结构予以刻画，戈德史密斯创造性地提出了衡量一国金融结构的 8 项具体指标，据此将金融结构划分为低、中、高三个不同的层次类型，并以金融结构在不同层次类型中的转换来揭示金融结构变迁的 12 条规律性趋势。麦金农（1973）和肖（1973）的金融深化理论着重考察了发展中国家经济发展过程中所存在的金融抑制问题，并指出该问题总是与金融结构的扭曲相伴随。为此，他们认为应通过优化货币供应条件和提升货币化率等方式，来解决企业过度依赖内源融资的问题，该政策主张暗含了对金融结构优化、调整的要求。受到内生增长理论的启发，昆特和莱文（Demirgüç–Kunt and Levine，1999）将金融结构界定为金融中介机构与金融市场的相对情况，昆特和莱文（Demirgüç–Kunt and Levine，2001）、贝克等（Beck et al.，2001）进一步将金融系统明确划分为存款货币银行占主导地位的银行导向型（bank-oriented）和金融市场及非银行金融机构占主导地位的金融市场导向型（market-oriented）两种基本类型，并据此从经验数据出发考察不同类型金融结构的差异与优劣。斯图尔茨（Stulz，2001）将金融结构界定为一国在特定时点上所制订的各项金融活动据以组织安排的技术、制度及游戏规则。默顿和鲍迪（Merton and Bodie，2005）认为金融结构涵盖了从事间接融资的商业银行和从事直接融资的金融市场的结构，同时也包括涵盖了各类型的金融产品、金融工具、金融服务和金融基础设施的结构。

国内学者对于金融结构的构成也有着不同的理解。李量（2001）将金融结构界定为一国在特定时期内各种金融市场、金融工具和金融机构的内容、形式、比例及其相对规模，并强调特定的金融结构会引致相应的金融功能和效率，以及相应的金融体系特征。张立洲（2002）认为宏观视角的金融结构侧重于金融业务、金融机构、金融工具等构成金融总体的各个部分的相互关系及其变动规律，微观视角的金融结构侧重于金融总体各个组成部分自身的内部比例关系及其变动规律。王广谦（2002）提出，金融结构是金融体系中不同部门之间相互运作及配合的状态，并且该状态是金融发展水平的实际体现，取决于金融发展进程中的内在机制，并随金融总量的扩张而动态变化。白钦先（2003，2005）认为，金融结构从狭义上看是指金融工具与金融资产之间的相对比例；而广义层面的金融结构则涵盖了金融资产、金融机构、金融市场和金融体制等更广泛的内容。孙伍琴（2003）基于金融体系各构成主体服务功能的比较，将金融结构划分为微观、宏观和综观三个维度。高明生等（2004）提出金融结构的内涵除包括传统意义上的融资结构、货币结构等，还应涵盖国家金融结构与区域金融结构。李木祥等（2004）在对中国金融结构演变趋势分析的基础上，从政治经济学的角度提出金融结构是金融经济活动的各个参与主体所应共同遵守的所有规则的集合。李健和贾玉革（2005）从功能、效率等层面出发剖析了金融结构的特征并从微观、中观和宏观三个视角、五个维度构建了相应的评价标准。林毅夫等（2009）从金融制度安排的视角出发，将金融结构的内涵表述为金融系统内部各种不同门类的金融制度安排的构成和相对比例。左志刚（2012）从融资渠道的角度定义金融结构，认为金融系统中债务融资、公开股权融资和非公开股权融资的相互关系及其发展体现了一国在特定时期的金融结构。杨俊和王佳（2012）、彭俞超（2015）、林志帆和龙晓旋（2015）从企业外源融资和金融体系分工的视角，将金融结构定义为金融体系中金融中介机构与金融市场的相对重要性，并据此构建金融结构度量指标。周莉萍（2017）认为，随着经济发展阶段的提升，金融结构已开始呈现出更为复杂的内生演变，复杂金融体系的构成包括银行体系、金融市场和市场型金融中介，以及中介与市场之间、中介与中介之间的复杂业务往来。

国内外学者从不同的视角出发对金融结构的内涵、划分及其特征进行了论述，形成了丰富的研究成果，为金融结构理论的研究做出了重要贡献，同时也为本书对金融结构内涵的界定提供了有益的参考。在以往的相关研究中，大多是从"两分法"理论出发，将金融结构界定为银行体系与金融市场在金融体系中的相对重要性。这是一种从政府宏观金融监管角度出发，对金融结构内涵相对狭隘的理解，未能体现出金融结构的本质。金融结构，顾名思义即金融体系内部的组织结构，其本质是金融资源流转至实体经济的方式。金融结构理论研究的要旨就在于通过金融结构的调整提升金融体系的运行效率，从而在一定的金融制度约束下，将金融资源高效地传递至实体经济，以实现金融体系和实体经济之间的良性互动。因此，重新审视金融结构的本质并结合已有研究中对于金融结构的界定，本书认为，金融结构的内涵可以被表述为：金融资源流转至实体经济的方式，并由各金融要素的相互关系和相对规模共同构成。基于上述理解，本书将聚焦金融结构理论的核心内容，选取融资结构、银行业结构和资本市场结构三个维度展开研究。其中，融资结构体现为在企业外源融资方式中银行体系间接融资（包括贷款、票据等传统信用工具）和金融市场直接融资（包括债券、股票等货币市场与资本市场工具）之间的相对重要性；银行业结构体现为银行体系内部不同规模银行业金融机构的分布状况，同时也体现为银行业整体的集中性或竞争性程度；资本市场结构体现为交易所市场的主板、中小板、创业板（俗称"二板"）和场外交易市场的全国中小企业股份转让系统（俗称"新三板"）、区域性股权交易市场（俗称"四板"）、证券公司主导的柜台市场（俗称"券商OTC"）等多层次资本市场体系的相对规模及其联系，同时也体现为资本市场整体的复合性程度。

2. 产业结构升级的内涵

从狭义上看，产业是指从事具有类似生产技术与产品特征的产品或服务生产经营活动的企业集合；从广义上看，产业是指社会经济体系中由利益相互联系的、具有不同分工的、由各个相关行业所构成的经济系统。产业既是微观企业经济活动的集合，也是社会经济体系的组成部分，因而产业是介于宏观经济与微观经济之间的中观经济。

要研究产业结构，首先必须要明确产业的分类，而后才能进一步探究它们之间的比例构成与相互关系。从不同的分析视角和研究目的出发，可以对产业进行多样化的组合和分类（见表1-1）。其中，较为通用和最具代表性的分类方法主要有三次产业分类法、生产要素集约分类法和国际标准产业分类法等。

表1-1　　　　　　　　　　　　　产业的相关分类方法

分类方法	分类标准	产业类型		
国际劳工局产业分类法	经济活动属性	初级生产部门	次级生产部门	服务部门
马克思两大部类分类法	产品最终用途	生产资料的生产部门		消费资料的生产部门
列宁农轻重产业分类法	物质生产特点	农业	轻工业	重工业
霍夫曼产业分类法		消费资料产业	资本资料产业	其他产业
三次产业分类法	生产活动顺序	第一产业	第二产业	第三产业
生产要素集约分类法	要素密集程度	劳动密集型产业	资本密集型产业	技术密集型产业
产业发展阶段分类法	产业所处阶段	幼稚产业	新兴产业	朝阳产业
		夕阳产业	衰退产业	淘汰产业
产业地位/功能分类法	产业地位/功能	基础产业	主导产业	优势产业
		支柱产业	先行产业	战略产业
产业关联程度分类法	产业关联程度	直接关联产业		间接关联产业
产业技术先进程度分类法	技术先进程度	传统产业		高新技术产业
标准产业分类法	国际标准	17个产业部门99个行业类别		

从经济学发展史来看，产业结构是一个比较新的概念，始于20世纪40年代，但直到20世纪70年代其含义才基本明确下来。一般认为，产业结构作为经济结构的关键组成部分，是指各产业之间和产业内部各部门之间的数量比例关系，以及产业和部门之间相互作用、相互制约的技术经济联系。从量的角度看，产业结构是指一定时期内国民经济中产业间联系的技术数量比

例关系；从质的角度看，产业结构是指各产业在国民经济中的经济效益和技术水平的分布状态。

产业结构是在社会再生产过程中形成与发展变化的。在不同的时期，或同一时期的不同经济体，由于要素供给、市场需求、技术水平和产业政策等方面的差异，产业结构所表现出的形式也存在一定的差异。随着经济发展阶段的变化，产业结构在其演进的过程中也会呈现出一定的规律性和趋势性，这也为产业结构的升级提供了依据。

产业结构升级，又被称为产业结构高度化或高级化，从本质上来看，产业结构升级的内涵可以概括为：产业结构从低级阶段向高级阶段逐步演进的一个永无止境的动态过程。这一过程具体表现为：国民经济中各种原有和新增的生产要素及资源，在需求、技术、政策等因素的推动下，向着具有比较优势的产业集聚，从而使其获得优先发展，落后产业则不断被淘汰出局，最终引发不同产业部门劳动生产率的共同提高。产业结构升级是依据经济发展的历时和逻辑序列顺向演变的，它至少包括以下三个方面的内容：一是第二产业和第三产业逐步取代第一产业而成为优势产业；二是技术密集型产业逐步取代劳动密集型、资本密集型产业而成为优势产业；三是由低附加值产业向高附加值产业发展，即制造中间产品、最终产品的产业逐步取代制造初级产品的产业而成为优势产业。基于上述表述不难看出，产业结构升级是以国民经济发展需求和要素禀赋结构为导向，以技术进步为重要推动力，其目的在于发挥先进制造业、现代服务业以及战略性新兴产业的优势，从而提高国民经济各领域、各部门的劳动生产率和经济效益，推动整个国民经济的持续快速发展。

1.3 研究框架与结构安排

1.3.1 研究框架

研究框架如图 1 –1 所示。

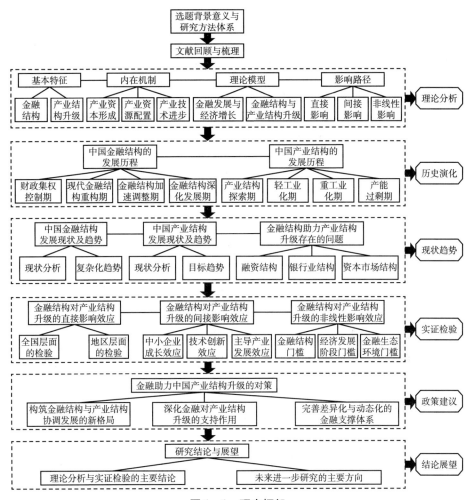

图 1 - 1　研究框架

1.3.2　结构安排

基于上述研究框架（见图 1 - 1），本书共分为 10 章，各章基本结构安排如下：

第 1 章，导论。首先，从产业结构升级的必要性、金融结构在供给侧改革中的作用以及当前金融支持产业结构升级的现状三个方面阐述本书的选题背景，在此基础上，归纳本书研究的理论与现实意义。其次，从本书的研究目的出发介绍全书的研究思路与方法，规划全文的研究框架与结构安排，并对金融结构以及产业结构升级的概念与内涵进行界定，从而明确本书研究对象的范畴与视角。最后，论述本书区别于以往研究的创新之处。

第2章，文献综述。鉴于本书"金融结构—产业结构升级"的研究视角，依次追本溯源对金融发展理论、金融发展与经济增长关系、金融结构与经济增长关系、金融结构与产业结构升级关系等相关研究领域进行全面、系统的文献梳理和总结评价。

第3章，金融结构影响产业结构升级的理论分析。首先，明确金融结构与产业结构升级的基本特征。其次，从产业资本形成、产业资源配置和产业技术进步三个层面剖析金融结构影响产业结构升级的内在机制，探讨金融结构为什么会影响产业结构升级。在此基础上，构建金融结构作用于产业结构升级的理论模型，以揭示金融发展在经济增长中的作用，以及金融结构与产业结构升级的内在关系。最后，从直接影响、间接影响和非线性影响三个维度系统阐述金融结构对产业结构升级的影响路径，回答金融结构如何影响产业结构升级的问题，并提出相应的理论假说。

第4章，中国金融结构与产业结构的历史演化。从历史变迁的视角，考察中国金融结构与产业结构的发展历程，在根据发展过程中存在的阶段性特征进行阶段划分的基础上，依次剖析不同阶段中国金融结构与产业结构的演化背景、基本特征及其变动方向。

第5章，中国金融结构与产业结构发展现状、趋势及问题分析。首先，从融资结构、银行业结构和资本市场结构三个层面出发，全面考察中国金融结构的发展现状，并结合实践中金融结构的动态演变，总结出中国金融结构的复杂化趋势；其次，从三次产业分布、中小企业发展、技术创新水平和主导产业发展四个层面对中国产业结构的发展现状进行系统分析，并结合实际中产业发展面临的巨大挑战，提出中国产业结构升级的目标趋势；最后，结合本章前两节内容归纳金融结构助力产业结构升级存在的问题，为后文的经验研究提供现实依据。

第6章，金融结构对产业结构升级直接影响效应的实证检验。本章作为实证研究的开篇，着重从全国层面和地区层面检验金融结构对产业结构升级的直接影响效应，从而对以下问题做出回答：一是金融结构对产业结构升级是否存在显著的直接影响；二是何种类型的融资结构、银行业结构和资本市场结构更有利于推动产业结构升级；三是金融结构对产业结构升级的这种直接影响效应是否存在地区差异。

第 7 章，金融结构对产业结构升级间接影响效应的实证检验。本章的研究旨在结合第 3 章间接影响路径的理论分析，在前文直接影响效应检验的基础上，明确中介变量的指标设定，运用中国省际面板数据构建中介效应模型，实证检验理论分析中所提出的金融结构对产业结构升级的三种间接影响效应的存在性。

第 8 章，金融结构对产业结构升级非线性影响效应的实证检验。本章的研究旨在结合第 3 章非线性影响路径的理论分析，在前文线性检验的基础上，分别以金融结构、经济发展阶段和金融生态环境为门槛变量构建面板门槛模型，以揭示金融结构对产业结构升级的非线性影响规律及其约束机制。

第 9 章，金融助力中国产业结构升级的对策。本章在前文理论分析和经验研究的基础上，从构筑金融结构与产业结构协调发展的新格局、深化金融对产业结构升级的支持作用、完善差异化与动态化的金融支撑体系等三个方面提出金融助力产业结构升级的政策建议。

第 10 章，研究结论与展望。本章侧重于总结前文理论分析与经验研究得出的主要结论，并基于此提出未来进一步研究的主要方向。

1.4　本书创新点

本书在国家全面深化金融体系改革和大力推进产业结构升级的背景下，结合中国金融发展和产业结构调整的前进态势，对金融结构影响产业结构升级的效应进行了全面而系统的研究，本书的创新点主要有以下四个方面：

第一，初步构建了金融结构影响产业结构升级研究的逻辑框架。关于金融结构的现有研究大多集中于经济增长层面，鲜有研究关注金融结构对产业结构升级的作用与影响。经济转型时期，优化金融结构已成为推动产业结构升级的重要措施，然而，金融结构是否影响以及如何影响产业结构升级，学术界尚无定论。本书以最优金融结构理论为支撑，从金融结构与产业结构相匹配的视角出发，探讨金融结构对产业结构升级的作用机理、影响路径与影响效应，厘清了与不同产业结构相匹配的金融结构，进一步丰富了金融结构理论的相关研究成果，也为产业结构升级背景下的新一轮金融改革提供了可供参考的理论依据。

第二，较为深入地剖析了金融结构影响产业结构升级的理论机理。现有研究大多从研发投入、金融发展、政府干预、外资依存等层面探讨如何推动产业结构升级，该方面研究的普遍做法是采用固定效应模型或随机效应模型等方法将上述因素直接纳入相关模型，进而得出各因素对产业结构升级影响效应的结论。该研究方法虽然简洁明了，但也存在着明显的缺陷：一方面，影响产业结构升级的因素众多，因此，无法回答为什么上述因素影响了产业结构升级，是否还存在其他未考虑在内的影响因素；另一方面，其未能对上述因素如何影响产业结构升级做出具体的阐述。鉴于此，本书以金融结构为研究视角，在基本特征分析的基础上，从产业资本形成、产业资源配置和产业技术进步三个层面较为深入地剖析了金融结构影响产业结构升级的内在机制，回答了金融结构为什么会影响产业结构升级的问题。同时，构建理论模型论证了金融发展在经济增长中的作用，以及金融结构与产业结构升级的内在关系。在此基础上，探究了金融结构对产业结构升级的直接影响路径、间接影响路径和非线性影响路径，回答了金融结构如何影响产业结构升级的问题，这对理论界深入认识金融结构与产业结构升级问题提供了有益的思路。

第三，弥补了传统金融结构理论与实践的脱节。随着实践中金融结构的不断演变，现代金融结构呈现出超越传统金融结构理论的复杂化特征，而现有金融结构理论研究并未体现这一内容。鉴于此，本书在传统金融结构理论的基础上，结合实践中金融结构的内生演变，从以下三个层面系统阐述了现代金融结构交叉融合的复杂化趋势：一是商业银行自身业务模式的巨大变化；二是金融中介内部商业银行与非银行金融机构频繁的业务往来；三是金融中介与金融市场之间的交叉融合。基于上述层面的分析，本书既对金融结构领域的相关研究具有一定的创新意义，也对在遵循现代金融结构发展规律的前提下，防控金融风险、深化金融改革，进而促进金融和经济良性循环、健康发展具有一定的参考价值。

第四，较为全面地考察了金融结构对产业结构升级的影响效应。关于金融结构与产业结构升级的现有研究大多停留在理论分析层面，鲜有研究运用经验研究的手段实证分析金融结构与产业结构升级之间的关系。本书在从融资结构、银行业结构和资本市场结构三个方面来对金融结构进行全景式衡量的基础上，利用中国省际面板数据从以下三个维度展开实证分析：一是考察金融结构对产业结构升级的直接影响效应，探究金融结构对产业结构升级是否存在显著的直接影响及其地区差异，何种类型的金融结构更有利于推动产业结构升级等问题；二是考察金融结构对产业结构升级的间接影响效应，通过构建中介效应模型，检验金融结构对产业结构升级的三种间接影响效应的存在性；三是考察金融结构对产业结构升级的非线性影响效应，揭示金融结构对产业结构升级的非线性影响规律及其约束机制。此外，为数不多的经验研究大多利用大型跨国面板数据，从发达国家背景来研究金融结构对产业结构升级的影响，尤其缺少来自中国这样的典型发展中大国的经验证据。然而，理论的适用性取决于前提条件的相似性，发展中国家与发达国家从要素禀赋结构、金融体系发展水平，到技术结构等方面均存在巨大差异。本书结合中国现阶段经济发展的主要特征和产业结构升级的前进态势得到的经验结论，无疑为该前沿研究领域增添了不可或缺的重要经验证据。

| 第 2 章 |

文 献 综 述

研究金融结构对产业结构升级影响效应的要旨在于揭示金融与产业协调发展的路径。梳理既有金融与经济发展的相关研究文献及前沿成果，对把脉中国当前的金融供给以匹配产业结构升级需求是十分关键的。本章着重对国内外金融结构的相关研究进行梳理与评价，为后续章节的研究奠定基础。

2.1　金融发展理论

金融发展理论作为金融结构的理论基础，历来为经济学家们所关注。金融发展理论的历史演进，从古典学派的货币金融与货币增长理论，到现代金融发展理论的建立，再到 20 世纪 90 年代内生金融发展理论的兴起，体现了学术界对金融与经济发展关系认识不断深入的过程[①]。

2.1.1　货币金融与货币增长理论

1. 货币金融理论

古典学派的经济学家大都持货币中性论与信用媒介论。他们采用两分法将整体经济一分为二，包括实物方面与货币方面两部分，并将货币作为与实

[①] 在金融发展理论的文献梳理中主要参考了李木祥等（2004）在《中国金融结构与经济发展》中"国外金融发展和经济增长理论及其对中国的影响"部分的梳理框架和内容。

物经济没有内在关联的外生变量。在他们看来，货币是中性的，货币只是便利商品交换的媒介，其本身并不创造新的资本，如同笼罩在实物经济上的一层面纱，其数量变化只影响物价水平，而对经济活动没有实质性影响。亚当·斯密（Adam Smith）倡导信用媒介论，并在其著作《国民财富的性质和原因的研究》中提出，影响经济发展的主要因素不是货币本身，而是与货币有着密切联系的各项金融活动，金融中介的资本分配与再分配活动对经济发展具有重要的促进作用。约翰·穆勒（J. S. Mill）进一步指出，信用本身不能创造资本，其作用在于促进资本的流动和有效利用。

后来的瑞典货币经济学家魏克赛尔（K. Wichsell）提出了货币经济理论，突破了实物与货币的二分法理论，强调货币与经济是密不可分的一个整体，货币对物价的影响是通过利率中介实现的，货币金融能够对实体经济活动产生重大实质性影响。随后，米尔达尔（G. Myrdal）、林达尔（E. Lindahl）、哈耶克（F. A. V. Hayek）以及霍曲来（R. G. Hawtrey）、凯恩斯（J. M. Keynes）等纷纷在货币经济理论的基础上论述了货币金融对经济发展的短期影响。熊彼特（J. A. Schumpeter）首次在其著作《经济发展理论》中提出，从长期来看，金融对经济发展存在重大影响。不同于早期研究所断言的信用不创造资本，熊彼特提出创新是经济发展的源泉，而创新的实质在于生产要素的新组合，金融机构通过甄别并为具有新组合生产能力的企业提供必需的购买力而促进创新的实现。可见，金融机构的信用创造能力无疑是推动经济发展的动力来源。

2. 货币增长理论

无论是早期的哈罗德—多马模型，还是后来的索罗（P. M. Solow）改进，都将货币默认为中性的，进而单纯从实物方面出发分析对经济发展的影响。托宾（J. Tobin）在 1955 年发表的《动态总体模型》一文中首次将货币金融因素作为一种资产引入增长模型中，并在 1965 年发表的《货币与经济增长》一文中提出了著名的新古典货币增长模型。托宾认为，货币通过影响可支配收入进而影响储蓄或消费行为，最终作用于经济增长。其可支配收入可用以下公式来表示：

$$Y_D = Y + [d(M/P)/dt] = Y + M/P \cdot (\mu - \pi) \qquad (2.1)$$

或以人均可支配收入的形式表示为：

$$y_D = y + m(\mu - \pi) = f(k) + m(\mu - \pi) \qquad (2.2)$$

其中，Y_D 和 Y 分别为实际可支配收入和实际国民收入；M/P 为实际现金余额；μ 和 π 分别为货币增长率和物价上升率；y 和 m 分别为人均实际收入和人均实际现金余额。上述公式体现了社会财富的两种形式，即实物资本与实际现金余额之间所存在的此消彼长的替代关系。两种财富形式各自的收益率，即资本的边际生产率（r）和通货膨胀率（$-\pi$）直接决定了各自的需求量。因而持有货币的机会成本可表示为：

$$r - (-\pi) = r + \pi \qquad (2.3)$$

当通货膨胀率上升时，人们持有实物资本的收益上升，而持有实际货币余额的收益就会相对下降，因而人们会相应增持实物资本，减持实际货币余额。换言之，托宾的货币增长模型表明，一国政府通过货币政策的运用，可改变实际现金余额的持有量，进而实现对资本产出比的调节，最终体现在经济增长上。

2.1.2 金融结构理论

1. 格利和肖的金融结构理论

第二次世界大战之后的西方国家迎来了经济的快速增长，同一时期的金融体系也得到了快速发展。而与之形成鲜明对比的是众多发展中国家缓慢的经济增长和相对落后的金融体系。在这一经济背景下，格利（J. G. Gurley）和肖（E. S. Shaw）从 1955 年到 1967 年间先后发表了《经济发展中的金融方面》《金融理论中的货币》和《金融结构与经济发展》三篇文献，旨在探索金融与经济发展之间的因果关系。虽然在他们的货币金融理论中未直接提及金融结构的概念，但其研究内容却包含了银行、非银行金融中介机构、融资方式、金融资产等金融结构问题。首先，格利和肖突破了传统货币金融理论的研究范畴，提出货币金融理论的研究应涵盖货币与各种非货币等多样化的金融资产，银行与各种非银行金融中介等大量的金融机构。金融发展的实质是各种金融资产的多样化和各类金融结构的建立，并随着经济的发展呈现出各种非货币金融资产不断涌现和各种非银行金融中介机构不断建立的趋势。其次，格利和肖将融资结构划分为直接融资和间接融资两种形式，在此基础上进一步将金融机构结构划分为银行与非银行金融中介机构两种形式，并分别对不同融资结构和不同金融机构结构的异同展开分析。最后，格利和肖指出金融发展作用与经济增长的有效手段就是通过金融技术的创新克服金融制度缺陷造成的阻碍，进而拓宽可贷资金市场、提升资金配置效率，提高储蓄和投资水平。

2. 戈德史密斯的金融结构理论

雷蒙德·戈德史密斯（P. G. Smith）在历经六年的集中研究后于 1969 年出版了《金融结构与金融发展》，并率先概括出了综合全面的金融结构的概念以及衡量一国金融结构的 8 项具体指标；以 35 个国家长达 106 年的统计数据为依据，详尽阐述了金融发展与现代经济增长的关系，并概括性地总结了各国金融发展中具有规律性的 12 个趋势。戈德史密斯的研究为现代比较金融学奠定了基础，其贡献主要体现在以下三个方面：

第一，戈德史密斯首次明确了金融结构的定义及其度量方法。他认为一国现存的金融工具与金融机构之和构成了该国的金融结构，包括各种现存金融工具与金融机构的相对规模、经营特征、经营方式、金融中介机构各种分支机构的集中程度，等等。其中，金融工具是对其他经济单位的所有权凭证和债券凭证，金融机构是由金融工具构成其主要资产与负债的企业。在定性描述之外，戈德史密斯还从定量分析的角度给出了金融结构的 8 项具体衡量指标，其中最为广泛应用的是金融相关率（FIR）指标，其计算公式可表示为如下形式：

$$FIR = FT/WT \tag{2.4}$$

其中，FT 是指金融活动在一定时期内的总量；WT 是指经济活动的总量。上述两项指标都是可以进行量化的，因而金融相关率也是可以量化的指标。

第二，戈德史密斯综合运用金融结构的各项衡量指标，根据金融相关比率、金融工具结构与金融机构结构的不同，将金融结构划分为低层次金融结构、中层次金融结构和高层次金融结构三种基本类型，并通过对 35 个国家百余年金融结构数据的分析整理，考察了各国的金融发展路径，指出金融发展的实质就是金融结构的演进。虽然各国的金融结构和经济发展水平不尽相同，但在金融相关比率、金融工具结构和金融机构结构等变化上却有着近似一致的趋势性规律，并指出"发展中国家迟早要走上发达国家已经走过的道路"。

第三，戈德史密斯首开金融发展与经济发展比较的先河，通过对各国长年金融相关率的整理分析，得出了金融发展与经济发展存在大致平行关系的结论，指出经济发展水平较高的时期也是金融高速发展的时期，同时，金融工具与金融机构越大量衍生，金融活动对实体经济的渗透力就越强，经济发展的速度就越快。

2.1.3　金融深化理论

第二次世界大战后随着发展经济学的兴起，包括格利和肖、戈德史密斯在内的同时代的众多经济学家关注到了广大发展中国家的经济发展问题，也意识到了发展中国家与发达国家在金融发展上的巨大差距。然而，纵观上述研究，均是将发达国家与发展中国家不加区分的作为金融发展规律的研究对象，因而得出的结论无法直接应用于解释发展中国家经济与金融落后的原因，更无法应用于指导发展中国家的经济与金融改革。在此背景下，金融深化理论得以创立。

麦金农（R. I. McKinnon）和肖分别于1973年出版著作《经济发展中的货币和资本》与《经济发展中的金融深化》，标志着金融深化理论的诞生。该理论放弃了以成熟市场经济国家金融体系为对象的研究方法，转而关注发展中国家存在的金融发展问题，着重考察了真实利率对发展中国家金融发展乃至经济发展的重要意义，从发展经济学的角度提出了金融抑制和金融深化理论，主张发展中国家放松对金融的严格管制，形成均衡的市场利率，从而提高储蓄率和投资率，进而促进经济发展。

麦金农和肖研究发现，发展中国家的经济往往具有严重的分割性。发展中国家经济的分割性决定了其金融制度的特殊性，具体表现在：货币化程度低，货币在整个经济中占比较小、作用有限；金融体系二元化现象；资本市场发展滞后，金融体系动员储蓄和配置资金的作用得不到有效发挥；各类金融机构的设立与经营活动受到政府严格管制，市场机制特别是利率机制难以自由运行。

麦金农和肖认为，金融体制与经济发展密切相关并相互作用。一方面，完善的金融体系和活跃的金融市场能够有效动员储蓄、引导生产性投资；另一方面，国民收入的增长又通过各经济单位日益旺盛的金融需求助推了金融的进一步发展，进而实现了两者之间的良性互动。而发展中国家普遍存在政府当局过分干预金融，人为压低存贷款利率、高估本币币值的现象，造成通货膨胀率高于名义利率，实际利率长期为负，通货膨胀率不断攀升，阻碍经济发展，形成金融抑制。而要解除金融抑制，发挥金融对经济发展的促进作用，就要解除对金融市场和金融体系的不适当管制，放松对利率和汇率的控制，并有效地抑制通货膨胀，使金融和经济形成相互促进的良性循环。

金融深化理论首次从货币金融的角度揭示了发展中国家经济长期落后的重要原因，为发展中国家货币金融政策的制定以及金融体系、财政税收体制、外贸体制的改革提供了明确的理论指导，对发展中国家的经济金融发展具有重要的现实意义。然而，金融深化理论也存在诸多缺陷，其忽视了发展中国家经济结构的严重失衡和金融深化进程中的制度性因素，过度强调金融在推动经济发展中的作用，而弱化了金融深化过程中隐性的金融风险，忽略了对金融风险的防范与化解。在麦金农和肖之后，卡普（B. K. Kapur）、马西森（D. J. Mathieson）、加尔比斯（V. Galbis）、弗莱（M. Fry）、莫洛（Molho）和福知高雄（Fukuchi）等经济学家针对发展中国家货币金融与经济发展的关系进行了深入的理论研究与严格的计量检验，为进一步修正和完善金融深化模型做出了突出贡献。

2.1.4 金融约束理论

20 世纪 70 年代，受金融深化理论的激励，享有增长奇迹之誉的东亚一众国家纷纷开始纠正自身存在的不同程度的金融抑制，大力推行金融自由化改革，放弃利率管制，使汇率自由浮动，以期进一步促进经济增长。然而，金融自由化在东亚各国的实践并没有提升发展中国家金融体系的运行效率，反而形成了资产泡沫，加剧了发展中国家的金融不稳定，造成了金融危机等破坏性的后果。东亚国家先前的增长奇迹和金融自由化改革后爆发的金融危机激发赫尔曼（Hellmann）、默多克（Murdock）和斯蒂格利茨（Stiglitz）等人开始重新审视金融自由化的前提条件及其限度、信息不对称环境下政府宏观调控在金融经济发展中的作用等问题，并由此提出了"金融约束论"。

该理论针对发展中国家经济转轨期普遍存在的监管不力、信息不畅，在"金融深化论"和"信息不对称论"的基础上提出了从金融抑制向金融自由化转型的过渡性政策。强调经济落后、金融发展程度较低的发展中国家应在宏观经济稳定且通货膨胀率可控等前提条件下，发挥政府宏观调控在市场失灵环境下的作用，对金融体系进行适度规制，以影响租金在生产部门和金融部门之间的分配，为民间部门尤其是金融中介（银行）创造"租金机会"，提高金融体系运行的效率，推动经济发展。

为防止金融约束政策在实践过程中转化成金融压抑，一方面，要确保满足一些较高的环境条件，如金融中介（银行）拥有合理的所有权结构和治理结构，经营管理不受政府的干预，以保证银行行为符合市场要求等；二是金融约束不是自由放任和政府之间的静态政策权衡，而应该是一种动态的政策制度，应随着经济的发展和金融深化的逐步加深而进行动态调整。例如，对于金融深化程度较低的国家来说，随着经济的发展，贷款利率控制应优先于存款利率控制而被取消。随着金融深化程度的进一步加深，政府应逐步减少干预，使经济和金融向进一步自由化的方向迈进。之后的众多经济学家对金融约束论中政府参与金融管理的做法提出了质疑。其中，汉崎和堀内（Hanazaki and Horiuchi，2001）通过对 20 世纪 60 年代以来日本经济的实证研究，发现银行在企业治理中起到重大促进作用这一金融约束论的根本理论支点无法得到经验证据的支持，并提出了一个替代性假说以揭示日本早期经济快速发展和金融深化改革后经济长期衰退的原因。

2.1.5　内生金融发展理论

早期的金融发展理论，无论是麦金农和肖的金融深化理论，还是赫尔曼、默多克和斯蒂格利茨等的金融约束理论，对金融发展与经济增长关系的研究大多停留在经验式的主观判断上，对两者关系的刻画较为粗糙，很难令人信服，其结果是，对金融发展和经济增长关系的结论过于简单，启发性不强，理论付诸实践的效果也并不理想。

20 世纪 80 年代兴起的内生经济增长理论认为，经济能够在不依赖外部力量推动的条件下实现持续性的增长，内生的技术进步是决定经济持续增长的核心因素。随着内生经济增长理论的日渐成熟，20 世纪 90 年代之后的经济发展学家在继承麦金农—肖学派"金融发展既影响经济增长又受到经济增长影响"观点的基础上，吸取内生经济增长理论的重要成果，对金融深化论的观点进行了具体化和规范化的发展。在研究领域中，他们突破了对宏观经济金融问题的一般性考察，注重揭示根源性的问题：金融发展对经济增长或经济增长对金融发展的微观作用机制是什么？金融发展的内生根源是什么？在理论模型构建上，他们不再局限于将金融中介作为宏观经济模型的一部分，而是借鉴内生经济增长理论的新思想和新方法，将内生增长和内生金融中介体（或金融市场）并入模型，构建了大量逻辑更为缜密、结构更加严谨的规范化模型。在实践中，通过大量实证分析对理论模型的结果进行了检验。内生金融发展理论从理论和实践相结合的角度将金融发展理论提升到了一个前所未有的新高度。本奇文格和史密斯（Bencivenge and Smith，1991）构建了具有多种资产的内生增长模型，旨在阐明金融中介能够通过提升储蓄构成中低流动性生产资本的占比，从而减少流动性风险和社会上不必要的资产清算，促进资本积累和经济发展。本奇文格和史密斯（Bencivenge and Smith，1998）在进一步考虑了银行体系固定成本的基础上，构建了金融体系与实体经济协同演化的新古典增长模型，深入探讨了存在固定成本的银行体系如何作用于经济发展，并讨论了可能减少金融体系发展陷阱的政策干预措施。格林伍德和约万诺维奇（Greenwood and Jovanovic，1990）提出了一种金融中介发展程度和经济增长率均内生确定的范式，认为金融中介通过允许资本获得更高的回报率而促进经济增长，而经济增长反过来又能够降低金融中介的各项成本，进而有利于金融中介的发展。约万诺维奇和史密斯（Jovanovic and Smith，1997）提出了两个具有内生市场因素的模型来分析金融市场与经济发展之间的关系，第一个模型考察了金融市场（银行和股票市场）在为经济体系中具有最高资本收益率的主体分配资金方面所起的作用，结果表明在弱市场条件下会产生中介效应，即金融中介的效率更高；第二个模型侧重于探讨市场在支持专业化经济活动方面的作用，强调了市场形成中完全竞争的后果。格林伍德等（Greenwood et al.，2010）为考察金融发展对经济增长的作用，将昂贵的信息验证框架嵌入标准增长模型中，考虑金融中介可以通过投入资源来监控企业所获得的回报的情况，研究发现，随着金融领域的技术进步，经济会从信贷配给均衡逐渐转向完全有效的竞争均衡，从而促进经济增长。

信息经济学的兴起为金融发展理论注入了新的活力，提供了进一步拓展的空间。一些金融发展学家逐渐引入信息经济学的最新研究成果，集中考察金融市场和金融中介在分散风险和克服信息不对称等方面的功能。戴蒙德（Diamond，1984）提出了一个基于监控信息成本最小化的金融中介理论，以解决借款人和贷款人之间的激励问题，该理论描述了为金融中介委托监督提供激励的成本，表明即使在风险中性的经济中，中介机构内的多元化也可以降低监督成本。博伊德和普雷斯科特（Boyd and Prescott，1986）认为在代理人的投资机会是私人信息的环境下，金融中介作为代理人联盟有效安排的一部分并内生于该环境中，金融中介在均衡中表现出以下特征：从大型代理机构借款或贷款；提供有关投资项目的信息，以降低搜集和处理信息的成本。巴塔查里亚和塔科尔（Bhattacharya and Thakor，1993）回顾了过去15年来从信息经济学视角对金融中介理论研究的成果与贡献，包括金融中介存在的原因、信贷分配决策的过程、金融中介在即期和远期信贷市场提供的其他服务、合同性质和索赔的分配后果等问题。斯蒂格利茨和韦斯（Stiglitz and Weiss，1981）认为供求法则所描绘的价格发挥作用，信贷配给不存在的情形是由具体假设和特定模型产生的结果，他们通过构建信贷配给模型，表明即使在均衡状态下，信贷配给也会存在于信贷市场中。贷款金额和抵押品数量会影响借款人的行为和分配，面对信贷需求增加，银行被证明会定量信贷而不是增加利率或抵押品作为分配信贷的手段。这是由于利率作为评估风险的筛选工具，利率的提升会增加风险较高的项目的相对吸引力，而抵押品虽然可能具有激励作用，但它可能产生逆向选择效应，因而需求过剩时提高利率或抵押品可能无利可图。

2.2　金融发展与经济增长关系的相关研究

经济的增长历来伴随着金融体系规模的扩张和金融体系结构的变迁。同时，金融作为现代经济的核心和血脉，对推动经济持续发展具有至关重要的作用。因此，对两者之间关系的研究一直以来都是国内外学术界关注的重点。本节着重对金融发展与经济增长关系的相关既有研究成果做一梳理。

对于金融发展与经济增长关系的研究最早可以追溯到巴格浩特（Bagehot，1873），他通过对货币市场的观察与分析，提出经济增长和生活水平提高依赖于管理良好的金融体系。熊彼特（Schumpeter，1912）认为，只有企业家实现"创造性的破坏"，才能推动经济结构的内部革命，才有经济发展，而这一过程需要货币资本的支持，金融体系能够通过项目甄别、资金配置、风险管理等功能为企业家进行创新提供必要的条件，从而促进经济发展。卡梅伦（Cameron，1967）提出，银行体系的发展通过为各国工业化起飞阶段提供货币资本，助推了经济的长期增长。希克斯（Hicks，1969）甚至在其著作《经济史理论》中大胆指出，英国的工业革命是金融革命的结果，而非通常所认为的技术创新。英国金融体系在工业革命时期的发展，有力地降低了投资所面临的流动性风险，使大量社会闲置资金通过存款、股票、债券等形式转化为对实体经济的投资，从而推动了工业革命的成功。不同于上述观点，以罗宾逊（Robinson，1979）和卢卡斯（Lucas，1988）为代表的现代制度经济学派认为，经济的扩张势必会创造出更高的金融服务需求和更大的资本需求，从而推动金融体系规模的扩张和效率的提升，因此，金融发展只是经济扩张过程中的附属品，而非经济发展的重要前提。帕特里克（Patrick，1966）将两者因果关系的观点归纳为供给主导型和需求追随型两类，前者主张金融发展能够推动实体经济的成长，因而金融服务的供给应领先于对金融服务的需求，后者强调金融发展是经济扩张尤其是实体经济活动的结果，经济的扩张创造出金融需求，金融体系为满足相应的金融服务需求就会自然衍生出与之相适应的金融供给。随着经济的发展，两者之间的因果关系模式将由供给主导型向需求追随型转换。20 世纪六七十年代形成的金融结构理论、金融抑制理论以及金融深化理论，均对金融发展与经济增长之间的关系做出了进一步探讨。戈德史密斯（Goldsmith，1969）、麦金农（McKinnon，1973）和肖（Shaw，1973）的研究成果均表明，两者之间存在着显著的正相关关系。然而，受计量模型技术方面因素的限制，上述研究均未能识别出两者因果关系的具体方向。20 世纪 90 年代以后，随着内生增长理论的兴起，对两者因果关系的研究得到进一步发展。

2.2.1 金融发展与经济增长无关

戴达和法图赫（Deidda and Fattouh，2002）构建了一个金融发展与经济增长之间非线性和非单调关系的模型，并运用 119 个国家 1960～1989 年的跨国面板数据进行经验分析，结果表明金融发展的经济增长效应取决于经济发展水平，较高的金融发展水平与较高的增长率相关，然而，在没有门槛效应的模型中金融发展水平与经济增长之间的正相关关系在人均收入较低的国家并不存在。戴达（Deidda，2006）提出了一个假设金融部门消耗实际资源的金融和经济发展模型，发现金融发展的经济增长效应是模糊的。贝克等（Beck et al.，2006）运用 1960～1997 年 63 个国家的面板数据集中考察了金融中介发展影响经济波动的渠道，发现金融中介机构的发展与经济增长波动之间没有稳固的关系。姚耀军和董钢锋（2015）从中小企业融资约束视角进行的研究发现，金融发展水平与中小企业融资约束之间并未形成稳健的联系，由金融体系规模扩大所引致的金融发展水平提升对经济增长的作用非常有限。

2.2.2 金融发展促进经济增长

贝克和莱文（Beck and Levine，2004）将动态面板广义矩估计技术应用与 1976～1998 年的面板数据集，考察金融发展对经济增长的影响，发现股票市场和银行的发展均对经济增长产生了积极影响。克里斯托普洛萨、斯塞瓦斯（Christopoulosa and Tsionasb，2004）以 10 个发展中国家作为研究对象，运用面板单位根检验和面板协整检验进行的经验研究表明，金融深度、经济增长和辅助变量之间存在单一均衡关系，意味着从金融深度到经济增长的单向因果关系。帕特里克（Patrick，2004），克拉克等（Clarke et al.，2006），贝克等（Beck et al.，2007），耶尔兹马诺夫斯基和纳巴尔（Jerzmanowski and Nabar，2007），昆特和莱文（Demirgüç‐Kunt and Levine，2009），贝克等（Beck et al.，2009）的研究均证实，金融发展能够降低基尼系数，缓解收入不平等，从而促进经济增长。上述研究肯定了金融发展对经济增长的促进作用，而 20 世纪 90 年代金融发展理论中最核心的内容在于从内生增长理论出发对金融发展影响经济增长的机制做出全面而规范的解释。根据影响机制来划分，相关研究主要包括以下三个方面：

第一，金融发展的资本积累效应。本奇文格和史密斯（Bencivenge and Smith，1991）、格林伍德和史密斯（Greenwood and Smith，1997）的研究表明，发展良好的金融体系能够提供多样化的金融工具（包括金融衍生品）以有效化解投资者面临的流动性风险，从而引导社会闲散金融资源向企业投资，通过提升储蓄转化为投资的比例来加速资本积累，最终作用于经济增长。麦金农（McKinnon，1973），肖（Shaw，1973），格林伍德和约万诺维奇（Greenwood and Jovanovic，1990）认为由于市场中信息不对称的存在，金融系统大规模批量处理信息的规模经济效应有助于降低投资者的信息获取及监督成本，促使资金流向投资回报率更高的项目，从而提升资本的边际社会生产力，加速资本积累。格利和肖（Gurley and Shaw，1955）、本奇文格和史密斯（Bencivenge and Smith，1991）认为，金融系统规模的扩张和服务功能的提升能够通过提升私人储蓄率加速资本积累，并最终促进经济的增长。拉詹和金格莱斯（Rajan and Zingales，2000），拉詹和金格莱斯（Rajan and Zingales，2001），莱文（Levine，2004），查瓦等（Chava et al.，2013）的研究均表明一个国家金融部门的发展能够加速资本积累，降低企业外部融资成本和缓解外部融资约束，从而促进经济增长。袁云峰和曹旭华（2007）基于中国1978～2004年省际面板数据的随机边界模型检验结果表明，金融发展的经济增长效应只是通过加速资本积累实现的，全要素生产率的提升效果并不显著。

第二，金融发展的全要素生产率提升效应。贝克等（Beck et al.，2000）针对1960～1995年77个国家的数据使用面板GMM估计技术探索金融发展与经济增长的关系，在控制了潜在的固定效益偏差和联立性偏差后发现，运行良好的金融机构可以显著促进全要素生产率的增长。莫拉莱斯（Morales，2003）将研发活动和资本积累引入内生增长模型，发现由于道德风险的存在，直接增加对研发的补贴率可能会降低经济增长率，而金融服务水平的提升能够有效降低研发活动中的道德风险，进而提高研发生产力，促进经济增长。里奥哈和瓦列夫（Rioja and Valev，2004）利用动态GMM估计方法对74个国家1960～1995年的经济数据进行检验，发现在根据金融发展水平划分的不同地区，金融业扩张对经济增长的影响是不一致的。在金融发展水平较高的地区，金融发展的经济增长效应主要是借助全要素生产率的提升来实现的，而在金融发展水平较低的地区，金融发展的经济增长效应则是通过加速资本积累来实现的。张军和金煜（2005）、珍妮等（Jeanneney et al.，2006）、塔德塞（Tadesse，2007）、姚耀军（2010a、2010b）、姚耀军和董钢锋（2013）、萨西德兰等（Sasidharan et al.，2014）的研究也均证实了金融发展对全要素生产率的提升作用。阿吉翁和豪伊特（Aghion and Howitt，2009）在对纵向创新模型进行扩展的基础上，考察了金融约束环境下技术创新和经济增长的相互关系，发现金融体系越完善的经济体，其技术创新水平和经济增长率越高。解维敏和方红星（2011）以中国 2002～2006 年间制造业和信息技术业 A 股上市公司为样本，考察了地区金融发展水平与企业 R&D 投入之间的关系，发现地区金融发展水平的提升能够显著促进企业 R&D 投入的增加。易信和刘凤良（2015）的研究表明，金融发展能够通过技术创新的"水平效应"与"结构效应"促进经济增长。李健和卫平（2015）基于 2000～2012 年中国宏观经济数据，从规模和效率两个方面考察了金融发展与全要素生产率的关系，发现无论是规模层面还是效率层面的实证结果均证实了金融发展对全要素生产率提升的正向影响，且基于效率层面的增长效应更加显著。

第三，金融发展的宏观经济波动平抑效应。德尼泽尔等（Denizer et al.，2000）基于 1956～1998 年 70 个国家的宏观数据，采用固定效应模型考察了金融发展对宏观经济波动的影响。他们的研究结果表明，金融部门较发达的国家实际人均产出、消费和投资增长的波动较小，且银行在金融体系中的相对重要性对于波动性具有较高的解释力。这主要是因为银行在向私营部门贷款过程中提供的风险管理和信息处理能够有效减少消费和投资波动，从而稳定国内生产总值。瓦希德和贾利勒（Wahid and Jalil，2010）将协整分析的自回归分布滞后（ARDL）技术应用于 1977～2006 年的中国经济数据，检验了金融发展与 GDP 波动之间的关系，得出更高的金融发展减少了实际人均 GDP 的波动性的结论。姚耀军和鲍晓辉（2013）利用 1994～2010 年中国省际面板数据构建双向固定效应模型，实证结果表明金融发展与经济波动之间存在倒"U"形关系，金融发展对缓解货币冲击的减震作用在中国还未显现，但正在步入临界区间。王宇鹏和赵庆明（2015）基于 1961～2012 年 214 个国家的经济数据，运用时间维度的固定效应模型，从资本市场、信贷市场和金融衍生产品市场三个层面考察了金融发展对宏观经济波动的影响，研究发现金融发展与 GDP、投资、消费增速波动率均呈现负相关关系，表明金融发展水平越高，宏观经济波动率越低。

2.2.3 金融发展抑制经济增长

赵志军（2000）考察了中国 1986～1998 年金融资产总量、结构变化与经济增长的关系，得出了广义货币形式的金融资产增速过快，将阻碍经济进一步增长的结论。阿雷斯蒂斯等（Arestis et al.，2001）运用时间序列模型对五个发达国家经济数据的分析表明，股票市场的易变性会加剧宏观经济的波动，阻碍经济的长期增长。梁琪和滕建州（2005）采用 VAR 模型对中国 1991～2004 年经济数据的考察支持了阿雷斯蒂斯等（Arestis et al.，2001）的观点，认为股票市场的波动会对金融发展和经济增长产生消极影响。拉詹（Rajan，2005）发现，随着金融部门的发展，金融中介的规模和风险偏好可能会在整个周期中扩大，进而引发经济的波动和某些小概率风险，在这种情况下，经济可能比过去更容易受到金融部门引发的动荡的影响。申和李（Shen and Lee，2006）同样也发现了银行业发展会对经济增长产生负向影响。洛艾萨和兰西埃（Loayza and Ranciere，2006）强调虽然金融体系的发展能够促进经济的长期增长，但在相对较短的时期内，却会为经济增长带来消极影响。贝克（Beck，2011）的研究表明，虽然健全有效的金融体系对经济发展和增长至关重要，但金融体系也会受到繁荣与萧条周期和脆弱性的影响，对实体经济产生负面影响。黄智淋和董志勇（2013）以通货膨胀为门槛变量构建面板门槛模型，对中国 1979～2008 年间的金融中介发展与经济增长的数据进行实证分析，结果表明在较高的通货膨胀水平下，金融发展对经济增长产生了抑制效应。阿尔坎德等（Arcand et al.，2015）构建非单调变化模型，运用半参数检验、广义矩估计等多种方法对 130 余个国家 1960～2010 年的经济数据进行回归，发现当私人贷款规模与实际产出的比例达到 100% 时，金融深度开始对产出增长产生负面影响。切凯蒂和哈鲁比（Cecchetti and Kharroubi，2015）的研究同样表明，金融部门的过度扩张会抑制全要素生产率的提升和技术密集型产业的发展。

2.2.4　经济增长促进金融发展

格林伍德和约万诺维奇（Greenwood and Jovanovic，1990）、格林伍德和史密斯（Greenwood and Smith，1997）通过将固定交易成本纳入内生增长模型，提出了一种范式以揭示经济增长对金融中介和金融市场发展的作用。其研究表明，一国经济发展水平较低时，人均收入水平通常也较低，因而无力负担金融体系的固定交易成本，或者即便能够负担，但因为市场交易量过小使得每单位交易所需要承担的成本过高而得不偿失，从而缺乏激励去运用和发展金融体系。由于需求缺乏，金融服务的供给自然也就无从产生。只有当一国的经济发展水平达到一定的阶段后，收入水平相对较高的社会群体开始被激励去支付固定的交易成本以获取相应的金融服务，随着经济的进一步发展，购买金融服务的人越来越多，金融中介和金融市场得以不断发展。最终当一国的所有民众都比较富裕，皆能从金融服务中获益时，完全竞争使得金融部门的增长不会再快于其他部门了。安格和麦克基宾（Ang and McKibbin，2007）对马来西亚 1960～2001 年的时间序列数据进行了协整分析和因果关系检验，经验证据表明，从长远来看，产出增长会带来更高水平的金融发展。陈邦强等（2007）用类似的方法对中国 1978～2005 年金融市场化数据进行了分析，得出了与安格和麦克基宾（Ang and McKibbin，2007）一致的结论，即经济增长对金融中介和金融市场有单向因果关系。

2.2.5　金融发展与经济增长呈双向因果关系

王志强和孙刚（2003）运用中国 1981～2002 年的季度数据，从规模、效率和结构三个层面出发对中国金融体系发展与经济增长的关系进行分析，发现中国 20 世纪 90 年代以后的金融发展与经济增长之间呈双向因果关系。冉光和等（2006）基于中国深化金融体制改革的背景，采用误差纠正模型和协整检验分别对中国东部和西部地区金融发展与经济增长关系进行检验，研究发现东部地区无论长期还是短期两者之间均存在显著的双向因果关系，而西部地区只存在金融发展对经济增长的长期单向因果关系。段鸿斌和杨光

（2009）基于中国 1995~2007 年季度经济数据的研究表明，中国股票市场发展与经济增长之间有着显著的双向因果关系。哈桑等（Hassan et al.，2011）将发展中国家按地理区域划分为低收入组和中等收入组，在此基础上考察了金融发展与跨地理区域和收入群体的经济增长之间的关系，实证结果表明，长期来看所有发展中国家的金融发展与经济增长之间均存在显著的正相关关系，短期来看多数地区的金融与增长之间存在双向因果关系，只有两个最贫困地区（撒哈拉以南的非洲及东亚地区）的金融发展与经济增长之间存在单向因果关系。

2.3 金融结构与经济增长关系的相关研究

金融发展是现代经济发展的重要战略支撑。然而，金融发展不应只停留在金融规模的扩张上，更要重视金融结构的变化与合理安排。正如戈德史密斯（Goldsmith，1969）所述"金融领域中最核心的议题在于金融结构及其发展对经济增长的影响"。金融结构既是金融体系服务功能的体现，也在一定程度上影响着金融功能的发挥和金融体系的运行效率。金融体系的结构安排会对经济增长产生重要影响。

自从戈德史密斯提出金融结构的概念以来，相关研究逐步深入金融体系的结构差异方面。国内外经济学家围绕"金融结构与经济增长之间的关系"这一金融结构理论研究中的首要议题展开了大量研究，并形成了两种截然相反的观点。一种观点认为金融结构与经济增长无关，如梅顿和博迪（Meton and Bodie，1995）的"金融功能论"，强调金融结构对经济增长没有显著影响，金融发展对经济增长的促进主要依赖于金融功能的发挥。拉门塔等（Laporta et al.，1997）提出的"法律制度相关论"从另一个视角对金融结构无关论做出了解释，认为经济增长依赖于金融体系的功能供给，而健全完善的法律制度是金融体系发挥功能的重要保证。与之相对应的另一种观点则认为金融结构与经济增长之间存在着紧密的关系，并在此观点下衍生出第二个议题，即哪种金融结构更有利于促进经济增长。"银行体系主导论"从资源配置、信息传递和资金监督等不同角度展现了银行主导型金融结构对经济增长的重要推动作用。"金融市场主导论"则认为市场主导型金融结构在推动技术创新和管理风险等方面都具有积极的作用，因而更有利于经济增长。然而，无论是"银行体系主导论"还是"金融市场主导论"都只是从不同的方面对银行与金融市场之间的制度差异进行比较，以此得出孰优孰劣的结论，其根本缺陷在于忽视了不同发展阶段的实质经济对金融服务的特定需求（林毅夫和姜烨，2006）。基于此，近年来一些学者开始利用发展经济学和新结构经济学分析框架，考察金融结构的动态变迁机理。

2.3.1 金融结构与经济增长无关

金融功能论突破了现存金融体系组织结构既定不变的前提，认为金融体系的形式和内容都是可变的，而相对稳定的则是金融体系的功能，运行良好的金融体系通过各项金融功能的有效发挥即可提供优质的金融服务。因此，金融发展的过程就是金融服务功能不断深化的过程（Merton and Bodie，1995；Merton，1995）。施图尔兹（Stulz，2001）从投资者的角度出发，认为在市场健全、风险中性的情况下，当银行体系和金融市场融资均不存在约束时，投资者自然会被利率更高的项目所吸引，因而在理想的金融体系中，金融结构的形式并不重要。莱文（Levine，2002）通过对跨国经济数据的广泛搜集与分析，发现尽管各国整体金融发展与经济增长密切相关，但没有证据支持基于银行或基于市场的金融结构影响经济增长的观点。贝克和莱文（Beck and Levine，2002）的研究表明虽然法律制度效率和整体金融发展促进了行业增长、新的机构形成和有效的资本分配，但拥有基于银行或基于市场的制度本身似乎并不重要。昆特和马克西莫维奇（Demirguc-kunt and Maksimovic，2002）运用40个国家来自企业层面的数据，考察企业在基于银行体系和股票市场的金融系统中获取外部融资以取得增长的机会，研究发现，一个国家的法律体系的发展可以预测外部融资的获取；银行体系和股票市场则会以不同的方式影响对外部融资的获取；但没有任何证据表明企业获得外部融资的机会是通过一个国家在衡量股票市场发展相对于银行系统发展的指数中的得分来预测的。沈军和白钦先（2006）认为一个高效运行的金融系统离不开金融结构、效率与功能三者之间的良性互动，其中，金融系统对效率的适应是核心，而金融结构与环境又决定了金融功能与效率。李健等（2012）利用泛北部湾经济区的七个成员国 1999～2008 年的面板数据，从金融功能观出发，探讨银行体系和金融市场在区域经济合作中的交叉融合效应，发现在区域市场一体化进程中，不同模式金融结构的相互融合能够显著促进区域经济的发展。彭俞超（2015）通过分析 46 个国家 1989～2011 年的宏观经济数据，发现不同模式金融结构对经济增长的不同影响源于金融功能的差异，在金融功能更完善的地区，金融结构中市场主导作用的提升更有助于促进经济的增长。

2.3.2　法律渊源与金融经济相关

与金融功能论类似，法律相关论同样否定了金融结构之争的重要性，但该理论并未停留在金融系统的功能及服务的研究上，而是另辟蹊径去探索法律对金融与经济增长的作用。拉门塔等（La Porta et al.，1997，2008）认为以银行体系和金融市场来划分金融结构是不全面和不科学的，而法律体系的发展状况则直接决定了一国的金融体系服务水平和金融功能的发挥，进而造成不同国家金融发展水平的差异，因而利用法律对投资者权利的保护程度来划分金融结构能更好地体现金融发展水平的国别差异。在拉门塔等（La Porta et al.，1997）考察不同国家的法律规则和执法质量与资本市场发育程度之间关系的基础上，拉门塔等（La Porta et al.，1998、2006）依据法律渊源的不同将 49 个国家划分为四大法系国家，并对不同法系国家之间的金融发展水平进行了横向比较，发现法律渊源能够很好地解释不同国家金融发展水平的差异，特别是与普通法系国家相比，法国大陆法系国家拥有最弱的投资者保护和最不发达的资本市场。拉门塔等（La Porta et al.，1999、2000、2002）的进一步研究表明，法律对投资者的保护程度与股权集中度呈现负相关关系，并且对投资者保护力度越强的国家，其公司治理水平通常越高，相应的公司经营绩效也就越好。

莱文等（Levine et al.，2000）针对跨国面板数据的研究表明，法律和会计系统的跨国差异有助于解释不同国家金融发展的差异，并且针对加强债权人权利保护的法律和会计改革促进了金融发展并加速了经济增长。拉詹和金格莱斯（Rajan and Zingales，2003）认为法律相关论是基于法律渊源这一不随时间变化的因素,因而无法解释跨国金融发展差异与长期经济发展差异的关系,基于此,他们提出了一个基于"利益集团"的金融发展理论,以解释跨国金融发展差异的时间序列变化。贝克等(Beck et al.,2003)从政治渠道和适应性渠道两个方面揭示了法律起源对金融发展的影响,政治渠道强调法律传统在个人投资者对国家的权利方面的优先权不同,这会对金融发展产生影响,适应性渠道强调法律传统在适应不断变化的商业环境方面的能力不同,快速适应的法律制度将更有效地促进金融发展,在此基础上,他们使用历史比较和跨国回归方法评估了上述两个渠道的有效性,进一步验证了法律渊源对金融发展的重要性,因为法律传统在有效适应不断变化的经济条件方面的能力不同。额尔根戈(Ergungor,2004、2008)对不同国家之间的金融结构差异提供了与法律传统相关的解释,认为民法法院由于在解释法律和制定新规则方面的灵活性较低,因而其解决冲突的效力不及普通法法院,银行作为主要合同执行者更易出现在民法法系的经济体中,导致以银行为主导的金融体系,而与大陆法系相比,普通法法院在法律执行上能够更好地保护债券人和股东的权益,因而更有利于金融市场的发展。

2.3.3 银行主导型金融结构促进经济增长

银行体系主导论者从资源配置、信息传递、公司治理和资金监督等不同角度展现了银行主导型金融结构对经济增长的重要推动作用。在信息不对称的市场环境下,增加融资成本(提升利率)必然会引发逆向选择行为(低风险的投资项目退出市场)和道德风险行为(借款人倾向于选择高风险的投资项目),而银行体系通过抵押、担保、信贷契约等工具以及与借款人建立长期合作关系能够有效地防范和缓解逆向选择和道德风险,降低贷款人的平均风险,提高金融资源的配置效率(Bolton and Freixas,2000;Manove et al.,2001;Benmelech and Bergman,2009)。在代理人的投资机会是私人信息的环境下,金融中介作为代理人联盟有效安排的一部分并且内生于该环境中,金融中介在均衡中表现出以下特征:从大型代理机构借款或贷款;提供有关投资项目的信息,以降低搜集和处理信息的成本(Boyd and Prescott,1986)。在相关信息较为丰富的确定条件下,银行拥有消除信息不对称的明显优势和大规模批量处理信息的规模经济效应，从而能够帮助投资者有效降低信息获取及处理的成本，解决"搭便车"的问题（Boot and Thakor，2000）。拉詹和金格莱斯（Rajan and Zingales，2001）认为强有力的银行体系能够借助于债务合同约束借款人进行信息披露和还本付息，从而推动经济增长。鲍姆等（Baum et al.，2011）运用 1989～2006 年 30000 个公司的大型国际样本考察了金融系统的结构和发展水平对企业现金流敏感度的影响，研究结果表明，金融体系的结构及其发展水平都很重要，且在银行主导型金融结构下受限制的企业更容易获得外部融资。

戴蒙德（Diamond，1984）构建了基于最小化监督信息成本的金融中介模型，以刻画借款人和贷方之间的资金监督激励问题，揭示了即使在风险中性的经济下，中介机构内的多元化也可以有效降低总的监督成本。本奇文格和史密斯（Bencivenge and Smith，1991），拉詹（Rajan，2005）等大量研究表明，在信息不对称的环境下，金融中介机构拥有防范流动性冲击，为投资者分担横向风险的比较优势。艾伦和盖尔（Allen and Gale，2000）认为银行体系充足的资金、人力及其长期积累的投资经验，使其具备较强的跨期风险分散功效，从而克服单个投资者多样化投资的困难，实现跨期风险的分散或减小。银行体系主导论同时也指出了市场主导型金融结构的各种弊端与缺陷。博伊德和普雷斯科特（Boyd and Prescott，1986）研究发现，以市场为主导的金融结构往往会抑制企业之间的并购，这使金融市场对企业管理者的约束力被削弱。阿雷斯蒂斯等（Arestis et al.，2001）利用五个发达经济体的时间序列数据，在控制了银行体系和股市波动影响的基础上，考察了股票市场发展对经济增长的影响，发现股票市场的促进作用远不及银行体系，跨国增长回归的研究可能夸大了股票市场对经济增长的贡献。孙伍琴和王培（2013）运用中国 2000～2010 年间 30 个省市的面板数据考察了金融结构与技术创新之间的关系，发现银行体系的规模与技术创新水平成正比，而股票市场的规模对技术创新的影响则不显著。

此外，大量学者从银行业集中度的视角出发，研究银行业内部结构与经济增长之间的关系。拉詹和金格莱斯（Rajan and Zingales，2000）研究发现，具有垄断优势的银行可以凭借其与借款企业之间的长期合作关系实现对不同类别企业的甄别，并通过调整利率水平和信贷配给等手段达到风险与收益的匹配。布莱克和斯特拉恩（Black and Strahan，2002）的研究发现，随着小银行份额的减少，新公司的数量也在增加，表明银行业集中度的增加有利于新企业的创建，这是由于规模的多元化收益超过了小银行在建立关系时可能存在的比较优势。卡林和梅耶（Carlin and Mayer，2003）运用1970~1995年间14个经合组织国家27个行业的数据评估了不同国家之间工业活动与金融结构之间的关系，发现银行体系结构与经济活动之间的关系受到各国经济发展阶段的约束，在工业化时期银行业集中度对于经济增长具有正向促进作用，而随着经济发展阶段的提升，技术创新成为推动经济进一步增长的主导力量，银行业集中度越低反而越有利于促进R&D经费支出的增加，进而推动技术密集型产业的发展和经济的增长。刘伟和黄桂田（2003）认为由较大规模银行所构成的相对集中的银行业结构并不是导致银行业竞争度下降的原因，相反，保持银行业结构的适度集中更能促进金融资产配置效率的提升。贝克等（Beck et al.，2004）基于74个国家企业层面数据的研究表明，银行集中度增加了企业获得融资的障碍，但这一现象仅限于经济和制度发展水平较低的国家。林毅夫和姜烨（2006）考察了要素禀赋结构等变化对金融结构的影响，提出一国银行业结构的改革要立足于该国的实际经济发展水平，只有两者相匹配才能有效促进金融功能的发挥，进而助力经济的发展。塞托雷利和斯特拉恩（Cetorelli and Strahan，2006）评估了美国本土银行市场竞争对非金融部门的影响，发现在银行业相对集中的市场中，潜在的进入者会在获得信贷方面比在银行业更具竞争力的市场中面临更大的困难。林毅夫和孙希芳（2008）运用1985~2002年间中国28个省份的银行业数据构建双向固定效应模型，以考察银行体系结构与经济增长之间的关系，研究发现银行业集中度的下降能显著促进经济增长。唐清泉和巫岑（2015）基于中国2002~2009年间A股上市公司的样本数据，考察了银行业结构对企业R&D融资约束的影响，发现银行业竞争性的提升能够显著降低企业的R&D融资约束，尤其是对于民营、高科技和小型企业。刘晓光和苟琴（2016）考察了银行业集中度对中小企业融资约束的影响，发现两者之间呈现"U"形关系，表明存在一个最优的银行业集中度水平使得中小企业融资约束最小。张建华等（2016）实证检验了银行业结构与全要素生产率之间的关系，发现只有在信贷资源供给水平较低，且信贷环境较好时，银行业竞争性的提升才能显著促进全要素生产率的提升。

2.3.4　市场主导型金融结构促进经济增长

金融市场主导论者强调健全的金融市场在管理风险、完善企业治理和推动技术创新等方面都具有积极的作用，因而更有利于经济增长。运行良好的金融市场能够为投资者提供多元化的金融产品及风险管理工具，使投资者能够依据自身的风险偏好构建相应的投资组合，以实现金融风险的横向分散，并借助二级市场的交易规避或减少流动性风险（Levine，2004；Beck et al.，2000；Allen and Gale，2000）。不同于银行贷款必须按期还本付息，金融市场提供的金融产品则更为灵活，使企业不必因为暂时的资金短缺而面临清算风险（Levine，2004；Lin et al.，2013）。奇克和昆特（Cihak and Demirgüç‐Kunt，2012）认为股票市场中接管的威胁有利于约束管理层，从而缓解委托—代理问题，提高金融资源的配置效率。詹森和墨菲（Jensen and Murphy，1990），昆特和莱文（Demirgüç‐Kunt and Levine，2001）认为金融市场的高度流动性有利于将股权分散到不同的投资者手中，而投资者出于自身利益考虑会加强对相关企业的监督，从而避免出现企业股权过分集中的局面。吴晓求（2005）认为，以金融市场为主导的金融结构有利于实现经济增长的财富效应和存量资源的优化配置。卡彭特和彼得森（Carpenter and Petersen，2002）、林等（Rin et al.，2006），布朗等（Brown et al.，2009），伊琳娜和萨曼尼戈（Ilyina and Samaniego，2011），布朗等（Brown et al.，2012、2013）针对股票市场、私募股权和风险投资的研究均表明：相比银行信贷间接融资，股票市场直接融资更能显著促进企业研发资金投入的增加，从而为全要素生产率的提升和经济的长期增长提供动力。吴晓求（2010）研究发现科技进步对美国经济的长期发展具有重要意义，且前者又离不开美国健全的金融体系尤其是发达的金融市场的支持。左志刚（2012）运用32个国家10年间的经济数据考察了金融体系的结构特征对国家创新能力的影响，发现金融市场的发展能够显著提升国家创新能力，而银行信贷的扩张反而会抑制国家创新能力的提升。杨俊和王佳（2012）、刘贯春和刘媛媛（2016）从收入不平等视角出发，探讨了金融结构与经济增长之间的关系，发现直接融资在金融体系中占比的提升有利于缓解收入不平等问题，从而促进经济增长。张一林等

（2016）认为银行体系的抵押、清算等资金监管措施难以有效应用于轻资产且高风险的创新型企业，且固定利息收益与高风险的不匹配导致银行缺乏为技术创新提供融资的相应激励；而股票市场高风险—高收益的激励机制更有利于为创新型企业提供资金支持，同时股票市场功能的发挥必须以健全的法律制度环境为前提。

另外，金融市场主导论同时也指出了银行体系主导型金融结构的各种弊端与缺陷。詹森和墨菲（Jensen and Murphy，1990）认为金融中介与借款企业之间的长期密切关系不可避免地使企业受到过度控制，从而妨碍企业的有效治理。布特和塔科尔（Boot and Thakor，2000）认为，金融中介机构往往只能提供基础的风险管理工具，不能达到为企业的技术创新活动规避风险的效果。拉门塔等（La Porta et al.，2002）通过对世界各地银行中政府所有权数据的剖析，发现政府在银行所有权中占比很大且普遍存在，而且在人均收入水平低、金融体系落后、预主义和政府效率低下以及财产权保护不力的国家更高，而当银行系统中国有产权占据主导时，银行投向会受到政府政治目的的约束而倾向于支持劳动密集型产业的发展，因而不利于高新技术产业的发展。贝克等（Beck et al.，2009、2010）探索了各国金融机构和市场结构的发展趋势，发现金融市场和机构的深化这一趋势集中在高收入国家，而高收入国家金融体系中银行业的极速繁荣是导致2007年全球金融危机的重要原因。

2.3.5 金融结构随经济发展阶段动态演变论

支持金融结构随经济发展阶段动态演变论的学者认为，在一国经济发展初期，以银行为主导的金融结构往往更能推动经济的增长，但当经济发展水平迈向更高的阶段后，金融市场的重要作用会不断凸显（Demirgüç – Kunt and Le-vine，2001；张春，2001；Antoniou et al.，2008；Aggarwal and Goodell，2009；Cull and Xu，2011；Demirgüç – Kunt et al.，2011；Rioja and Valev，2012）。塔德塞（Tadesse，2002）考察了金融体系结构、市场导向程度与实体经济绩效之间的关系，发现对于金融业发达的国家而言，市场导向型金融结构的表现明显优于银行导向型，但在金融部门不发达的国家中银行体系的表现明显更好，并且小企业主导的国家在以银行体系为主导的金融系统中增长得更快，以市场为主导的金融系统则更适用于由大企业主导的国家，该研究结论表明，合适的金融架构本身就是价值的源泉，新兴经济体和转型经济体的金融发展政策应区别对待。孙杰（2002）研究发现，股票市场规模扩张对于经济发展的正向作用在新兴国家中表现的要比在发达国家中显著。林毅夫（2004、2005、2009、2012、2013）认为单从金融体系本身的制度安排出发难以评价究竟哪种形式的金融结构更有利于引致经济增长，因此需要结合不同阶段的要素禀赋结构特性，并在此基础上提出了"最优金融结构理论"，强调金融结构是经济发展的内生变量，不同经济发展阶段的要素禀赋结构内生决定了经济结构进而决定了金融结构。桑和斯科尔（Song and Thakor，2010）系统研究了金融体系架构的演变过程，提出了银行体系和金融市场在演变的过程中呈现出三种形式的互动：竞争、互补和共同进化，而伴随着证券化和银行股权资本两个因素而产生的共同进化使得不存在绝对的银行主导或市场主导。克波达尔和辛格（Kpodar and Singh，2011）基于 47 个发展中经济体 1984～2008 年样本的研究发现，当机构薄弱时，以银行为基础的金融体系通过降低信息和交易成本，能够更好地减少贫困、改善收入分配；随着机构的发展，基于市场的金融体系可能会对减少贫困和促进经济增长更有益。昆特等（Demirgüç–Kunt et al.，2013）认为银行和证券市场的角色在经济发展过程中发生了变化，随着各国经济的发展，银行和证券市场规模相对于经济规模增加；经济产出增加与银行发展增长之间的关联变小；经济产出增加与证券市场发展增加之间的关联变得更大。该研究结论表明，随着经济的发展，银行体系的重要性在不断下降，而证券市场对经济活动的作用则日益凸显。林等（Lin et al.，2013）认为由于银行体系和金融市场在提供金融服务方面具有各自的相对优势和劣势，因此在特定的经济发展水平上，应具有与其相适应的金融结构，并且随着经济的发展，金融结构也应进行相应的调整。里奥哈和瓦列夫（Rioja and Valev，2014）运用包括低收入国家和高收入国家在内的大型跨国数据研究了金融结构对生产力和资本积累的影响，发现在低收入国家，银行体系的发展对资本积累具有显著的正向影响，而股票市场无论是对资本积累还是生产力提升的影响均不显著；相反，在高收入国家，股票市场对资本积累和生产力提升均有显著的促进作用，而银行体系的作用只体现在资本积累上，该研究表明，在不同的经济发展阶段，银行体系和股票市场对经济增长的作用是存在差异的。张成思和刘贯春（2015、2016）从金融监管的角度出发，构建一般均衡分析框架，揭示了与实体经济相匹配的最优金融结构的存在性，且最优金融结构是伴随着经济发展的进程而动态调整的。

2.4 金融结构与产业结构升级关系的相关研究

近年来，尤其是受最优金融结构理论的启发，相关研究已深入经济结构层面，侧重于探讨金融结构与产业结构升级的关系。关于金融结构与产业结构升级关系的相关研究大致可以划分为以下三个方面：关于金融结构能否促进产业结构升级的争论；关于银行体系和金融市场对产业结构升级作用的争论；金融结构随产业结构升级动态演变论。

2.4.1 金融结构能否促进产业结构升级的争论

贝克和莱文（Beck and Levine, 2002）认为，虽然法律制度效率和整体金融发展促进了行业增长、新的机构形成和有效的资本分配，但拥有基于银行或基于市场的金融结构本身似乎并不重要，没有证据表明在银行主导型或市场主导型金融体系中依赖外部融资的行业的发展速度存在明显差异，且新兴产业的成长也不会随金融体系的演变而产生任何系统性的变化。范方志和张立军（2003）构建理论模型系统阐述了金融结构影响产业结构升级的作用机制，并实证检验了1978～2000年中国东、中、西部地区的金融结构与产业结构升级之间的关系。安祖拉托斯等（Antzoulatos et al., 2010）利用1990～2001年间29个国家28个工业部门的年度数据，在一个面板协整框架中探讨了金融结构与产业结构之间的关系，结果表明，金融结构对于一个部门的产值在GDP中的表现似乎并未发挥作用。刘骁毅（2013）通过对中国1978～2011年宏观经济数据的分析，发现无论从长期还是短期看，金融结构与产业结构之间均存在稳定的双向因果关系。王立国和赵婉妤（2015）的研究表明，金融体系规模的扩大和结构的优化均对产业结构优化具有显著的正向影响；但产业结构优化不会对金融发展产生引致需求。罗超平等（2016）研究发现，从长期来看，金融结构对产业结构升级存在显著影响，而短期内的影响则较弱。

2.4.2 银行和金融市场对产业结构升级作用的争论

达林和海尔曼（DaRin and Hellmann，2002）认为银行可以作为工业化的"催化剂"，促进新兴产业的创建，同时引导落后产业的退出，推动产业结构的高度化。查克拉博蒂和雷（Chakraborty and Ray，2006）构建内生增长模型研究了基于银行和市场的金融系统，发现在以银行为基础的金融制度下，投资水平和人均收入水平均较高，且收入不平等程度较低，因而基于银行的金融系统更有利于推动广泛的工业化。杨晓玲（2009）基于中国1991～2007年数据的研究表明，银行体系的规模扩张能够显著促进产业结构的优化，而股票市场的产业结构优化效应则不显著。王立国和赵婉妤（2015）基于中国1992～2012年宏观经济数据的研究表明，现阶段银行体系对产业结构优化的推动作用要强于金融市场，但金融市场的发展将有利于推动劳动力素质提升和技术进步，从而助力产业结构高级化。刘培森和尹希果（2015）基于中国1995～2011年省级面板数据的研究发现，国有商业银行市场份额与产业结构升级之间具有显著的正向关系。吴晗和贾润崧（2016）运用中国1999～2007年制造业企业微观数据研究了银行业结构对行业生产率的影响，实证研究结果显示中小银行的发展有利于优化行业资源配置，助力高效率企业的成长和行业生产率的提升。

艾伦和盖尔（Allen and Gale，2000）认为，金融中介机构更有利于为传统成熟产业聚集资金，而金融市场则更有利于为新兴产业提供资金支持，因而市场主导型金融结构在推动产业结构升级上更具优势。乌格勒（Wurgler，2000）运用65个国家的宏观经济数据，考察了金融市场发展与资本配置效率之间的关系，发现金融市场发达的国家增加了对增长型产业的投资，并且与经济欠发达国家相比，减少了对衰退产业的投资，该研究结论表明金融市场的发展对于提升资源配置效率、优化产业结构具有重要作用。蔡红艳和阎庆民（2004）通过构建新兴市场国家行业成长性模型，探讨了资本市场与产业结构调整的关系，发现资本市场并不能对最具发展优势的产业进行有效识别和支持，反而存在扶持衰退产业的非市场化行为。祁斌（2010）认为，技术和资本的紧密结合成就了美国由传统经济向新型经济的成功转型，而在这一过程中，金融市场所发挥的市场化资源配置功能起到了不可替代的重要作用。萱等（Hsuan et al.，2014）构建了包括32个发达国家和新兴国家的大型数据集，探讨了金融市场发展影响技术创新的机制，研究表明股票市场的发展更有利于促进外部融资依赖型和高技术密集型产业的发展。孙早和肖利平（2016）从企业融资视角出发，基于2010～2012年中国战略性新兴产业上市公司的研究发现，股权融资能够显著促进战略性新兴产业企业的自主创新；而债权融资则抑制了战略性新兴产业企业的自主创新。

2.4.3 金融结构随产业结构升级动态演变

福斯特（Fuerst，1999）认为，产业技术进步和最佳资金来源之间存在动态交互性，最初金融市场可能是技术资金的最佳供应者；然而，随着学习的发生和技术不确定性的解决，道德风险成本可能会超越额外信息聚合带来的各种好处，此时，企业家用银行资金再融资可能会成为最佳选择。林毅夫等（2003）基于1980～1992年全球制造业经济数据的经验分析表明，一个经济体的融资结构和银行业结构只有与其产业规模结构相适应，才能有效满足实体经济的融资需求，进而促进经济增长。平等（Binh et al.，2006）运用26个经合组织国家的样本，根据技术特征的不同对26个行业进行分类，以考察金融结构与不同行业增长之间的关系，发现研发强度高、经营风险高、资本密集度高的行业在以市场占主导的金融系统中往往会增长得更快，而传统的低风险产业在以银行为主导的金融系统中则能获得更快的增长，该项研究结果意味着一个国家的金融结构需要与其产业结构的演变保持一致。林毅夫（2004、2005、2009、2012）、林毅夫和姜烨（2006）、林（Lin，2012）认为，一国在特定的经济发展阶段会拥有特定的要素禀赋结构，并由此内生决定了该阶段的最优产业结构，由于不同产业中的企业在规模特性、风险特征等方面均存在差异，因而不同经济发展阶段实体经济的金融需求也存在差异。金融结构只有适应实体经济最优产业结构的金融需求，才能最大化金融体系的运行效率，进而促进实体经济的发展和产业结构的升级。林志帆和龙晓旋

（2015）以跨国面板数据为样本进行的实证研究发现，金融结构对产业技术进步的影响取决于产业技术水平与世界技术前沿的距离，对于远离前沿水平的成熟技术而言，银行体系能够提供高效的金融支持，而对于接近前沿水平的创新技术而言，金融市场是更为适宜的融资渠道。龚强等（2016）考察了不同经济发展阶段下，金融结构对产业结构升级的作用，发现对于产品和技术均较为成熟的产业而言，银行体系能够提供有效的金融支持；而对于技术密集度较高、不确定性较强的产业而言，金融市场则是更高效的融资途径。该研究结论意味着，金融结构需要依据经济发展阶段的变迁而适时调整，以最大化金融体系的运行效率，支持产业结构升级与实体经济发展。张一林等（2016）认为，在一国经济发展初期，企业的技术创新水平相对较低并以技术引进为主，此时银行体系更易发挥自身的制度优势，助力经济发展；而随着经济发展水平的进一步提升和产业结构的优化升级，自主创新逐步取代引进模仿创新而成为经济持续发展的新动力，股票市场的重要性逐渐凸显。

2.5 对现有文献的评价

金融发展与经济增长的关系作为金融领域研究的首要议题得到了国内外学者的广泛关注，并形成了丰硕的研究成果。然而，正如金融发展理论的奠基人戈德史密斯（Goldsmith，1969）所述："金融发展不应仅仅停留在金融体系规模的深化上，还应体现在金融体系结构的变化上"。大量已有研究从不同视角出发肯定了金融深化对经济增长的影响，但却忽视了金融体系自身的结构对经济增长的作用。金融结构不单单是金融功能的体现，同时会反过来作用于金融功能的发挥，金融体系的不同结构特征会对金融功能的发挥乃至整个实体经济的发展产生重要的影响。

"金融功能论"模糊了金融结构的概念界定，侧重于金融体系的总体发展水平和金融体系所供给的金融服务功能，强调金融结构对经济增长没有显著影响，金融发展对经济增长的促进主要依赖于金融功能的发挥。"法律制度相关论"则将研究重点放在法律等制度因素上，强调法律体系的发展状况直接决定了一国的金融体系服务水平和金融功能的发挥，进而造成不同国家金融发展水平的差异。以"金融功能论"和"法律制度相关论"为代表的"金融结构无关论"面临重大的挑战，一方面，如果经济增长只受到金融功能的影响，而与金融结构无关，又如何解释随着人均财富的增加，金融市场对经济增长的促进作用更为重要这一明显趋势；另一方面，"法律制度相关论"即使可以解释法律制度的差异对金融结构的影响，但却无力解释相同法律制度下金融结构的变迁。"银行体系主导论"从资源配置、信息传递、公司治理和资金监督等不同角度展现了银行主导型金融结构对经济增长的重要推动作用。"金融市场主导论"强调健全的金融市场在管理风险、完善企业治理和推动技术创新等方面都具有积极的作用，因而更有利于经济增长。学术界围绕着何种金融结构更有助于经济增长这一议题争论了近半个世纪，仍未达成共识。究其原因，无论是"银行体系主导论"还是"金融市场主导论"都只是从不同的方面对银行体系与金融市场之间的制度差异进行比较，以此得出孰优孰劣的结论。其根本性的缺陷在于忽视了不同发展阶段的实体经济和国家产业对金融制度的特定需求（林毅夫和姜烨，2006；龚强等，2014）。金融体系是复杂的，无论是银行还是金融市场都各有其优缺点，最终选择何种金融结构依赖于不同经济的特定性质及其对不同金融制度安排的需求（Allen and Gale，2000）。林毅夫等（2009）提出的最优金融结构理论假说，缓和了长期以来"金融结构与经济增长关系"的争论。该理论认为，一国不同时期的要素禀赋差异造成了其产业结构的差异，而不同产业结构中的企业由于规模特性和风险特征的不同，从而内生出差异化的金融需求。只有金融结构满足产业结构的金融需求，才能最大化金融体系的运行效率，促进实体经济的发展。以上的文献回顾代表了当前金融结构比较研究的现状和最新进展。前人所取得的丰硕成果是本书研究的基础和起点，同时现有研究中存在的不足和局限性也为本书的进一步研究提供了方向。

首先，在金融理论的研究层面上，金融发展不单包括纵向的金融深化，同时也包括横向的金融结构，而大量已有研究着重探讨金融体系总体发展水平与经济增长的关系，忽略了金融体系自身结构差异的影响。此外，针对金融结构的现有研究又大多集中于经济增长层面，鲜有研究深入到经济结构层面，探讨金融结构对产业结构升级的作用与影响。经济转型时期，优化金融结构已成为推动产业结构升级的重要措施，然而，金融结构是否影响以及如何影响产业结构升级，学术界尚无定论。最优金融结构理论虽已关注到了金融结构与产业金融需求之间的关系，但相关理论仍缺乏经验证据的支持，且金融体系的不同制度安排与产业结构升级的作用机理和影响效应的关系也仍没有得到明确的回答，这些问题都值得我们做出进一步的探索。

其次，在研究视角上，现有研究多集中于线性视角，即采用传统的 OLS、GMM 等估计技术考察金融结构对经济增长及产业结构升级的线性影响，而忽略了潜在的非线性影响，尤其是未对不同经济发展阶段、不同金融生态环境下要素禀赋结构的差异如何作用于金融结构对产业结构升级的非线性影响效应进行深入考察。此外，金融结构不单能直接作用于产业结构，还可以通过影响中小企业成长、技术创新等因素而间接作用于产业结构升级。因此，在探索金融结构对产业结构升级的影响效应时有必要将间接影响因素纳入分析当中，而这是已有研究不曾涉及的研究视角。

再次，在研究范畴上，现有研究多数是利用大型跨国面板数据，从发达国家的背景来研究金融结构对经济增长、产业结构升级的影响效应，尤其缺少来自中国这样的典型发展中大国的经验证据。然而，理论的适用性取决于前提条件的相似性，发展中国家与发达国家从劳动生产率、要素禀赋结构，到金融体系发展水平、技术结构和产业结构等方面均存在巨大差异。因此，为探索与我国当前产业结构升级相适应的金融结构，有必要结合我国现阶段经济发展的主要特征和产业结构升级的前进态势，找到更有针对性的经验证据。

此外，在金融结构的界定和度量指标的选择上，已有研究中金融结构多是指直接融资与间接融资的相对比例，这是一种比较狭隘的理解，其忽视了金融结构理论的实质，即在一国资金和金融制度构建力量有限的情况下，用何种组织方式使资金高效地传导至实体经济。因此，为对金融结构做出全面、准确地反映，不仅要考察融资结构，还要同时将银行业结构和资本市场结构纳入分析中。并且，现有文献大量采用股票市值总额与银行信贷余额之比来度量金融结构存在的如下问题：一方面，除股票市场外，债券市场也是直接融资的一个关键渠道，由于数据获取等困难，大量文献忽略了对债券市场的度量，这将对研究结论产生重大影响；另一方面，股票市场市值并非股票市场的实际融资额，市值会随股价波动而波动，与间接融资所对应的银行信贷余额不具有可比性，无法真实表征金融结构。因而，有必要结合金融结构的内涵重新规范金融结构的度量指标。

最后，在理论与实践结合上，随着实践中金融结构的不断演变，从商业银行自身业务模式的巨大变化，到金融中介内部商业银行与非银行金融机构频繁的业务往来，再到金融中介与金融市场之间的交叉融合，都展现出现代金融结构更加明显的复杂化特征，已远非以往以信贷为主体的银行主导型或以债券、股票为主体的金融市场主导型等传统金融结构理论所能清晰阐释的，而现有金融结构理论研究并未体现这一内容。因此，有必要在传统金融结构理论的基础上，结合实践中金融结构的内生演变，系统阐述现代金融结构交叉融合的复杂化趋势，以弥补传统金融结构理论与实践的脱节。

| 第3章 |

金融结构影响产业结构升级的理论分析

工业化进程中产业结构的演化与升级历来是发展经济学的重要研究议题。通过第2章对国内外相关既有文献的梳理，不难发现，一个经济体的金融结构及其动态变化会对其经济规模的增长和经济结构的变迁产生一系列的重要影响。然而，究竟如何借助金融结构的调整推动产业层次由低水准向高水准演进，还有待系统、深入地研究。本章研究金融结构对产业结构升级的影响效应，其要旨在于依据实体经济的产业发展需求，调整、优化金融结构。因此，研究的焦点不应单纯聚集在影响效应的结果上，而应通过构建相应的理论分析框架，在明确基本特征的基础上，厘清金融结构影响产业结构升级的内在机理与影响路径，从而为后文影响效应的进一步实证检验做好铺垫。

3.1　金融结构与产业结构升级的特征分析

3.1.1　金融结构的基本特征

金融结构类型的多样性本身并不能决定金融发展的道路，关键在于金融结构在经济发展进程中的演变。伴随着实体经济的发展，金融结构会逐步经历从低级向高级，从简单到复杂，从封闭向开放的演化。总的来看，金融结构的演化特征主要包括：

第一，金融结构的演化总是伴随着经济结构的演化。从长期来看，金融发展与经济增长之间总是保持着大致平行的关系，随着经济总量的扩张和人均收入水平的提升，金融上层结构也会经历层次的提高和复杂度的升级。一方面，金融是社会生产力达到一定阶段的产物，也是整个社会经济系统的一个组成部分。因而，经济发展对金融起决定作用，金融则居于从属地位，不能凌驾于经济发展之上，金融结构的变动最终取决于经济结构的变动。另一方面，金融作为经济的血液，能够为经济发展提供各种便利条件和资金支持，同时也能提高资源配置和经济发展的效率，且金融自身的产值增长也直接为经济发展做出了贡献。因此，金融在为经济发展提供服务的同时，对经济发展也起着重要的推动作用。两者之间相互融合、互相作用的紧密联系决定了忽视经济结构，单就金融结构而论金融结构是没有意义的。这也正是本章聚焦于金融结构与产业结构升级关系的原因所在。

第二，金融工具、金融机构日益多样化，金融结构层次不断提升。金融工具是资金短缺部门向资金盈余部门借入资金，或发行者向投资者筹措资金时所签发的具有法律效力的契约，能够证明相应的债权或股权关系，并在金融市场上交易。随着信用关系的发展，逐渐产生了现金和存款等货币金融工具，股票和债券等有价证券金融工具，汇票、本票和期票等票据金融工具。20世纪70年代以来，在金融市场供求因素的影响和推动下，金融工具创新迅猛发展，金融工具种类不断增加，在传统金融工具的基础上派生和衍化出来的金融衍生工具更是数以万计。金融工具的形式也由原先的纸质化逐渐转向无纸化、电子化、虚拟化。金融工具的日益多样化在增加金融市场上金融商品种类的同时，也完善了金融市场的类型，增加了金融市场主体规避风险、投资盈利的机会和手段，扩大了金融市场的规模，进而促进了金融结构层次的不断提升。金融机构作为专门从事货币信用活动的中介组织，是金融结构的核心要素，其结构变动无疑是金融结构演化的主导力量。在金融发展初期，银行无疑是金融机构的主体，并逐渐扩展出中央银行、政策性银行、商业银行和村镇银行等更为丰富的银行业形态。随着资本市场的产生和发展，保险公司、城市信用合作社、证券公司、投资银行、财务公司等非银行金融机构不断涌现。近年来，互联网金融的发展更是催生了多样化的金融业态和金融机构。多层次、多元化的金融机构体系有助于克服市场失灵，扩大金融服务的有效供给，更好地满足不同层次的信贷需求，保护金融消费者的权益，促进金融结构层次的不断提升。

第三，金融市场和市场型中介机构快速崛起，在金融体系中的地位不断提升。金融业发展之初，金融中介机构尤其是银行业金融机构在金融体系中占据绝对主导地位，为经济的起飞提供了有力的金融支持。随着商品经济的快速发展，单纯的银行间接融资已难以满足实体经济对于提高市场流通性、降低交易成本的需求。金融市场在提高金融资源配置效率、节约交易成本、分散风险等方面的优势逐渐显现，因而得到了广泛的应用与发展，并逐步从货币市场向资本市场和金融衍生品市场，从有形市场向无形市场，从国内金融市场向国际金融市场演化。此外，随着金融市场体量的不断增大，养老基金、货币市场基金、投资银行、金融公司、特殊目的实体等市场型中介机构也在快速崛起。为降低金融市场中个人的信息搜集成本和交易成本，它们突破了市场的边界，并以中介机构的形式存在，具有与商业银行类似的资金归集功能，但却不承担债务责任，通过委托—代理协议吸收资金并投向金融市场。伴随着金融市场和市场型中介机构的快速崛起，金融体系的主导形式也从银行主导过渡到市场主导。

3.1.2 产业结构升级的基本特征

为明确产业结构升级的基本特征，本书结合技术进步、产业结构升级和经济增长的关系阐明以下三个问题：

第一，产业结构升级必须符合经济增长进程中要素禀赋结构的变化规律。一国或地区的要素禀赋结构是指该国或地区所拥有的自然资源、人力资源、劳动力资源和资本的相对比例。处于不同经济发展阶段的不同国家或地区，其要素禀赋结构是存在差异的：发展中国家或地区往往拥有较为充裕的自然资源与劳动力资源，而资本则相对稀缺；发达国家或地区通常拥有更为丰富的物质资本，而自然资源和劳动力资源则相对稀缺。林毅夫（2012）从新结构经济学视角出发，提出一国在特定的经济发展阶段会拥有特定的要素禀赋结构，并由此内生决定了该阶段的最优产业结构。也就是说，产业结构升级的路径内生于经济所处的发展阶段及其要素禀赋结构。因此，一国或地区在每一个经济发展阶段上的要素禀赋结构共同刻画了其生产可能性边界。如图 3－1 所示，从 t_0、t_1 到 t_2，随着经济发展阶段的演进，不同要素禀赋结构所决定的最优产业结构也在随着生产可能性边界的移动而变化，其变化轨迹构成了一国或地区产业结构升级的最优路径。图 3－1 是要素禀赋结构变化下产业结构升级的最优路径示意图。

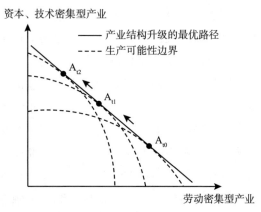

资本、技术密集型产业

——— 产业结构升级的最优路径
- - - 生产可能性边界

劳动密集型产业

图 3－1　要素禀赋结构变化下产业结构升级的最优路径

第二，技术进步是推动产业结构升级的决定性因素。产业结构涵盖了生产的技术结构和产业的技术基础，技术进步直接作用于生产的技术结构和产业的技术基础，从而推动了产业结构的升级。无论是由第一产业占主导地位向第二、第三产业占主导地位的演化，还是从劳动密集型产业向资本、技术密集型产业的发展，或者是由低附加值向高附加值的转变，都是以技术进步、生产力发展为基础的。技术进步通过改善原有生产工艺和技术，提高生产效率；通过新技术的使用，降低对资源应用的质量要求，从而扩展了可用资源的范围；通过降低劳动成本，提高劳动生产率，使得大规模批量生产成为可能；通过降低单位产品成本和价格，创造对某产业产品新的需求，从而吸引生产要素的流入，引发产业结构的变动。一定的技术条件决定了特定的产业结构，当创新带来的某一部门技术水平的提升扩散到其他部门时，就会推动产业结构的升级。新技术的出现及随之而来的劳动生产率的提高，势必会推动社会分工的进一步深化，带来供需结构的变化和生产要素、资源的转移，伴随而来的是新兴产业的产生，传统产业的转型和落后产业的淘汰，进而引发产业结构的升级。

第三，产业结构升级的目的是推动国民经济的持续快速发展。产业结构又被称为国民经济的部门结构，由国民经济各产业之间和产业内部各部门共同构成，是经济结构中最重要的组成部分。因而，只有实现了产业结构的升级，才能为整个国民经济的持续快速发展提供保证。具体来看，第一步，调整市场需求、要素供给和系统环境等影响产业结构的关键环节，通过发挥市场机制优胜劣汰的作用，缩小落后的传统产业的占比，加大新兴的高新技术产业的占比，从而提高产业发展的技术水平，促进产业结构的升级；第二步，在发挥市场机制作用的同时，也需要政府辅以必要的货币政策、财政政策、产业政策等宏观调控措施，在调控自然垄断行业、扶持新兴产业等方面发挥应有的作用，从而避免市场失灵对产业结构升级进程的阻碍，实现产业结构向中高端水平迈进的目标；第三步，产业结构效应发挥作用；第四步，国民经济得到持续快速发展（于淑艳，2012）。

此外，从产业结构的演进过程来看，产业结构升级还具有以下趋势性特征：从三次产业结构的内在变动上看，不同发展水平的国家或地区的产业结构演进均遵循着第一产业→第二产业→第三产业的发展趋势，具体展现在产值结构与劳动力结构两个层面：第一产业的产值比重与劳动力比重持续下降，第二产业的产值比重与劳动力比重先升后降，第三产业的产值比重与劳动力比重则持续上升。从主导产业的转换过程看，产业结构的演进沿着以农业为主导、以轻纺工业为主导、以重化工业为主导、以加工型工业为主导、以传统服务业为主导、以现代服务业为主导的方向发展。从工业化阶段上看，产业结构经历了由前工业化阶段向工业化实现阶段（初期、中期和后期），再向后工业化阶段演进的过程。从要素结构的变动上看，产业结构遵循劳动密集型产业为主导，向资本密集型产业为主导，再向知识和技术密集型产业为主导的演进趋势。从与国际市场的关系上看，产业结构的演进经历了三个阶段：封闭型阶段、进口替代型阶段和出口导向型阶段。从三次产业之间的关系上看，产业结构出现了融合的趋势（芮明杰，2005）。一方面，随着农业科技的快速发展和农业服务体系的完善，农业与加工工业和服务行业加速渗透融合；另一方面，生产性服务业的发展加速了第二产业与第三产业的融合

趋势；最后，第三产业中信息技术服务业的发展促进了第一产业和第二产业
的产品竞争力提升。从产业发展与资源环境的关系上看，以信息产业为核心的
绿色经济正在推动传统的不可持续发展的"高投入、高污染、高消耗、低产
出、低效益、低质量"经济发展方式向可持续发展的"知识化、信息化、生态
化"经济发展方式转变，产业结构也趋于"绿色化"（惠宁，2012）。

3.2 金融结构影响产业结构升级的内在机制

一般理论认为，完善的金融体系通过储蓄动员、资源配置、风险管理、
信息提供、公司治理等功能的发挥能够促进经济增长。而从结构层面出发，
金融结构与经济结构调整、产业结构升级之间也必然存在着密切联系。从本
质上看，金融结构推动产业结构升级的过程，体现为市场经济体制下金融体
系为产业发展提供多元化金融服务，并通过产业资本形成机制、产业资源配
置机制和产业技术进步机制的三层递进机制，促进国民储蓄和资本积累，引
导资金优化配置，提升技术创新水平，进而实现产业结构升级。图3-2是金
融结构影响产业结构升级的内在机制示意图。

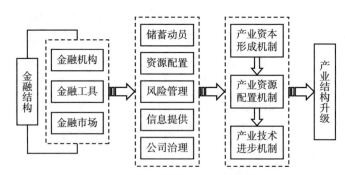

图3-2 金融结构影响产业结构升级的内在机制

3.2.1 产业资本形成机制

资本作为一种核心的生产要素，是推动经济增长的关键因素。资本的形
成和转换更是在产业结构升级进程中发挥着至关重要的作用。产业资本的形

成与转换大致包含两个步骤：第一步表现为私人、企业和政府等不同经济部门将其所取得的要素收入扣除消费支出后形成储蓄资金的过程，储蓄资金具体可以货币现金、存货、有价证券等金融工具的形式持有；第二步表现为将储蓄资金由货币资本转换为厂房、办公用房、生产资料、设备设施、仓库、机器、运输工具等实物资本，以形成实际的生产力。由此可见，货币资本的储蓄规模和转换效率直接影响了实物资本的发展水平，进而作用于产业资本的形成与产业结构的升级。产业资本的形成取决于大规模的储蓄资金和有效的投融资渠道，而后者又离不开运行良好的金融体系。金融结构作为金融体系发展的结构层面，由金融机构、金融市场和金融工具共同构成，其对产业资本的形成具有重要推动作用。图 3-3 是产业资本形成机制示意图。

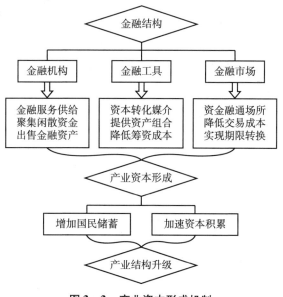

图 3-3 产业资本形成机制

其中，金融机构作为金融服务的供给主体，其对产业资本形成的作用在于：一方面，在市场上通过存款、保险、债券、有价凭证等形式向公众举债而获得货币资金，从而将社会上广泛分布的闲散资金聚集起来，同时也为公众提供了流动性保障和资本收益；另一方面，通过将吸收的货币资金改变并构建成不同种类的更易接受的金融资产，并把这些金融资产出售给资金需求方，从而将闲散的大规模社会资金转化为支持实体经济发展的产业资本。

金融工具作为货币资金向实物资本转化的媒介，其对产业资本形成的作用在于：一方面，从纸币、存款凭证、商业票据、股票、债券等传统金融工具到随着金融创新而涌现出的种类繁多的衍生金融工具，它们创造出了多样化的金融资产组合，供资金盈余方根据风险偏好和流动性需求的不同进行自由选择，从而推动了闲散资金的集聚；另一方面，多样化的金融工具也为资金需求方在筹集资金的过程中提供了更多的选择，同时也有利于降低筹资成本及风险。

金融市场作为资金融通的场所，其对产业资本形成的作用在于：一方面，完善的金融市场借助价格信号、外部接管、并购威胁等多元审查机制能够有效减少信息不对称，降低信息搜寻成本，并通过标准化契约降低金融市场参与者的谈判成本和监督成本，资金融通过程中信息搜寻成本、谈判成本、监督成本等交易成本的降低势必有利于资本积累规模和转换效率的提升；另一方面，金融市场在为投融资双方提供安全、便利的交易场所的同时，也为各类金融资产的高流动性提供了保证，从而有利于引导资金流向流动性差、收益高的项目，进而为实体经济发展提供长期性的产业资本支持。

3.2.2 产业资源配置机制

资源是社会经济发展的基本物质条件，在任何社会，人的需求作为一种欲望都是无止境的，而在社会经济发展到一定阶段后，用来满足人们需求的资源却是有限的，相对于人们的需求而言，资源总是表现出相对的稀缺性。因此，能否实现高效的资源配置直接决定了一国或地区经济发展的持续性。金融部门是国民经济体系中社会资源配置的核心，金融结构的差异直接决定了产业资源配置的效率，进而影响到产业结构升级的进程。具体来看，在产业资源配置过程中，金融结构主要是通过资金形成、资金导向和信用催化三个层面作用于资金供给水平和配置结构，进而对产业结构升级产生影响。图3-4为产业资源配置机制示意图。

在资金形成层面，金融通过作用于要素的绝对投入水平，进而影响总产出。由于一定时期内各产业部门的要素利用水平是有限的，加之不同产业部

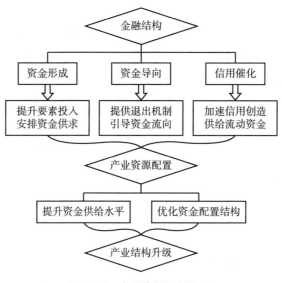

图 3－4 产业资源配置机制

门之间的生产效率和技术水平等均存在差异，因此只有合理的要素投入组合
才能带来整体产出的最大化。金融部门的出现为社会资金的形成提供了一种
便利的机制，在提高资金流动性和信息透明度的同时，也降低了各参与者的
市场风险，使得各经济成员之间的资金供求得以重新安排，从而有利于生产
要素总体投入水平的提升和经济总量的增长。

在资金导向层面，高效的金融机构、多样化的金融工具以及健全的金融
市场，通过提供健全的退出机制和准确的资金定价，引导社会资金由低效率
部门向高效率部门转移，从而加速金融资源的市场化流动，提升金融资源在
产业间的配置效率。一方面，成熟的金融结构能够提供及时、完整的信息披
露，揭示各产业部门的运用效率和未来发展潜力，从而引导投资者根据风险
偏好的不同进行选择，同时完善的市场退出机制也为资金从低效率部门退出
并进入高效率部门提供了路径；另一方面，在功能完备的金融结构中，金融
资产的价格及其变动能够准确反映产业资本的供求关系，从而引导资金在不
同产业部门之间进行高效流动。

在信用催化层面，新兴产业的发展往往离不开巨额产业资本的支撑，在
有限的社会总资本下，金融体系的信用创造活动通过乘数效应加速资本的形

成与积累，使得社会潜在资源得以充分盘活，从而为新兴产业的发展提供了足够的流动性，加速了产业结构升级的进程。传统的信用创造活动主要是依赖银行体系内的"货币制造"而实现的，即只要有一定数量的原始存款，商业银行依次发放贷款，就可以不断创造出新的派生存款来，从而增大信用总量，商业银行体系越发达，信用创造的现象就越普遍，所创造的信用总量也越大。而随着产业资本同金融资本的密切结合，各种金融创新的层出不穷，21 世纪的信用创造已不仅仅是以货币乘数为基础的传统信贷扩张，市场上更多的流动性来自商业和金融机构之间的信用创造。

3.2.3　产业技术进步机制

技术进步即技术不断发展、完善和新技术不断代替旧技术的过程。技术进步是经济发展的强大动力，同时也是推动产业结构升级的最根本最主要的因素。技术进步及随之而来的生产力发展，必然促进社会分工的进一步深化，引发比较劳动生产率的变化和供需结构的变化，从而导致产业之间关系的演变，伴随而来的是新兴产业的出现，传统产业的改造和落后产业的淘汰。

不同产业部门之间比较劳动生产率的差异是引发产业资源流动、推动产业结构升级的直接动因。产业技术的进步会引起各产业部门的生产技术变革，从而造成比较劳动生产率的差异，由此引发产业资源向着具有更高劳动生产率的产业部门转移，并在主导产业扩散效应的作用下推动相关产业向高度化发展。同时，供需结构也是制约产业结构的重要因素。一方面，技术进步通过开发新产品、开发新资源、降低资源消耗等可以改变消费需求结构和生产需求结构；另一方面，技术进步通过改善自然环境、降低成本、扩大积累等可以改进资源供给状况和资本供给状况。因此，技术进步通过引起比较劳动生产率的变化和供需结构的变化，促进产业结构的升级。技术进步充斥着风险和不确定性，同时又需要大额长期资金的支持。长期以来，融资难成为制约技术进步的重要瓶颈。要解决创新活动中的融资约束问题，离不开合理的金融结构安排。具体来看，金融结构主要是通过资金聚集、风险分散、信息处理等功能的发挥作用于产业技术进步。图 3－5 是产业技术进步机制示意图。

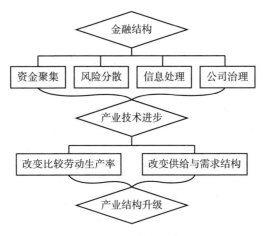

图 3-5 产业技术进步机制

1. 资金聚集功能

技术进步的实现离不开大量研发经费的投入，因而，资本积累是技术进步的重要前提。然而，大量的社会闲置资金往往广泛分散在不同投资者手中，通过依靠创新企业自身而从众多投资者手中集中大量资金具有一定的困难，巨额的融资成本往往使其陷入融资约束的困境中。金融体系的出现充当了蓄水池的角色，借助多样化的金融工具，将分散在家庭和居民手中的闲置资金聚集起来，并通过配置机制将吸收的资金分配到各产业部门，从而为产业技术进步提供充足的资金保障。金融体系的资金聚集功能将货币资金从非生产性部门转移到生产性部门，这一过程有利于为创新活动聚集资金，从而实现技术进步。

2. 风险分散功能

企业在从事技术创新活动的过程中通常会面临两类风险：流动性风险和收益波动风险。创新项目往往具有较长的回报周期，因而其流动性较差，在流动性风险的约束下该类项目很难获得融资。而金融机构的出现能够将大量短期流动性资金聚集起来，并通过期限错配为创新项目提供长期资金支持，同时也能降低投资者的流动性风险并使其享受长期投资带来的高收益。此外，创新项目的成功与否往往存在较大的不确定性，因而其收益波动较大。成熟的金融市场通过提供丰富灵活的对冲工具，能够有效分散投资者的收益波动风险，从而对技术进步产生积极影响。

3. 信息处理功能

金融交易的过程中存在着信息的不对称，尤其对于风险较高、不确定性较大的技术创新项目而言，信息不对称所引致的道德风险和逆向选择会降低投资者的预期收益，增加借款人的融资成本，进而阻碍资本积累，抑制技术创新。金融体系的出现有利于将借款人的相关信息集中起来，并提高信息的透明度，缓解信息不对称问题，从而有利于为创新项目聚集资金。其中，金融机构与企业之间的长期业务联系可以有效降低其信息获取的成本，从而具有大规模批量处理信息的规模经济优势；金融市场借助价格信号、外部接管、并购威胁等多元审查机制能够有效减少信息不对称，降低信息搜寻成本。

4. 公司治理功能

投资者与创新企业之间存在着信息不对称，投资者并不了解创新企业及其创新项目的进展情况，因而有必要对其进行监督。要行使监督职责必然需要花费成本，即公司治理成本，依赖单个投资者分别行使监督职责必然会造成重复监督，使得治理成本大于治理收益，因而并不可行。由金融机构行使代理监督职责，对企业资金使用、现金流量等进行实时监控，可以有效避免重复监督，降低公司治理成本。成熟的金融市场通过为投资者提供便利的退出机制和外部接管威胁，同样可以有效约束公司管理层的行为，激励其更加努力地工作，从而推动技术进步。

3.3　金融结构作用于产业结构升级的理论模型

金融作为现代经济的核心，对经济发展起着重要的推动作用。为剖析金融结构对产业结构升级的作用机理，这里首先借鉴帕加诺（Pagano，1993）的 AK 模型，从总量维度出发构建理论模型，分析金融发展在经济增长中的作用。在此基础上，借鉴加尔比萨（Galbis，1977）的两部门金融中介模型和马克思的社会再生产理论，从结构维度出发构建理论模型，以期揭示金融结构与产业结构升级之间的内在联系。

3.3.1 金融发展在经济增长中的作用

借鉴帕加诺（Pagano，1993）的 AK 模型，假定在一个不存在政府部门的封闭经济中，全社会只生产一种产品，产出是资本存量的线性函数，具体形式如下：

$$Y_t = AK_t \tag{3.1}$$

其中，Y_t 表示第 t 期的 GDP；K_t 表示第 t 期的资本存量；A 表示社会边际资本生产率。当被生产出的产品用于投资时，每一期将按资本折旧率 δ 进行折旧，则有：

$$I_t = K_{t+1} - (1-\delta)K_t = K_{t+1} - K_t + \delta K_t \tag{3.2}$$

其中，I_t 表示第 t 期的投资；δ 表示折旧率，是一个常数。我们知道，t+1 期的实际经济增长率可表示为如下形式：

$$g_{t+1} = (Y_{t+1} - Y_t)/Y_t \tag{3.3}$$

根据式（3.1）、式（3.2）和式（3.3），可推导出：

$$g_{t+1} = (AK_{t+1} - AK_t)/Y_t = A(I_t - \delta K_t)/Y_t = A(I_t/Y_t) - \delta \tag{3.4}$$

均衡状态下投资总是等于储蓄，然而，在加入了金融部门的内生经济增长模型中，由于金融中介成本的存在，储蓄向投资的转化过程中必然会产生资本漏出，假设漏出的比例为 1-θ，则有：

$$I_t = S_t - (1-\theta)S_t = \theta S_t \tag{3.5}$$

由式（3.4）和式（3.5）可知，稳定状态下的实际经济增长率为：

$$g = A(I/Y) - \delta = A(\theta s) - \delta \tag{3.6}$$

其中，s 为储蓄率，即 s = S/Y。式（3.6）表明，在稳定状态下，实际经济增长率由社会边际资本生产率（A）、储蓄率（s）和储蓄—投资转换率（θ）共同决定。以等式的形式，将式（3.6）重新整理如下：

$$g = \ln A + \ln s + \ln \theta \tag{3.7}$$

式（3.7）表示影响实际经济增长率的三个主要因素的集合，金融体系通过影响这些因素，进而影响经济的内生增长。进一步分解式（3.7）中三个变量的影响因素。首先，A 受到资本产值率的直接影响，因此：

$$\ln A = \alpha_0 + \alpha_1(K/Y) + \varepsilon \tag{3.8}$$

其中，K/Y 为资本产值率，ε 为随机误差项。其次，s 受到货币市场收益的直接影响，因此：

$$\ln s = \beta_0 + \beta_1 MR + \mu \tag{3.9}$$

其中，MR 为货币市场收益，μ 为随机误差项。最后，θ 受到债券市场收益和股票市场收益的直接影响，因此：

$$\ln \theta = \varphi_0 + \varphi_1 BR + \varphi_2 SR + \nu \tag{3.10}$$

其中，BR 为债券市场收益，SR 为股票市场收益，ν 为随机误差项。将式（3.8）、式（3.9）和式（3.10）代入式（3.7），可以得出简化形式，经整理为：

$$g = \lambda_0 + \lambda_1(K/Y) + \lambda_2 MR + \lambda_3 BR + \lambda_4 SR + \omega \tag{3.11}$$

其中，ω 为随机误差项。式（3.11）表明了信贷市场、货币市场、债券市场和股票市场对实际经济增长率的作用，其结果是金融体系的发展推动了经济增长。

3.3.2 金融结构与产业结构升级的内在关系

借鉴加尔比萨（Galbis，1977）的两部门金融中介模型和马克思的社会再生产理论，首先假定整个宏观经济由两大产业部门组成：第一大部门是效率低下、技术落后的传统产业部门，用 T 表示；第二大部门是效率较高、技术先进的现代产业部门，用 M 表示。两大产业部门下又分别包含相应的实体经济部门和为其提供投融资服务的金融服务部门。K_{T1}、K_{T2} 分别表示传统产业实体经济部门和传统产业金融服务部门的资本存量，K_{M1}、K_{M2} 分别表示现代产业实体经济部门和现代产业金融服务部门的资本存量。由于这里主要涉及的是金融结构问题，因而不对劳动力在不同产业子部门之间的分布加以划分。劳动力和资本得以充分利用且可以在传统产业部门和现代产业部门之间自由流动，技术水平以及劳动力和资本的配置状况决定了两大产业部门的实际产出（见表 3 – 1）。

表 3 - 1 两大产业部门假设

产业部门	子部门	资本存量
传统产业部门（T）	传统产业实体经济部门	K_{T1}
	传统产业金融服务部门	K_{T2}
现代产业部门（M）	现代产业实体经济部门	K_{M1}
	现代产业金融服务部门	K_{M2}

根据上述假设，分别构造 T 部门和 M 部门的产出函数，具体形式如下：

$$Y = Y_T + Y_M \tag{3.12}$$

$$Y_T = A_T F_T(L_T, K_{T1}, K_{T2}) \tag{3.13}$$

$$Y_M = A_M F_M(L_M, K_{M1}, K_{M2}) \tag{3.14}$$

$$s.\,t：L_T + L_M = L, \ K_T + K_M = K, \ K_{T1} + K_{T2} = K_T, \ K_{M1} + K_{M2} = K_M$$

$$K_{T1} + K_{T2} + K_{M1} + K_{M2} = K$$

其中，Y_T 和 Y_M 分别表示 T 部门和 M 部门的实际产出；A_T 和 A_M 分别表示 T 部门和 M 部门的技术水平；L_T 和 L_M 分别表示 T 部门和 M 部门的劳动力供给水平。

当 T 部门和 M 部门均保持稳定增长，且金融体系结构和实体经济结构均保持不变时，整个宏观经济都处于均衡发展状态。此时，T 部门和 M 部门内部实体经济部门和金融服务部门的资本配置维持合意比例不变，不同部门内部的合意比例可分别表示为：

$$K_T^* = K_{T2}/K_{T1}, \ K_M^* = K_{M2}/K_{M1} \tag{3.15}$$

随着经济发展水平的提升和人均可支配收入的增加，消费结构不断升级，对高品质、高档次产品的需求量日益增加，由此引发传统产业向现代产业的升级。相比传统产业，现代产业往往拥有更高的资本密集度。因而，为实现传统产业向现代产业的升级，必然要加大对现代产业实体经济部门的资本投入。在生产要素充分利用的假设下，一定时期内的资本存量 K 总是保持不变的，且 $K = K_T + K_M$。因此，K_M 的增加必然使 K_T 减少。根据帕特里克（Patrick，1966）的需求追随理论，实体经济的扩张必然创造出更大规模、更为复杂的金融需求，金融体系为满足相应的金融服务需求就会自然衍生出更大规模、更为复杂的金融供给。也就是说，为具有相同体量资本存量的实体经济提供金融服务，现代产业金融服务部门所需要的资本存量要高于传统产业金融服务部门所需要的资本存量，即：

$$K_M^* > K_T^* \tag{3.16}$$

经济总量保持不变是我们考察结构变化问题的重要前提，因此，在产业结构升级过程中，各产业内部金融服务部门和实体经济部门仍然提供原有种类的产品及服务，变化的仅仅是各产品或服务的相对规模。也就是说，T 部门和 M 部门的合意比例在整个产业结构升级的过程中是保持不变的，即：

$$(K_{T2} - \Delta K_{T2})/(K_{T1} - \Delta K_{T1}) = K_T^* , \ (K_{M2} - \Delta K_{M2})/(K_{M1} - \Delta K_{M1}) = K_M^*$$

$$\tag{3.17}$$

对于整个国民经济而言，一定时期内的预算约束总是一定的，因而在生产要素充分利用的情况下，资本总量是保持不变的。根据产业结构演进与优化理论，既有资本不断从传统产业流向现代产业，在资本总量不变的情况下，则有：

$$\Delta K = \Delta K_T = \Delta K_M \tag{3.18}$$

$$\Delta K = \Delta K_{T1} + \Delta K_{T2} = \Delta K_{M1} + \Delta K_{M2} \tag{3.19}$$

根据式（3.15）和式（3.17），可推导出：

$$\Delta K_{T2} = K_T^* \Delta K_{T1} , \ \Delta K_{M2} = K_M^* \Delta K_{M1} \tag{3.20}$$

由式（3.19）和式（3.20），可得：

$$\Delta K = (1 + K_T^*) \Delta K_{T1} , \ \Delta K = (1 + K_M^*) \Delta K_{M1} \tag{3.21}$$

根据式（3.21），可知：

$$\Delta K_{T1}/\Delta K_{M1} = (1 + K_M^*)/(1 + K_T^*) \tag{3.22}$$

由式（3.16）、式（3.19）和式（3.22），可以得到如下判断：

$$\Delta K_{T1} > \Delta K_{M1} , \ \Delta K_{T2} < \Delta K_{M2} \tag{3.23}$$

通过上述理论模型分析可以发现，实体经济部门产业结构的变动会引致金融结构的相应变动，并通过资本流动的方式表现出来。具体来看，产业结构升级过程中，社会资本从传统产业逐渐流向现代产业。这一过程中值得注意的是，从传统产业实体经济部门流出的资本量 ΔK_{T1} 要大于现代产业实体经济部门流入的资本量 ΔK_{M1}，在两部门经济假设和资本总量不变的前提下，说明多出的部分流入了现代产业金融服务部门。最终使流入现代产业金融服务部门的资本量 ΔK_{M2} 要大于流出传统产业金融服务部门的资本量 ΔK_{T2}。据此可以得出以下结论：随着产业结构的升级，实体经济单位资本存量所需要的金融服务规模和复杂度都更高。也就是说，产业结构的升级离不开金融结构的适应性匹配，优化金融结构是实现产业结构升级的必要条件。如果不能根据产业结构升级过程中金融需求的变化，对金融结构做出及时有效的调整，必将阻碍产业结构升级的进程。

3.4 金融结构对产业结构升级的影响路径研究

产业结构升级是经济发展的必然趋势，金融体系对经济发展的促进作用，主要体现为金融因素融入经济转型的全过程，并通过不同影响路径引导产业结构升级。因此，对影响路径的考察有助于深化对金融结构与产业结构升级关系的理解。下面本节将着重考察金融结构对产业结构升级的三种影响路径，在此基础上提出金融结构影响产业结构升级的三个重要研究假设。

3.4.1 金融结构对产业结构升级的直接影响与理论假说

国民经济中不同的产业结构拥有不同的金融需求特性，同时，金融体系中不同的融资结构、银行业结构和资本市场结构也拥有着不同的金融供给特性。因此，只有金融体系的金融服务供给与产业结构升级过程中的金融需求相适应，才能最大限度地提高金融体系的运行效率，进而促进产业结构的升级（马微，惠宁）。金融结构与产业结构的适应性匹配见图 3-6。

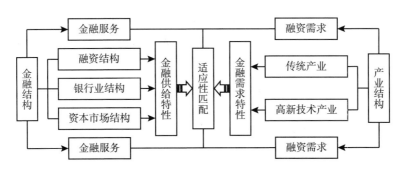

图 3-6 金融结构与产业结构的适应性匹配

1. 不同产业结构的金融需求特性分析

随着中国经济的不断发展，中国的产业结构也正在经历着从依靠资源和低成本劳动力等要素投入的传统产业向以创新驱动的高新技术产业转型升级的过程。值得注意的是，传统产业与高新技术产业的金融需求特性不尽相同。

产业的金融需求主要与产业的特性及其要素密集度相关。一般而言，产业结构的升级通常遵循一定的顺序，即农业→轻纺工业→重化工业→高技术工业→现代服务业，从生产中各要素投入的相对比例来看，产业结构升级的过程就是劳动密集型产业、资本密集型产业向技术密集型产业转换的过程。

传统产业往往是劳动密集型产业或资本密集型产业，具体而言，轻纺工业是典型的劳动密集型产业，主要提供生活消费品和制作手工工具，包括食品、纺织、家具、医药、造纸、印刷、日用化工、文具、文化用品、体育用品生产等行业。在资本投入上，轻纺工业以农牧产品为主要生产资料，无须过于复杂的技术投入或大量的资本积累，因而轻纺工业往往被作为一国工业化发展的起步；在劳动力投入上，轻纺工业简单重复生产的特点决定了其以简单劳动投入为主，劳动力不需要掌握各项专业技能；在生产周期和资金回收周期上，生活消费品和手工工具的生产周期通常较短，且资金投入量较小，并能在较短的时期内快速流转回收；在市场前景上，轻纺工业的加工技术和销售市场都相对成熟，创新程度较低，风险较低，因而市场前景清晰。总的来看，轻纺工业企业大多以小而分散的形式存在，少量、短期、灵活的资金投入是其资金需求的主要特点。重化工业是为国民经济各部门提供生产装备和物质技术基础的产业，包括电力、石化、冶炼、重型机械、汽车、修造船、能源、建筑材料等行业，其突出特征是建立在一定的资本积累基础上，因而属于典型的资本密集型产业。重化工业的资本密集型特征客观上决定了其发展必须以大规模资本投入为支撑，单纯依靠内源融资显然难以满足其扩张需求，因而，重化工企业往往依赖于大规模的外源融资。同时，重化工业的产品特点决定了其生产周期相对较长，且大型生产设备投资的固定成本也需要在较长的生产周期中通过折旧的形式逐步回收，资金投入的期限延长。此外，重化工业的产出具有典型的规模经济效应，所以重化工业企业要在市场上获得竞争优势，就必须要不断稳定地扩大其生产规模。总的来看，重化工业企业大多以大型且集中的形式存在，稳定的大规模资金投入是其对资金需求的主要特点。

高新技术作为产业结构升级的方向，其成长的关键在于技术创新，因而属于典型的技术密集型产业，该产业的生产增长率更高，产品的附加价值更高。同时，高新技术产业的技术密集型特征决定了其发展离不开长期大量研发经费的长期投入，所以雄厚的长期资本积累是该产业发展的重要前提。此外，不同于传统产业依靠模仿发达国家已经成功的技术和模式，高新技术产业的发展在一定程度上要与发达国家一同出发，开创一条新的发展道路。而这一过程中存在着极大的不确定性和产业风险，尤其是技术越接近世界前沿，就越依赖于高投入高风险的自主研发（彭俞超，2015）。这种不确定性与高风险主要表现在以下几个方面：第一，技术研发风险。企业在进行技术研发的过程中，会受到来自技术自身和客观环境等多方面不确定因素的制约，从而产生技术研发风险。就技术自身而言，技术所涉及的交叉学科越广、研究方向越前沿，未知的因素就越多，当前的仪器设备、情报资料、交叉协作等条件不足，就会导致技术研发的失败。就客观环境而言，一方面客观的经济、技术环境的变化可能使得所研发的技术在经历了较长的研发周期后已不合时宜，从而失去了进一步研发的价值；另一方面，在极具竞争性的技术环境中，企业的技术研发可能尚未成功，市场上就已出现了由其他企业开发出来的同类技术成果。第二，市场开发风险。企业在技术研发成功后，所生产的基于相应技术的产品能否或在多大程度上被市场所接受仍存在不确定性。首先，虽然技术研发很成功，但产品可能在投放市场后发现并不适应市场需求，或者要经历几年甚至更长时间的市场沉默期才能被大多数消费者所接受；其次，技术产品的替代性越强，越容易被其他竞争性产品所替代，该产品的生命周期就越短，很可能在收回开发成本前就已面临销量的萎缩和价格的下跌；最后，互联网的线上销售会颠覆以往线下销售的盈利模式，给企业的市场份额造成巨大冲击。第三，企业家风险。企业家作为一种人力资本具有不易观察、不易度量、不可让渡等客观属性，企业家经营管理能力的高低和经营过程中是否会出现道德风险都存在不确定性，从而导致企业家风险，主要包括观念陈旧、决策失误、组织低效率等。此外，高新技术产业相对于传统产业而言，最突出的特点在于其对土地、劳动力等传统生产要素的投入相对较少，而对知识技术要素的投入相对较多，这也就为中小企业的发展提供了重要机遇。

而高科技中小企业资产的特殊性对金融服务提出了更高的要求。首先，作为高科技中小企业最重要的无形资产——知识产权，由于其实施与变现的特殊性，加之知识产权相关法律的不完备，其交易不活跃，因而难以定价，目前国内开展知识产权质押贷款的银行更是屈指可数；其次，大量不同类型的高科技中小企业发展模式千差万别，信息不对称风险较大，传统的定价模式难以适用，因而不便于对企业自身价值的评估；最后，高科技中小企业的运营模式大多是重技术轻资产的，且其资产的专用性通常也比较强，很难流通变现，因而缺乏有效的抵押品。高科技中小企业资产的特殊性决定了其在面对过高的融资门槛时，就会陷入融资难、融资贵的困境。因而，总的来看，长期、大规模、风险承受力强、门槛低的资金投入是高新技术产业资金需求的突出特性。

2. 不同金融结构的金融供给特性分析

金融体系中不同的融资结构、银行业结构和资本市场结构拥有着不同的金融供给特性。融资结构体现为在企业外源融资方式中银行体系间接融资（包括贷款、票据等传统信用工具）和金融市场直接融资（包括债券、股票等货币市场与资本市场工具）之间的相对重要性。商业银行和金融市场作为金融体系中两大重要融资来源，其在流动性创造、信息处理和风险管理等方面拥有着不同的金融供给特性。

首先，银行与金融市场在流动性创造功能上存在较为明确的分工。银行往往倾向于为企业提供短期内的流动性贷款，金融市场则更多地通过发达的二级市场为企业提供长期的资金融通。银行最初的职能就是为商品的流通提供初始流动性，利用存款到期日与贷款到期日错开分布的特点，进行资金头寸管理，通过短借长贷实现有限度的期限转换，从而帮助企业调剂短期存货周转资金的余缺。金融市场创造流动性的核心在于为投资者迅速、高效变现投资提供便利。有了发达的二级市场，投资者就可以安心地买入并持有股票、债券等金融资产，当需要现金时便可以便利地转让所持有的资产。也就是说，在具有高度流动性的金融市场上，投资者无须将其储蓄资金与投资项目的期限直接匹配，就可以轻易地实现以较低的成本在不同项目间的转换，再由股票市场通过其融资平台将投资者的大量短期资金转换为对上市企业的长期投资。随着融资规模的不断扩大和融资期限的逐步延长，金融市场在流动性创造方面的成本不断下降，优势愈发凸显。

其次，金融体系的信息处理功能包括投资者信息传达和借款人信息处理两个方面。在投资者信息传达方面，由于银行是将存款人存入银行的储蓄资金统一贷放给需要资金的借款人，这一过程中完全由银行负责项目的筛选，存款人的意见是一致的，他们之间的关系是协调合作的，从而存款人对投资项目的风险偏好和收益判断等方面的信息是无法通过银行体系传达出来的。而金融市场允许投资者在某一既定的时点上对项目风险持有不同的主观判断，投资者根据自身掌握的信息做出自己的决策，通过买卖上市企业的证券，甚至促使企业控制层的争夺来传递他们的判断信息。金融市场上投资者的意见是不一致的，他们之间的关系是非协调竞争的，因而金融市场提供了有效传达不同投资者的不同信息的机制。在借款人信息处理方面，银行在相关信息较为丰富的一般条件下拥有消除信息不对称的明显优势，而金融市场的信息处理能力则在相关信息有限的非标准市场环境下更具优势。银行一方面通过借款人开设的支付账户和持续提供的支付服务，与借款人建立紧密的长期关系，从而能够便利地获取借款人的更多私人信息，节约了信息的搜集成本。另一方面，长期从事贷款项目评估为银行积累了丰富的专业化经验，加上大规模批量生产的规模经济效应，进一步为银行节约了信息的生产处理成本。因此，只要针对投资项目已积累了大量的经验且相关信息较为丰富时，银行就会在信息处理功能上胜出。而在不确定的市场环境下，有关借款人的相关信息很少，且存在不一致的观点，银行的信息处理效率将显著降低。在这种情况下，金融市场借助多元审查机制可以使大量分散的投资者直接参与投资决策，并根据自己掌握的信息来判断资金的投入与撤回，从而有助于在不确定的市场环境下帮助企业获得融资。

此外，银行和金融市场在风险管理上具有截然不同的机制。银行的风险管理以内部化为特点，而金融市场则形成了一种风险分散的机制。风险管理内部化是指银行在进行风险管理时往往是将所面临的各项风险先转化为由自身承担的风险，然后通过内部的各种途径去管理这些风险。例如，银行为应对储户的提款需求，甚至不惜以高额的成本拆借资金或以低价变卖资产来补充流动性的缺乏，而这一过程中所产生的损失都由银行自己承担，银行在揽储的过程中已将储户的流动性风险转化为了银行内部的流动性风险。同样在面对信用风险时，银行也不能以借款人未到期还款为由拒绝向储户还本付息，可见对于银行的债务合约而言，借款项目风险越高，债权价值越低。风险管理的内部化特征使银行对风险具有天生的谨慎性倾向，因而在贷款投向上更偏好具有稳定现金流的企业，并将抵质押品和担保人作为审批、放款的重要条件。金融市场的风险分散化机制，通过多样化的投资组合，使金融市场上每个投资者承担的风险都相对较小。金融市场的风险分散化机制虽然不能从总体上消除风险，但却能够实现在不同风险承受能力的投资者之间的重新分配，从而有利于投资者利用风险分散功能投资于高风险高收益的产业项目。此外，从风险的分担机制上看，不同于银行贷款中的无论企业是否盈利都要按时还本付息，金融市场上只有在企业产生利润时才考虑是否向投资者分红，从而降低了企业的破产风险，增加了金融体系的弹性。因此，当需要灵活的风险管理来为高风险项目筹集资金时，金融市场显然更具有优势。

进一步来说，从银行业内部结构来看，银行业结构体现为银行体系内部不同规模银行业金融机构的分布状况，根据银行业整体的集中性或竞争性程度，银行业结构可以划分为垄断性银行业结构和竞争性银行业结构。两种不同的银行业结构同样拥有着不同的金融供给特性。

在储蓄动员方面，竞争性的银行业结构使得各家商业银行为获得储蓄存款不得不相互竞价，进而会向储蓄者支付较高的利率，这将有利于储蓄率的提升和资本的积累；相反，在垄断性的银行业结构中，处于垄断地位的银行仅会向储蓄者支付较低的利率，实际利率有时甚至为负数，这将不利于大规模储蓄资金的动员，且容易引发信贷配给。在资金配置方面，基于规模的专业化分工，竞争性银行业结构中大量资产规模较小的中小银行的存在，更有利于为中小企业提供贷款融资；而垄断性银行业结构中，资产规模较大的垄断性银行往往更倾向于为国有大型企业提供贷款融资。在资金价格方面，垄断性银行业结构中只有少数银行存在，因而会对贷款要求更高的期望收益率，从而导致资金价格的提升和贷款供给均衡量的下降，其结果是银行业垄断性越强，就越缺乏为高风险的技术创新类项目提供贷款的激励；竞争性银行业结构中银行间的竞争会在一定程度上降低其期望收益率，其结果是贷款供给总量的提升和资金价格的下降。在信贷决策机制上，竞争性银行业结构中存在大量的小银行，其组织结构的扁平化决定了其信息传递链条的简化，因而更能有效运用借款者的软信息进行信贷决策，进而降低审批门槛；而垄断性银行中信息搜集职能与贷款决策职能的分离，加之复杂的信息传递链条，使得其难以依赖软信息进行信贷决策，因而其更倾向于借助财务报表、抵押担保等信息损失较小的硬信息来实现信贷决策，从而提升了信贷审批的门槛。

资本市场结构体现为场内市场的主板、中小板、创业板（俗称"二板"）、科创板和场外市场的全国中小企业股份转让系统（俗称"新三板"）、区域性股权交易市场（俗称"四板"）、证券公司主导的柜台市场（俗称"券商OTC"）等多层次资本市场体系的相对规模及其联系。根据资本市场整体的复合性程度，资本市场结构可以划分为以主板市场为主导的单一型资本市场结构和多层次资本市场体系共同发展的复合型资本市场结构。不同的资本市场结构拥有不同的金融供给特性。

具体来看，主板市场是一个国家或地区证券发行、上市及交易的主要场所，是资本市场中最重要的组成部分，由于门槛标准相对更为严格，其上市主体大多是拥有较大资本规模和稳定盈利能力的大型成熟企业，在行业分布上以传统行业的大型蓝筹、行业龙头和骨干型企业为主。中小板，即中小企业板块，门槛同样较高，上市主体大多是具有高成长、高收益的成长期企业，在行业分布上以高新技术产业各细分行业中处于龙头地位的小公司为主。创业板，又称二板市场，是有别于主板市场的一类证券市场，进入门槛相对较低，作为孵化科技型、成长型企业的摇篮，其上市主体大多是科技成长型、自主创新型企业。科创板，作为独立于现有主板市场的新设板块，于2018年11月5日宣布在上海证券交易所设立，并于该板块内试点注册制，其进入标准更具包容性，有助于为科技创新型企业提供资金支持。

相对于主板、中小板、创业板和科创板等场内交易市场而言，没有集中的统一交易制度和场所，需在证券交易所外由证券买卖双方当面议价成交的市场就是场外交易市场，主要由全国中小企业股份转让系统、区域性股权交易市场和证券公司主导的柜台市场组成。全国中小企业股份转让系统，又称新三板，是全国性的非上市股份有限公司股权交易的平台，其突出特点是准入门槛低、挂牌快、成本低、融资便捷规范，主要为处于初创期的成长型中小企业、两网股和退市股提供融资及相关的金融服务。区域性股权交易市场，即四板市场，是为一定地域范围内的中小微企业提供权益类产品综合服务的场所，具有融资服务平台、信息集散中心、信用管理中心、孵化培育园地、金融创新载体等功能，有助于集成特定区域内的科技成果和金融资源，为大众创业万众创新注入新鲜活力。证券公司主导的柜台市场，即券商 OTC，是券商以自有客户为参与主体、自行创设产品为核心的场外交易场所。

因此，总的来看，以主板市场为主导的单一型资本市场结构主要集中服务于传统产业，倾向于帮助优质企业进一步做大做强；而多层次资本市场体系共同发展的复合型资本市场结构则主要集中服务于高新技术产业，更倾向于新兴产业企业的培育。

3. 金融结构与产业结构的适应性匹配

金融体系为实体经济中具有比较优势的产业提供配套金融服务的过程就是适应产业结构升级需要的金融结构的形成过程。因而，金融结构演化的内在规律就是顺应产业结构发展的需求，将资源配置到某一特定发展阶段最具比较优势的产业活动中去。在经济新常态背景下，传统经济发展模式所依靠的比较优势大大降低，中国经济比以往任何时候都更需要借助技术创新推动产业结构升级，促进经济提质增效升级。长期以来，以国有银行为主导的金融结构充分发挥了存贷款创造资金的功能，为改革开放以来中国经济的高速发展提供了强有力的资金支持，确实功不可没。然而，这一传统的金融结构是否还能适应当前经济转型时期产业结构升级所提出的更高金融需求？

上述有关不同产业结构金融需求特性和不同金融结构金融供给特性的分析从理论层面给出了答案。传统产业往往是劳动密集型产业或资本密集型产业，轻纺工业作为典型的劳动密集型产业，其资金需求具有少量、短期、灵活的突出特点。重化工业作为典型的资本密集型产业，其资金需求具有稳定、大规模的突出特点。高新技术作为典型的技术密集型产业，其资金需求具有长期、大规模、风险承受力强、门槛低的突出特点。由此可见，在产业结构由传统产业向高新技术产业，由劳动密集型产业向技术密集型产业升级的过程中，其对金融服务的需求在不断提高，即期限更长，规模更大，风险承受力更强，门槛更低。

因此，就融资结构而言，银行体系流动性创造的短期性、确定性条件下信息处理的规模效应和风险管理的内在化特征决定了其更适合为贷款周期较短，市场前景清晰，创新程度较低，风险较低的传统产业提供融资。而金融市场通过建立发达的二级市场、有效的多元审查和"风险共担，收益共享"的风险分散机制，一方面使得投资者在承担高风险的同时可以享受到技术创新的高收益，从而吸引更多具有高风险偏好的投资者投资高新技术产业；另一方面，利用股权的分散化为具有不同风险—收益特征的产业和不同风险偏好的投资者提供投融资交易平台，再通过二级市场的流动性功能将众多投资者的短期资金转化为对高新技术产业的长期投资，进而满足了其长期大额的资金需求。因此，相比银行体系，金融市场更适合为高新技术产业提供资金支持及相应的金融服务。进一步，就银行业结构而言，相比垄断性银行业结构，竞争性银行业结构在大规模储蓄动员、支持中小企业发展和降低审批门槛等方面都更具优势，因而更有利于为高科技中小企业提供融资服务。最后，就资本市场结构而言，以主板市场为主导的单一型资本市场结构主要集中服务于传统产业中资本规模较大、盈利能力稳定的大型成熟企业，而产业结构升级过程中高新技术企业、中小企业的发展则离不开复合型资本市场结构，即多层次资本市场的融资支持。基于上述金融供给特性与产业需求特性的适应性匹配分析，本书提出：

假设 1：金融结构对产业结构升级具有显著影响，且市场主导型融资结构、竞争性银行业结构和复合型资本市场结构更有利于促进产业结构升级。

3.4.2 金融结构对产业结构升级的间接影响与理论假说

产业结构升级是产业结构从低级阶段向高级阶段逐步演进的一个永无止境的动态过程。这一过程是依据经济发展的历时和逻辑序列顺向演变的，它至少包括以下三个方面的内容：第一方面表现为第二产业和第三产业逐步取代第一产业而成为优势产业；第二方面表现为技术密集型产业逐步取代劳动密集型、资本密集型产业而成为优势产业；第三方面表现为由低附加值产业向高附加值产业发展，即制造中间产品、最终产品的产业逐步取代制造初级产品的产业而成为优势产业。产业结构升级受到众多因素的影响，结合产业结构升级的三个方面内容来看，影响产业结构升级的关键在于中小企业成长、技术创新和主导产业发展。因此，金融结构影响产业结构升级的路径不仅包含直接影响，也包含通过作用于上述三个关键因素而对产业结构升级产生间接影响（见图 3 - 7）。

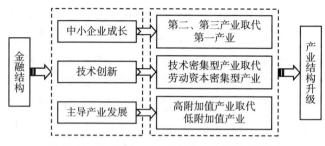

图 3 - 7　金融结构对产业结构升级的间接影响

1. 金融结构、中小企业成长与产业结构升级

产业结构升级首先表现为第二产业和第三产业逐步取代第一产业而成为优势产业的过程。具体体现在产值结构与劳动力结构两个层面：第一产业的产值比重与劳动力比重持续下降，第二产业的先升后降，第三产业的持续上升。国家统计局数据显示，2012 年中国第三产业产值与第二产业产值持平，2013 年第三产业产值首次超过第二产业，2015 年第三产业产值占比首次突破 50%，2016 年、2017 年两年第三产业增加值比重都在 51.6%。此外，从 2012 年到 2017 年，中国第一产业和第二产业就业人员占比分别下降了 6.6 和 2.2 个百分点，第三产业上升了 8.8 个百分点。[1] 从数据可以看出，第三产业在我国无论是产值、增加值还是就业人员占比都在不断上升，第三产业的发展是生产力提高和社会进步的必然结果，而第三产业发展的关键又在于中小企业的成长。

中小企业成长对产业结构升级的决定和影响作用具体表现为：首先，中小企业量大、点多、行业和地域分布面广的特点使其具有贴近市场、贴近顾客、机制灵活和反应快捷的经营优势，且中小企业较小的经营规模和扁平化的组织结构决定了其对市场需求变化的敏感性和做出反应的及时快速性。第三产业面向客户需求的产品服务性质和小批量、多样化的消费趋势迫使企业借助新的生产模式和组织形式，通过产品结构和服务流程的重构，把原先位于企业内部纵向生产链条上的众多环节分离出去，通过外包与分包等专业化

---

① 国家统计局网站：www. stats. gov. cn.

分工的形式，形成以中小企业为中心的专业化的生产组织结构，从而提升企业的灵活性和应变能力，提高产品与服务的质量，最终实现生产性服务业等第三产业的发展（Sturgeon，2002）。其次，劳动力总量的下降和劳动力成本的提升，意味着第三产业中某些依赖于低成本劳动力竞争优势的传统产业的衰退和创新驱动的高新技术产业等新兴产业的兴起。在产业结构升级的过程中，由于中小企业的退出成本较低，因而相对于大型企业来说，中小企业更易于及时从衰退的传统产业，即夕阳产业中退出。并且高新技术产业等新兴产业的发展突破了传统产业的进入壁垒，无须大规模劳动力、土地、资本等传统生产要素的投入，而更依靠科技进步、劳动者素质提高、管理创新转变等，这无疑为中小企业的成长提供了难得的机遇。因此，中小企业是新兴产业发展中最活跃的主体，也是产业结构升级中最重要的力量。最后，中小企业作为国民经济中数量最多、最具活力的创新主体，是推动产业结构升级的关键。中小企业在各自的细分行业中往往处在竞争最为激励的市场前端，要摆脱被淘汰的命运，中小企业不得不开发出更具市场竞争力的产品，占领各种市场缝隙，这也使不少中小企业成为新技术开发的重要力量。竞争的压力使得中小企业对市场上各种创新需求反应灵敏，因而相比大型企业具备更强的创新主动性和成长性。数据资料显示，虽然中小企业的 R&D 经费投入和 R&D 人员投入均远不及大型企业，但中小企业在创新成果转化上的贡献却不逊色于大型企业。

中小企业成长是产业结构升级的关键因素，我们认为，金融结构通过作用于中小企业成长，可以对产业结构升级产生间接影响。从融资结构来看，中小企业的资本积累能力有限，单纯依靠自有资金难以获得进一步的发展，因而需大量依靠外源融资。然而，不同于大型企业，中小企业财务管理往往不够规范，公司治理结构不够完善、抗风险能力也比较弱、信用记录也很难获得。因而，金融机构大多青睐于还款能力较强、资金回收周期较短、固定资产占比较高的国有企业、大型企业和高净值人群。相比之下，种子基金、天使基金、风险投资、私募基金等金融市场上的股权类融资，更有利于为中小企业提供多元化的融资渠道和解决方案。从银行业结构来看，基于规模的专业化分工，相比垄断性的银行业结构，竞争性银行业结构中大量资产规模较小的中小银行的存在，更能有效运用中小企业的软信息进行信贷决策，进而降低审批门槛，实现中小企业贷款可得性的提升和融资成本的下降。从资本市场结构来看，以主板市场为主导的单一型资本市场结构主要集中服务于传统产业中资本规模较大、盈利能力稳定的大型成熟企业，中小企业的发展则离不开复合型资本市场结构，即多层次资本市场的融资支持。

2. 金融结构、技术创新与产业结构升级

随着我国经济发展进入新常态，其主要特点之一是发展动力从主要依靠资源和低成本劳动力等要素投入转向创新驱动，技术创新已然成为中国经济长期稳定增长的核心动力和产业结构升级的根本途径。生产要素在技术创新的推动下向着具有比较优势的产业聚集，从而使其获得优先发展，落后产业则不断淘汰出局，最终引发产业结构的优化和升级（何德旭和姚战琪，2008）。因此，新一轮产业结构升级的关键已不在于简单的三次产业之间产值比例的调整，而在于借助技术创新推动实体经济部门内部的产业结构迈向高端水平（林毅夫，2012）。

技术创新对产业结构升级的决定和影响作用具体表现为：首先，技术创新通过引发需求结构的变化，进而推动产业结构升级。技术创新能够减少资源消耗、增加可替代资源，开发新资源，从而改变生产需求结构；技术创新能够节约生产成本、降低产品价格、提升产品质量、改进产品性能，使产品物美价廉，从而扩大市场需求，改变需求结构。其次，技术创新通过引发供给结构的变化，进而推动产业结构升级。技术创新可以改善自然环境、保护自然资源、开发新的资源、形成新的比较优势，从而改善资源供给状况；技术创新能够降低成本、增加收入、扩大积累，从而改进资本供给状况。而供给结构又是制约产业结构的重要因素，因此，技术创新通过引发供给结构的变化，能够促进产业结构升级。再次，技术创新通过推动新老产业的交替，进而促进产业结构升级。技术的进步能够促进一些新兴产业的形成和发展，同时也加速了某些传统产业的衰退。而随着新老产业交替过程的完成，就达成了产业结构的升级换代，实现了产业结构的高级化。最后，技术创新通过推动劳动生产率的提高，进而促进产业结构升级。技术创新能够推动各产业劳动生产率的提高，而各产业劳动生产率的进步存在不均等性，由此导致各产业发展速度的差异。对于技术进步相对较快的产业而言，其成本下降速度也相对加快，相对成本的降低使得利润增加，资源纷纷涌入，使这些产业得以迅速扩张，从而推动了产业结构的升级（惠宁，2012）。

技术创新是产业结构升级的关键因素，金融结构通过作用于技术创新，可以对产业结构升级产生间接影响。从融资结构来看，技术创新离不开长期、大量研发经费的投入，单纯依靠企业内源融资显然难以满足，因而，技术创新往往依赖于大规模的外源融资。然而，技术创新过程中存在的技术研发风险、市场开发风险和企业家风险等抑制了银行贷款的有效性。银行体系流动性创造的短期性、确定性条件下信息处理的规模效应和风险管理的内在化特征决定了其更适合为贷款周期较短、市场前景清晰、创新程度较低、风险较低的项目提供融资。相比之下，金融市场通过建立发达的二级市场、有效的多元审查机制和"风险共担，收益共享"的风险分散机制，一方面使得投资者在承担高风险的同时可以享受到技术创新的高收益，从而吸引更多具有高风险偏好的投资者投资技术创新项目；另一方面，利用股权的分散化为具有不同风险—收益特征的项目和不同风险偏好的投资者提供投融资交易平台，再通过二级市场的流动性功能将众多投资者的短期资金转化为对技术创新项目的长期投资，进而满足了项目长期大额的资金需求。因而相比银行体系，金融市场更适合为技术创新项目提供融资服务。从银行业结构来看，相比竞争性银行业结构，垄断性银行业结构不利于大规模储蓄资金的动员，且垄断性银行业结构中只有少数银行存在，因而会对贷款要求更高的期望收益率，从而导致资金价格的提升和贷款供给均衡量的下降，其结果是银行业垄断性越强，就越缺乏为高风险的技术创新类项目提供贷款的激励。可见，竞争性银行业结构更有利于促进技术创新。从资本市场结构来看，以主板市场为主导的单一型资本市场结构主要集中服务于传统产业中资本规模较大、盈利能力稳定的大型成熟企业。而复合型资本市场结构中的中小企业板、创业板等市场，集中服务于高新技术产业，倾向于新兴产业企业的培育，从而更有利于促进技术创新，进而推动产业结构升级。

3. 金融结构、主导产业发展与产业结构升级

产业结构升级还表现为由低附加值产业向高附加值产业发展，即制造中间产品、最终产品的产业逐步取代制造初级产品的产业而成为优势产业的过程。生产中间产品和最终产品的制造业正是国民经济中关联效应和扩散效应较强的主导产业，这类产业既能够积累丰厚的资本，又能够对上下游其他产

业产生强大的诱发作用，为其他产业产品的发展提供市场需求。因此，主导产业的发展能够通过连锁反应带动区域经济的全面发展和产业结构的升级。

主导产业发展通过两种效应作用于产业结构升级：第一种是产业的关联效应，指某一产业由于自身的发展而引起其他相关产业发展的作用效果，由于各种产业的特点不同，关联效应大小以及强弱不同。主导产业通过较强的前后向联系，可以诱导、带动和促进其他产业的发展，从而促进产业结构的升级和整个经济的成长（赫希曼，1991）。第二种是产业的扩散效应，是指部分产业部门在不同经济发展阶段，"不合比例增长"对其他相关上下游产业所产生的作用，具体表现为回顾效应、前向效应和旁侧效应三个方面（罗斯托，1988）。

主导产业发展是产业结构升级的关键因素，我们认为，金融结构通过作用于主导产业发展，可以对产业结构升级产生间接影响。要考察金融结构对主导产业发展的作用，首先要明确主导产业的特征：第一，主导产业具有良好的发展前景。第二，主导产业具有较高的需求收入弹性。第三，主导产业具有较高的生产率上升率。总的来看，主导产业是以技术创新为依托，处于成长期且具有良好发展前景的产业。因此，结合前文不同金融结构的金融供给特性分析，不难发现，金融市场主导型的融资结构、竞争性的银行业结构和复合型的资本市场结构更有利于推动主导产业的发展，进而促进产业结构升级。

基于上述间接影响路径的分析，本书提出：

假设2：金融结构不仅通过"供需适应性匹配"直接影响产业结构升级，而且通过中小企业发展、技术创新和主导产业发展产生中介效应，进而间接影响产业结构升级。

3.4.3 金融结构对产业结构升级的非线性影响与理论假说

上文的分析表明，金融结构或直接或间接影响了产业结构升级的过程，且其中的影响路径和作用机制也是复杂多样的，加上金融发展本身也不可避免地伴随着金融风险及其波及的加剧，由此决定了金融结构与产业结构升级之间并非是简单的线性关系，其中可能存在着复杂的非线性约束。毫无疑问，金融体系及其结构在经济发展与产业结构升级的过程中起到了举足轻重的作用，这也得到了既有研究的证实。然而，既有研究大多是在区域同质性的假设下，借助线性回归技术分析金融结构对产业结构升级的影响，而没有关注到不同区域之间的异质性，尤其是忽略了不同地区金融结构对产业结构升级的影响可能会受到经济发展阶段、金融生态环境等多重因素的约束。从各经济体的金融体系发展现实来看，由于要素禀赋、制度因素等方面差异的客观存在，至今尚未形成一种具有普遍适用性的统一的金融结构（龚强等，2014）。事实上，金融结构对产业结构升级的影响可能会随着区域之间金融结构、经济发展阶段、金融生态环境等的不同而呈现出非线性效应。

首先，产业结构升级过程中，金融体系的作用就在于为其提供资金支持，因此金融作为一种要素投入其自身就可能存在着边际递减的规律，即当金融结构的构成比例超过一定的临界值后，金融结构的进一步调整就不会再产生等比例的回报。塔德塞（Tadesse，2002）考察了金融体系结构、市场导向程度与实体经济绩效之间的关系，发现对于金融业发达的国家而言，市场导向型金融结构的表现明显优于银行导向型，但在金融部门不发达的国家中银行体系的表现明显更好，并且小企业主导的国家在以银行体系为主导的金融系统中增长得更快，以市场为主导的金融系统则更适用于由大企业主导的国家，该研究结论表明，合适的金融架构本身就是价值的源泉，新兴经济体和转型经济体的金融发展政策应区别对待。桑和斯科尔（Song and Thakor，2010）系统研究了金融体系架构的演变过程，提出银行体系和金融市场在演化的过程中呈现出三种形式的互动：竞争、互补和共同进化，而伴随着证券化和银行股权资本两个因素而产生的共同进化使得不存在绝对的银行主导或市场主导。克波达尔和辛格（Kpodar and Singh，2011）基于 47 个发展中经济体 1984～2008 年样本的研究发现，当机构薄弱时，以银行为基础的金融体系通过降低信息和交易成本，能够更好地减少贫困、改善收入分配；随着机构的发展，基于市场的金融体系可能会对减少贫困和促进经济增长更有益。

其次，不同的地区由于经济发展阶段的不同，会存在要素禀赋结构的差异，要素禀赋所决定的比较优势的不同又造成了产业结构的差异，进而影响到金融结构的选择（林毅夫，2009；Lin，2012）。昆特等（Demirgüç - Kunt et al.，2013）认为，银行和证券市场的角色在经济发展过程中发生了变化，随着各国经济的发展，银行和证券市场规模相对于经济规模扩大；经济产出增加与银行发展增长之间的关联变小；经济产出增加与证券市场发展扩大之间的关联变得更大。该研究结论表明，随着经济的发展，银行体系的重要性在不断下降，而证券市场对经济活动的作用则日益凸显。林等（Lin et al.，2013）认为，由于银行体系和金融市场在提供金融服务方面具有各自的相对优势和劣势，因此在特定的经济发展水平上，应具有相应金融结构，并且随着经济的发展，金融结构也应进行适当的调整。龚强等（2014）考察了不同经济发展阶段下，金融结构对产业结构升级的作用，发现对于产品和技术均较成熟的产业而言，银行体系能够提供有效的金融支持；而对于技术密集度较高、不确定性较强的产业而言，金融市场则是更高效的融资途径。里奥哈和瓦列夫（Rioja and Valev，2014）运用包括低收入国家和高收入国家在内的大型跨国面板数据研究了银行和股票市场对经济增长、生产力和资本积累的影响，研究结果表明，在低收入国家，银行体系的发展对资本积累具有显著的正向影响，而股票市场无论是对资本积累还是生产力提升的影响均不显著；相反，在高收入国家，股票市场对资本积累和生产力提升均有显著的促进作用，而银行体系的作用只体现在资本积累上，该研究表明，在不同经济发展阶段，银行体系和股票市场对于经济增长的作用是存在差异的。张成思和刘贯春（2015、2016）从金融监管的角度出发，构建一般均衡分析框架，揭示了与实体经济相匹配的最优金融结构的存在性，且最优金融结构是伴随着经济发展的进程而动态调整的。张一林等（2016）认为，在一国经济发展初期，企业的技术创新水平相对较低并以技术引进为主，此时银行体系更易发挥自身的制度优势，助力经济发展；而随着经济发展水平的进一步提升和产业结构的优化升级，自主创新逐步取代引进模仿创新而成为经济持续发展的新动力，股票市场的重要性逐渐凸显。上述研究结论意味着，金融结构需要依据经济发展阶段的变迁而适时调整，以最大化金融体系的运行效率，支持产业结构升级与实体经济发展。

最后，"法律制度相关论"认为，经济增长依赖于金融体系的功能供给，而健全完善的法律制度是金融体系发挥功能的重要保证（La Porta et al.，1997、1998、1999；Rajan and Zingales，2003；Ergungor，2004、2008）。该结论虽然存在重功能轻结构的片面性，但却能为我们的相关研究提供有益的思路：包括法律因素在内的金融生态环境虽然不会给金融结构的演化和产业结构的升级带来趋势性的改变，但却会促进或制约金融结构随产业结构升级而演变的具体过程。"新结构经济学"提出为了给新升级的产业中的企业降低交易成本，并使其达到生产可能性边界，一个灵活、平稳的产业和技术升级过程就需要基础设施同时做出相应的改善（林毅夫，2012），而金融生态环境实质上就是一种"软件"基础设施。运行良好的法律体系有利于金融中介和金融市场功能的发挥，尤其是对金融市场的有效运转尤为重要（La Porta et al.，2000、2002）。这是因为，在制度环境不完善、法律体系不健全的情况下，银行通过债务合同、信贷配给机制、抵押清算等手段能够实施更加有效的资金监督，从而缓解金融生态环境的约束。而金融市场上的股权融资使得投资者难以通过抵押、清算等手段约束企业的道德风险，为不法企业攫取股东利益提供了可能，因而金融市场的有效运行更加依赖于相关法律对投资者的保护程度和法律实施的有效性（Beck et al.，2003；龚强等，2014；张一林等，2016）。马微和惠宁（2018、2019）的研究进一步证实，对于风险较高、收益不确定的自主创新而言，金融市场是更优的选择，但只有当金融生态环境跨越一定的门槛时，金融市场对自主创新的积极作用才能够被有效释放。金融市场作为市场主体参与投融资活动的平台，蕴含着不确定性，这种不确定性既来自股权融资本身难以通过抵押、清算制度约束企业道德风险，又来自市场自身波动以及市场以外各种制度、政策等因素（吴晓求，2005）。如果未能形成良好的金融生态环境，并对上述风险进行识别和管控，金融市场的公开、公正将难以实现，市场上投资者的权益也就无法得到保护，金融市场的流动性创造、信息处理及风险分散功能也将难以发挥。法律法规体系的完善有利于投资者对金融市场上相关企业信息的获取，从而缓解双方的信息不对称，减少投资摩擦和不确定性，保护投资者特别是中小投资者的权益。然而，金融生态环境的完善是一个系统性工程，健全法律法规体系只是其中的重要一环。金融市场各主体的分散化极易产生低效率的重复监督或"搭便车"现象，因而其有效运行还依赖于社会信用体系、会计准则和信息披露制度的效率。此外，非商业银行性质的市场中介组织的成长和壮大对于金融市场风险的识别也至关重要。上述研究结论表明，金融结构对产业结构升级的影响会受到金融生态环境的约束，只有当金融生态环境跨越一定的门槛时，金融结构对产业结构升级的积极作用才能够被有效释放。

由此可见，金融结构对产业结构升级的非线性影响具有"门槛效应"的特点，即只有当影响金融结构的诸多因素超越了某个门槛水平时，金融结构才能促进产业结构的升级，而这些因素包括金融结构、经济发展阶段、金融生态环境等方面。基于上述金融结构对产业结构升级非线性影响路径的分析，本书提出：

假设3：金融结构对产业结构升级的影响，随着区域之间金融结构、经济发展阶段、金融生态环境等的不同而呈现出非线性门槛特征。

3.5　本 章 小 结

本章首先从演化规律的视角分析了金融结构的基本特征，并结合技术进步、产业结构升级和经济增长的关系分析了产业结构升级的基本特征。其次，剖析了金融结构对产业结构升级的内在机制，即从产业资本形成、产业资源配置和产业技术进步三个维度揭示了金融结构为什么会影响产业结构升级。再次，构建了金融结构作用于产业结构升级的理论模型，刻画了金融发展在经济增长中的作用，以及金融结构与产业结构升级的内在关系。最后，考察了金融结构对产业结构升级的影响路径，回答了金融结构如何影响产业结构升级的问题：一方面，从产业需求特性与金融供给特性适应性匹配的视角出发，考察金融结构对产业结构升级的直接影响；另一方面，从产业结构升级的三个关键因素出发，考察金融结构通过作用于中小企业成长、技术创新和主导产业发展，对产业结构升级产生间接影响；此外，从金融结构影响产业结构升级的"门槛效应"特点出发，探讨两者之间可能存在的复杂的非线性约束关系。本章旨在揭示金融结构对产业结构升级的影响机理与影响路径，以期为进一步研究影响效应的实证检验奠定理论基础。

| 第4章 |

中国金融结构与产业结构的历史演化

新中国成立以来，伴随着中国经济发展水平的不断提升和市场化改革的不断深入，无论在金融结构还是产业结构方面均发生了一系列的重要变化，取得了很大的进步。因此，为探究金融结构与产业结构升级的关系，有必要结合中国的实际，考察中国金融结构与产业结构的历史演化，为后续章节金融结构影响产业结构升级的经验研究做铺垫。

4.1 中国金融结构的发展历程

中国金融结构的发展是在经历了新中国成立之初比较特殊的计划经济的基点上所进行的。改革开放以前，中国实行中央集权控制的计划经济体制，这一时期单一的国家银行体系结构保障了财政金融物资的集中管理与按计划配置，并通过开展必不可少的基础设施项目在稳定经济、快速实现工业积累和集中财力方面发挥了不可替代的作用，但也造成了整个金融体系活力的缺乏和金融机构运行效率的低下，阻碍了生产力的进一步发展和社会经济的进步。起始于20世纪70年代末的改革开放和不断深化的市场化改革，使中国在经济体制、对外开放战略等方面经历了巨大变迁，与之相伴的是，金融结构也发生了显著的变化。基本上可以分为以下四个时期：一是计划经济下的财政集权控制期；二是改革开放以来的现代金融结构重构期；三是市场化改革下的金融结构加速调整期；四是市场经济下的金融结构深化发展期。

4.1.1　计划经济下的财政集权控制期（1949～1978 年）

1949 年新中国成立之后，受历史与国际形势等多方面因素的影响，中国从政治制度到经济体制都无一例外地借鉴了苏联的发展模式。高度集中的计划经济体制要求从生产、资源分配到产品消费等社会经济生活的各方面都由中央进行集权控制，并以指令性计划的手段进行逐级分配。

为适应计划经济体制下高度集中的配置机制，中国的金融结构在这一时期也发生了巨大转变。一方面，所有私有的以及公私合营的银行业机构均以并入中国人民银行的形式实现了国有化，中国农业银行、中国建设银行和中国银行等仅存的为数不多的几家专业银行业逐渐成为中国人民银行内部或财政部领导下专营某项特殊业务的部门，并最终形成了中国人民银行统揽全国一切金融业务的局面；另一方面，1952 年起，国家逐步限制并最终停止了股票以及企业债券的发行，证券交易所活动随之终止，1955～1959 年期间，银行信用以外的其他商业信用均被明令禁止，包括商业票据、国外借款、国内外公债在内的金融市场工具也相继被终止，各种直接融资工具不复存在。

计划经济下的财政集权控制期，中国的金融结构呈现出以下特征：第一，融资渠道极其单一，全社会的储蓄资金均归集于财政部及其附属的国有银行，并由其以资金配给的形式为企业拨付生产经营所需的资金，财政拨款成为这一时期企业唯一的外源融资渠道，非银行金融机构逐渐被排斥在金融体制之外，存贷款作为唯一的金融工具得以强化，形成了单一的财政性融资结构；第二，银行业高度集中，隶属于财政部的中国人民银行长期以来既承担着货币金融政策制定、金融监管和支付清算等中央银行职能，还履行着吸收存款、发放贷款等商业银行职能，这一时期所形成的单一的国家银行体系，实质上就是一种典型的垄断性极强的银行业结构，由于不存在银行间的竞争，长期来看势必造成资金配置效率的低下；第三，市场的作用被完全否定，资本市场建设一度中断，商业票据、股票、债券等直接融资工具和交易市场逐渐消失，致使资本市场的资金融通、资源配置以及风险分散等多项功能无法有效发挥。

4.1.2　改革开放以来的现代金融结构重构期（1979～1991 年）

随着党的十一届三中全会的召开，中国走上了经济改革之路。放权让利、分灶吃饭使计划经济体制下被压抑的创造力释放出来，推动了国民经济的快速增长。但是，各种"放权""让利"举措的实施同时也弱化了财政资金的供给能力，使原来依赖财政投资的模式不可持续。动员、引导储蓄向投资转化，建立有效的融资机制，成为中国经济发展的必然选项。因此，这一时期金融领域改革的重要任务就在于打破计划经济的长期垄断，重构以市场化为基础的现代金融结构。

现代金融结构重构的第一步是打破中央财政的绝对垄断地位，中国人民银行于 1978 年从财政部划出，从 1979～1984 年，四大国家专业银行陆续恢复或从中国人民银行和财政体系中破茧而出，并逐渐摆脱行政束缚成为名副其实的银行，同时明确了中国人民银行的定位，不再办理一般银行业务，专门履行中央银行职能。现代金融结构重构的第二步是尝试构建多元化的银行业格局，交通银行等股份制商业银行、深圳发展银行等区域性商业银行、中信实业银行等全国性商业银行相继成立，香港南洋商业银行等外资银行陆续被批准在中国设立分行和代表处，同时，城市信用合作社、财务公司、国际信托投资公司等非银行业金融机构也相继成立。现代金融结构重构的第三步是培育金融市场，改革开放以来，同业拆借、国债回购、票据贴现等货币市场业务快速恢复和发展，同时国库券、企业债券、金融债券和外币债券等资本市场业务也逐步放开。

改革开放以来的现代金融结构重构期，中国的金融结构呈现出以下特征：第一，融资渠道从单一的财政拨款转向不断健全的间接融资，融资渠道的拓展得益于多元化银行业和非银行业金融机构的建立，及其业务的扩张和资金配置功能的增强。以央行为领导，国家专业银行为主体，多种金融机构并存的融资结构在改革中逐渐形成。第二，银行业内部竞争性较差，虽然银行已摆脱了财政的束缚，成为相对独立的专业银行，但无论从资产规模还是劳动力分布上看，四大国有银行都占据绝对主导地位，银行业本质上仍然是为国有企业的生产经营提供金融服务的。第三，不同于快速发展的间接融资方式，这一时期的直接融资方式相对匮乏，债券市场的发行与交易仍处于初步探索阶段，分散的股票市场虽已萌芽，但并未形成统一的组织，资本市场体系尚未建立起来。

4.1.3 市场化改革下的金融结构加速调整期（1992～2000年）

改革开放初期，以银行体系为核心的间接融资得到了快速发展与完善，然而，债券市场和股票市场等直接融资的发展则明显滞后，严重抑制了资金供求双方之间的投融资活动。随着市场化改革的不断深入，构建健全、有序的金融市场成为金融领域改革的重点。

20世纪90年代初，上海证券交易所和深圳证券交易所两大证券交易所的相继设立，标志着中国股票市场真正进入规范化阶段。随后，B股市场的建立，H股市场和N股市场的开放，开放式与封闭式基金等交易品种的增加，进一步丰富了资本市场的层次。债券市场在改革初期的基础上也得到了进一步的发展，并呈现出跨区域和规范化的特点。到20世纪末，中国的资本市场已成为仅次于日本的亚洲第二大资本市场。在资本市场规模不断扩张的同时，中国证券业监督管理委员会于1992年的设立也表明了资本市场规范化管理与金融风险防范措施的加强。伴随资本市场的快速发展，银行业体系也得到了进一步发展与完善。三家政策性银行于1994年成立使得政策性业务彻底从四大国有专业银行中剥离出来，并奠定了后者商业化转型的基础。政策性金融业务和商业性金融业务，使银行的筹融资等功能得以恢复和强化，为中国经济的转轨与起飞提供了有力的资金支持，成为中国改革发展奇迹得以实现的重要支撑。随后，民生银行等民营商业银行、上海银行等城市商业银行相继成立，信托投资公司、租赁公司、小额贷款公司等非银行金融机构不断涌现，进一步推动了多元化银行业体系的形成。

在市场化改革下的金融结构加速调整期，中国的金融结构呈现出以下特征：第一，随着间接融资和直接融资的快速发展，融资渠道得到进一步拓展，以银行体系为主导，金融市场为辅的融资结构，成为社会固定资产融资和社会生产资金的主要提供者，担负起支持实体经济发展和社会进步的重要职责，促进了国民经济快速增长。第二，银行业内部所有制形式更具多元化，从改革开放之初单一的国有银行演变为以国有银行为主体，股份制银行、民营商业银行、城市商业银行并存的多元化银行业结构。第三，以债券市场和股票市场为代表的资本市场得到了长足发展，在促进社会资源优化配置，降低国民经济宏观杠杆率，分散银行体系金融风险的同时，也为社会公众提供了与经济增长相匹配的财富成长机制。

4.1.4　市场经济下的金融结构深化发展期（2001 年至今）

2001 年底，中国正式加入世界贸易组织，受"入世"承诺和 WTO 协定的约束，中国的金融体系不得不在地域范围和业务范围等方面加快对外开放的脚步。这对于国内的金融结构调整来说既是一个严峻的挑战，也是推动金融改革进程的一个难得的机遇。

在市场经济下的金融结构深化发展期，金融领域深化改革的成果主要体现在以下两个方面。一方面，中国的银行业逐渐由封闭走向开放。在经历了20 多年的改革开放后，中国的银行业虽然取得了长足发展，但仍存在国有银行产权不明晰，四大行高度垄断等不符合市场经济运行的突出问题。为规范银行业的公司治理结构，以适应金融业全面开放和国际竞争的需要，四大国有银行立足各自股份制改造的不同特色，在国家外汇注资等系列政策支持下，通过财务结构重组、成立股份有限公司、引进战略投资者以及公开发行上市等先后几个阶段，相继完成了股份制改造并成功上市，开始了改革发展的新阶段。

另一方面，金融市场的市场化改革继续向纵深推进。伴随着中国金融市场规模的逐步壮大，金融业综合经营发展趋势和金融分业监管体制机制之间的矛盾，中小企业轻资产运营与过高的融资门槛之间的矛盾，及上市审批制度的制约与资本市场活力释放之间的矛盾等也在日渐暴露。为化解上述矛盾，我国的金融市场进行了一系列改革：首先，金融监管架构经历了由"一行三会"向"一委一行两会"的转变，金融监管协调机制切实加强，货币政策、财政政策、监管政策、产业政策之间的协调机制更加有效，以中央银行为核心的宏观审慎管理理念和框架逐步确立，系统性风险防范机制进一步强化。其次，经过近十年的筹备，通过"三步走"计划的执行，中国金融市场于

2009 年正式推出了完整而独立的创业板，其门槛低、风险大、监管严格的特点有助于有潜力的中小企业获得融资机会。最后，为解决现行股票发行核准制所带来的核准成本高、效率偏低等问题，注册制改革呼声强烈，然而由于在多层次市场体系建设，交易者成熟度，发行主体、中介机构和询价对象定价自主性与定价能力，大盘估值水平合理性等方面，中国资本市场都存在和实施注册制改革不完全适应的问题，因而注册制改革还需要通过较长的"准备期"来稳步推进。

总体来看，我国的金融结构发展历程主要是沿着三条线索展开：一是从计划走向市场，也就是由财政资金供给转向金融发挥融资主渠道；二是从单一走向多元化，金融产品、金融工具与金融机构不断丰富，银行业所有制日益多元化，多层次资本市场建设日益完善；三是从封闭走向开放，计划经济体制下形成的僵化、闭塞的金融制度不断瓦解，全方位开放型的金融结构逐渐形成。

4.2　中国产业结构的发展历程

始于 20 世纪 70 年代末的改革开放，极大地释放了社会生产力和经济主体的内在活力，实现了国家现代化，让中国人民富裕了起来。在这一过程中，随着经济发展阶段的提升，决定产业发展的需求和供给条件发生了显著变化，中国的产业结构也历经了比较大的变化，并存在着明显的阶段性特征（王岳平，2013）。

改革开放 40 年来，中国的产业结构经历了由"二、一、三"到"二、三、一"再到"三、二、一"方向的转变，产业结构不断趋向合理化。具体表现为，第一产业的比重在 20 世纪 80 年代中期呈现增加态势，到了 80 年代中期以后逐步转为波动下行，产业内部结构也有所优化；第二产业的比重在 40% ~ 50% 之间的较高水平区间内经历了先降后升再降的小幅变化；第三产业占比持续增加，尤其在 1983 年以后，第三产业的比重迅速上升，1985 年第三产业的比重达到 29%，首次超过了第一产业，2013 年第三产业的比重进一步跃升至 47%，首次超过了第二产业，2014 年后第二、第三产业在国民经济中占比的差距不断扩大（见图 4 - 1）。据此，可以将改革开放以来中国产业结构的变迁粗略划分为五个阶段：一是经济体制改革下的产业结构探索期（1978 ~ 1984 年）；二是消费升级下的轻工业化期（1985 ~ 1990 年）；三是投资拉动下的重工业化期（1991 ~ 2000 年）；四是供需失衡下的产能过剩期（2001 ~ 2012 年）；五是第四次工业革命下的产业转型升级期（2013 年至今）。

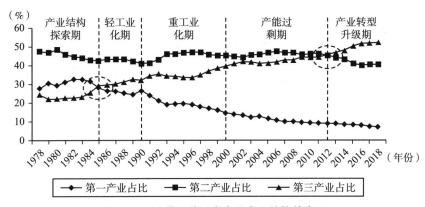

图 4 - 1　改革开放以来中国产业结构的变迁

资料来源：笔者根据 1979 ~ 2019 年《中国统计年鉴》统计数据绘制。

4.2.1　经济体制改革下的产业结构探索期（1978 ~ 1984 年）

20 世纪 70 年代末期，中国实行的改革开放政策使中国的经济体制发生了重要变化，国民经济得以快速发展，与之相伴的是，中国的产业结构也进入了探索期，开始对国民经济中的一些重大的比例关系进行调整。

这一时期对产业结构的探索主要是从两个方面出发，一方面，纠正改革开放以前过度依赖积累、抑制消费和以农业补工业的极端做法，对消费进行"补偿式"倾斜，着力解决吃穿这一基本的民生问题。具体表现在农村以及农业的快速发展上。从表 4 - 1 可以看出，第一产业占国内生产总值的比重由 1978 年的 27.7% 上升至 1984 年的 31.5%，总体呈现上升趋势。第三产业占国内生产总值的比重也略有提高，由 1978 年的 24.6% 上升至 1984 年的 25.5%。而第二产业占国内生产总值的比重不升反降，由 1978 年的 47.7% 下降至 1984 年的 42.9%，这与中共十一届三中全会以后和"六五"计划期间有计划性地放慢重工业发展速度有关。从三次产业就业结构的变化来看，第二产业就业比重由 1978 年的 17.3% 提升至 1984 年的 19.9%，第三产业就业比重由 1978 年的 12.2% 提升至 1984 年的 16.1%。而第一产业的就业比重则出现了明显的下降趋势，由 1978 年的 70.5% 下降至 1984 年的 64.0%。这是由于改革开放极大地激发了农村劳动力的活力，使农业劳动管生产率得以大幅提高，农业剩余劳动力增加并出现了大规模向非农产业转移的现象。

表 4 - 1　　　　　　　1978 ~ 1984 年中国三次产业结构的变化　　　　　单位：%

年份	三次产业产值结构			三次产业就业结构		
	第一产业	第二产业	第三产业	第一产业	第二产业	第三产业
1978	27.7	47.7	24.6	70.5	17.3	12.2
1979	30.7	47.0	22.3	69.8	17.6	12.6
1980	29.6	48.1	22.3	68.7	18.2	13.1
1981	31.3	46.0	22.7	68.1	18.3	13.6
1982	32.8	44.6	22.6	68.1	18.4	13.5
1983	32.6	44.2	23.2	67.1	18.7	14.2
1984	31.5	42.9	25.5	64.0	19.9	16.1

资料来源：1979 ~ 1985 年《中国统计年鉴》。

　　另一方面，调整改革开放以前片面发展重工业、忽视民生的政策，鼓励发展有关民生需求的轻工业，以提升人民生活质量。在鼓励消费政策的引领下，这一时期的最终消费率得到了快速增长，最终消费率由 1978 年的 62.1%，增长至 1984 年的 65.5%，由此激发了以满足民生需求的轻工业的快速发展。从 1979 ~ 1984 年，轻工业总产值年均增速为 11.7%，远高于重工业总产值年平均 6.6% 的增速。① 中国工业总产值中轻工业的比重也由 1978 年的 43.1%，提升至 1984 年的 47.4%，提高了 4.3 个百分点。其中，以满足吃穿为主的以农产品为原料的轻工业占据绝对优势且保持了快速增长。而重工业的比重则由 1978 年的 56.9%，下降至 1984 年的 52.6%（见表 4 - 2）。改革开放初期对国民经济以及产业政策的调整，带来了中国产业结构的非正常变化，产生

---

　① 《中国工业经济统计资料（1949 ~ 1984）》。

了与一般工业化国家逆向变化的特征。

表4-2　　　　　　　1978~1984年中国工业总产值中轻、重工业结构变化

轻、重工业划分	1978年	1980年	1982年	1984年
轻工业	43.1	47.2	50.2	47.4
以农产品为原料（轻工业=100）	68.4	68.5	70.0	70.7
以工业品为原料（轻工业=100）	31.6	31.5	30.0	29.3
重工业	56.9	52.8	49.8	52.6
采掘工业（重工业=100）	12.0	11.8	14.3	12.7
原料工业（重工业=100）	35.5	39.7	39.3	36.4
加工工业（重工业=100）	52.5	53.4	46.4	50.8

资料来源：笔者根据《中国工业经济统计资料（1949~1984）》数据计算所得。

4.2.2　消费升级下的轻工业化期（1985~1990年）

改革开放在极大释放企业和民众内在活力的同时，也推动了居民收入水平的快速提升和人民生活质量的大幅改善。城镇居民家庭人均可支配收入从1978年的343.4元快速上升至1985年的739.1元和1990年的1510.2元。居民消费水平也从1978年的184元快速上升至1985年的437元和1990年的803元。20世纪80年代中期以前，农业和轻工业的快速发展基本解决了广大人民的温饱问题，人们的消费由满足最基本的吃穿需求逐渐转向对更为丰富的生活用品的追求。因此，消费升级成为这一时期推动经济增长和产业结构变化的重要推动力。[①]

一方面，从中国产业结构的变化来看，第一产业占比由1985年的27.9%快速下降到1990年的26.6%；第二产业的比重基本稳定在42%左右；第三产业的比重大幅上升，从1985年的29.4%上升至1990年的32.4%，是改革开放以来第三产业比重上升最快的时期。中国就业结构的变动与产业结构的变动趋同。第一产业就业人员占比由1985年的62.4%下降至1990年的60.1%；第二

---

① 1986~1991年《中国统计年鉴》。

产业的就业人员占比由 1985 年的 20.8% 上涨至 1990 年的 21.4%；第三产业的就业人员占比由 1985 年的 16.8% 上涨至 1990 年的 18.5%（见表 4-3）。

表 4-3　　　　　　1985~1990 年中国三次产业结构的变化　　　　　　单位：%

年份	三次产业产值结构			三次产业就业结构		
	第一产业	第二产业	第三产业	第一产业	第二产业	第三产业
1985	27.9	42.7	29.4	62.4	20.8	16.8
1986	26.6	43.5	29.8	60.9	21.9	17.2
1987	26.3	43.3	30.4	60.0	22.2	17.8
1988	25.2	43.5	31.2	59.3	22.4	18.3
1989	24.6	42.5	32.9	60.1	21.6	18.3
1990	26.6	41.0	32.4	60.1	21.4	18.5

资料来源：1986~1991 年《中国统计年鉴》。

另一方面，尽管第二产业在国内生产总值中的比重基本稳定，但这一时期中国工业的内部结构却发生了较大的变化。随着城乡居民家庭人均收入的快速提升，无论是对农村居民还是城镇居民而言，恩格尔系数即食品支出总额占个人消费支出总额的比重都呈现出快速下降的趋势（见表 4-4）。而家庭设备用品及服务在城镇居民家庭人均消费支出中所占比重则由 1985 年的 8.6% 提高到 1990 年的 10.1%。可见，这一时期人们的消费需求逐渐由吃穿转向对用的追求。主要表现为自行车、照相机、电冰箱、洗衣机、彩色电视机等产品普遍进入家庭（见表 4-5）。上述变化使得轻工业在保持快速增长的同时，其内部结构也在加速升级，主要以满足吃穿为主的以农产品为原料的轻工业增长速度减慢，而以满足用的需求的以工业品为原料的轻工业领先增长。

表 4-4　　　　　　中国城乡居民家庭人均收入及恩格尔系数变化

年份	农村居民家庭人均纯收入（元）		城镇居民家庭人均可支配收入（元）		农村居民家庭恩格尔系数（%）	城镇居民家庭恩格尔系数（%）
	绝对数（元）	指数（1978=100）	绝对数（元）	指数（1978=100）		
1978	133.6	100.0	343.4	100.0	67.7	57.5
1980	191.3	139.0	477.6	127.0	61.8	56.9

续表

年份	农村居民家庭人均纯收入（元）		城镇居民家庭人均可支配收入（元）		农村居民家庭恩格尔系数（%）	城镇居民家庭恩格尔系数（%）
	绝对数（元）	指数（1978=100）	绝对数（元）	指数（1978=100）		
1985	397.6	268.9	739.1	160.4	57.8	53.3
1990	686.3	311.2	1510.2	198.1	58.8	54.2

资料来源：1979~1991 年《中国统计年鉴》。

表 4-5 　　　　中国居民家庭平均每百户年底耐用消费品拥有量

项目	单位	1985 年	1990 年	1985 年	1990 年
		城镇居民家庭		农村居民家庭	
自行车	辆	152.3	188.6	80.6	118.3
照相机	架	8.5	19.2	0.1	0.7
电冰箱	台	6.6	42.3	0.1	1.2
洗衣机	台	48.3	78.4	1.9	9.1
彩色电视机	台	17.2	59.0	0.8	4.7

资料来源：1986 年和 1991 年《中国统计年鉴》。

4.2.3 投资拉动下的重工业化期（1991~2000 年）

20 世纪 90 年代以来，中国经济增长动力发生了重要变化，消费对经济增长的拉动作用明显衰退，投资成为拉动经济增长的新动力。如表 4-6 所示，1979~1984 年消费率高达 66%，1985~1990 年这一比率下降至 64.2%，1991~2000 年该比率进一步下降至 60.2%；相比 1979~1984 年，20 世纪 90 年代以来最终消费对 GDP 增长的贡献也下跌了 7.2 个百分点。相反，投资率由 1979~1984 年的 33.7% 提升至 1985~1990 年的 36.7%，进入 20 世纪 90 年代，中国投资率高达 37.8%。相比 1979~1984 年，20 世纪 90 年代以来资本形成总额对 GDP 增长的贡献也上涨了 5.1 个百分点。此外，由于国际合作和贸易往来的加强，货物和服务净出口对 GDP 增长的贡献也有了较大幅度的提高，从 1979~1984 年的 0.3% 提升至 1991~2000 年的 2.4%。

表 4 - 6　　　　　　　　中国不同阶段投资率和消费率比较　　　　　　　单位：%

阶段	消费率	投资率	对 GDP 增长的贡献		
			最终消费	资本形成总额	货物和服务净出口
1979～1984 年	66.0	33.7	69.4	30.3	0.3
1985～1990 年	64.2	36.7	60.4	35.3	4.2
1991～2000 年	60.2	37.8	62.2	35.4	2.4

注：根据当年价格，消费率和投资率采用算数平均计算。
资料来源：2001 年《中国统计年鉴》。

经济增长动力的变化引发了这一时期产业结构的调整（见表 4 - 7）。首先，从三次产业产值结构上来看，第一产业占国内生产总值的比重延续了上一阶段快速下降的态势，由 1991 年的 24.0% 下降到 2000 年的 14.7%，降幅高达 9.3 个百分点；第二产业占国内生产总值的比重在这一时期呈现出波动上升的趋势，从 1991 年的 41.5% 上升至 2000 年的 45.5%，提高了 4 个百分点；第三产业占比涨幅最为明显，从 1991 年的 34.5% 上涨至 2000 年的 39.8%，提高了 5.3 个百分点。其次，从三次产业就业结构上来看，第一产业的劳动力占总劳动力的比重不断下降，从 1991 年的 59.7% 下降至 2000 年的 50.0%；第二产业劳动力占总劳动力的比重基本稳定在 22% 左右；第三产业的就业人员快速增加，从 1991 年的占比不足 20% 提升至 2000 年的近 30%，第三产业劳动力占比于 1994 年首次超过第二产业，成为吸纳就业的主导力量。

表 4 - 7　　　　　　　1991～2000 年中国三次产业结构的变化　　　　　　　单位：%

年份	三次产业产值结构			三次产业就业结构		
	第一产业	第二产业	第三产业	第一产业	第二产业	第三产业
1991	24.0	41.5	34.5	59.7	21.4	18.9
1992	21.3	43.1	35.6	58.5	21.7	19.8
1993	19.3	46.2	34.5	56.4	22.4	21.2
1994	19.5	46.2	34.4	54.3	22.7	23.0
1995	19.6	46.8	33.7	52.2	23.0	24.8

续表

年份	三次产业产值结构			三次产业就业结构		
	第一产业	第二产业	第三产业	第一产业	第二产业	第三产业
1996	19.3	47.1	33.6	50.5	23.5	26.0
1997	17.9	47.1	35.0	49.9	23.7	26.4
1998	17.2	45.8	37.0	49.8	23.5	26.7
1999	16.1	45.4	38.6	50.1	23.0	26.9
2000	14.7	45.5	39.8	50.0	22.5	27.5

资料来源：1992～2001 年《中国统计年鉴》。

最后，经济增长动力变化对产业结构的影响，还表现在投资率上升对重工业的带动上。由于住房、交通通信需求和固定资产投资主要带动的是重工业的发展，因此，受投资率上升的影响，这一时期的重工业化趋势十分明显。2000 年，重工业在全部国有及规模以上非国有工业企业总产值中的比重高达60.2%，比 1990 年的 50.6% 高出 9.6 个百分点，其中，截至 2000 年，加工工业在重工业中占比高达 49%。而轻工业在全部国有及规模以上非国有工业企业总产值中的比重则由 1990 年的 49.4% 下降至 2000 年的 39.8%，这主要是由于为满足人们基本生活需求的以农产品为原料的轻工业地位的快速下降所造成的。[1]

4.2.4 供需失衡下的产能过剩期（2001～2012 年）

进入 21 世纪以来，中国经济呈现出需求增长缓慢、部分行业产能严重过剩的现象。造成这一现象的直接原因在于长期以来投资的持续过快增长，钢铁、水泥、房地产等行业投资明显过热，而需求的增速远不及产能的增速，势必出现供给与需求的严重失衡。从表 4-8 可以看出，2003～2012 年，全社会固定资产投资增长率基本在 20% 以上，而同期的社会消费品零售增长率均在 15% 左右，投资增速明显快于消费，必然会引发日益严峻的产能过剩问

---

[1] 根据《中国统计年鉴（2001）》相关数据整理。

题。受 2008 年国际金融危机的影响，中国商品和服务净出口严重萎缩，较高的外贸依存度使中国制造业遭受重创。为扩大内需、稳定增长，以缓解外部需求的持续萎缩和经济下行的不利影响，各级政府出台了相应的财政刺激计划，虽然在短期内扩大了内需，避免了经济硬着陆，但同时也引发了企业投资的过度扩张，助推了制造业产能的急剧膨胀，进而造成了愈发严重和普遍的产能过剩。

表 4 - 8   2001～2012 年中国投资与消费涨幅对比情况

年份	固定资产投资总额（亿元）	固定资产投资增长率（%）	社会消费品零售总额（亿元）	社会消费品零售增长率（%）
2001	37213.5	13.1	43055.4	10.1
2002	43499.9	16.9	48135.9	11.8
2003	55566.6	27.7	52516.3	9.1
2004	70477.4	26.8	59501.0	13.3
2005	88773.6	26.0	68352.6	12.9
2006	109998.2	23.9	79145.2	13.7
2007	137323.9	24.8	93571.6	16.8
2008	172828.4	25.9	114830.1	22.7
2009	224598.8	30.0	133048.2	15.5
2010	251683.8	12.1	158008.0	18.3
2011	311485.1	23.8	187205.8	17.1
2012	374694.7	20.3	214432.7	14.3

资料来源：Wind 数据库。

国务院发展研究中心《进一步化解产能过剩的政策研究》课题组实地调研数据显示，中国产能过剩的领域大体集中在钢铁、水泥、电解铝、平板玻璃、船舶和光伏等行业（见表 4 - 9）。

表 4 - 9   2012 年中国六大重点行业产能过剩情况

行业	单位	产能	产量	产能利用率（%）
钢铁	亿吨	10.0	7.2	72.0
水泥	亿吨	30.7	22.1	73.7

续表

行业	单位	产能	产量	产能利用率（%）
电解铝	万吨	1988.0	2765.0	71.9
平板玻璃	亿重量箱	10.4	7.6	73.1
船舶	万载重吨	8010.0	6021.0	75.2
光伏	GW	50.0	30.0	57.0

资料来源：国务院发展研究中心：《进一步化解产能过剩的政策研究》课题组实地调研数据。

　　截至 2012 年，上述 6 个重点行业的产能利用率分别仅为 72.0%、73.7%、71.9%、73.1%、75.2% 和 57.0%。按照国际通行标准，产能利用率超过 90% 为产能不足，79%~90% 为正常水平，低于 79% 为产能过剩，低于 75% 为严重产能过剩。[①] 由此可以判断，上述行业产能过剩情况已相当严重。

　　产能过剩倒逼企业调整产业间的要素投入，引进新技术、新工艺，提升产品质量，延伸价值链，最终推动产业结构升级。如表 4-10 所示，在产能过剩的倒逼机制下，这一时期的三次产业产值结构呈现出第一产业占国内生产总值的比重快速下降，由 2001 年的 14.0% 下降到 2012 年的 9.1%；第二产业的比重基本稳定在 45% 左右；第三产业的比重快速上涨，从 2001 年的 41.2% 上升至 2012 年的 45.5%。就三次产业就业结构而言，第一产业的劳动力占总劳动力的比重不断下降，从 2001 年的 50.0% 下降至 2012 年的 33.6%；与之相对的，第二产业和第三产业的就业人员不断增加，分别从 2001 年的 22.3% 和 27.7% 提升至 2012 年的 30.3% 和 36.1%，分别增长了 8.0 个和 8.4 个百分点，第三产业劳动力占比于 2011 年首次超过第一产业，成为吸纳就业的最主要力量。

表 4-10　　　　　2001~2012 年中国三次产业结构的变化　　　　单位：%

年份	三次产业产值结构			三次产业就业结构		
	第一产业	第二产业	第三产业	第一产业	第二产业	第三产业
2001	14.0	44.8	41.2	50.0	22.3	27.7
2002	13.3	44.5	42.2	50.0	21.4	28.6

[①]　国务院发展研究中心：《进一步化解产能过剩的政策研究》课题组实地调研数据。

年份	三次产业产值结构			三次产业就业结构		
	第一产业	第二产业	第三产业	第一产业	第二产业	第三产业
2003	12.3	45.6	42.0	49.1	21.6	29.3
2004	12.9	45.9	41.2	46.9	22.5	30.6
2005	11.6	47.0	41.3	44.8	23.8	31.4
2006	10.6	47.6	41.8	42.6	25.2	32.2
2007	10.2	46.9	42.9	40.8	26.8	32.4
2008	10.2	47.0	42.9	39.6	27.2	33.2
2009	9.6	46.0	44.4	38.1	27.8	34.1
2010	9.3	46.5	44.2	36.7	28.7	34.6
2011	9.2	46.5	44.3	34.8	29.5	35.7
2012	9.1	45.4	45.5	33.6	30.3	36.1

资料来源：2002～2013 年《中国统计年鉴》。

4.2.5 第四次工业革命下的产业转型升级期（2013 年至今）

以物联网和云计算为特征的第四次工业革命，强调以大数据分析以及 CPS 为基础，通过信息网络与工业制造系统的充分融合，实现生产的智能化，促进经济发展方式的加速转变。在第四次工业革命的推动下，中国的产业转型升级稳步推进。

首先，从三次产业产值结构来看，第一产业和第二产业在国民生产总值中所占比重不断下降，分别从 2013 年的 8.9% 和 44.2% 下降到 2018 年的 7.2% 和 40.7%，分别下降了 1.7 个和 3.5 个百分点，两者合计已不足半数。而第三产业所占比重则出现了大幅上涨，从 2013 年的 46.9% 快速上升至 2018 年的 52.2%，已成为三次产业中的主导力量。从三次产业就业结构来看，第一产业和第二产业的就业人员占比持续下降；与之相对的，第三产业的就业人员则不断增加（见表 4-11）。

表4-11 　　　　　　　　　2013～2018年中国三次产业结构的变化 　　　　　单位：%

年份	三次产业产值结构			三次产业就业结构		
	第一产业	第二产业	第三产业	第一产业	第二产业	第三产业
2013	8.9	44.2	46.9	31.4	30.1	38.5
2014	8.7	43.3	48.0	29.5	29.9	40.6
2015	8.4	41.1	50.5	28.3	29.3	42.4
2016	8.1	40.1	51.8	27.7	28.8	43.5
2017	7.6	40.5	51.9	27.0	28.1	44.9
2018	7.2	40.7	52.2	26.1	27.6	46.3

资料来源：2014～2019年《中国统计年鉴》。

其次，第二产业内部，高技术产业增加值2018年同比增长11.7%，远高于规模以上工业增加值6.2%的增长速度。轨道交通、精密仪器、新型信息技术、高端装备制造、新材料与新能源等重点行业发展迅速。集成电路、人工智能、机器人、超高清显示领域引进和投资了大量重大项目。工业产能利用率始终维持在75%的水平左右。随着总量减排措施和结构性节能减排措施的深入推进，单位工业增加值能耗和业领域主要污染物排放均呈现持续的下降态势。

再次，伴随这一时期第三产业产值占比的快速提升，第三产业内部结构也发生了较大变化。交通运输、金融、保险业，批发和零售业，房地产业等行业比重不断下降，而科学研究，文化、体育和娱乐业，技术服务等行业的比重则不断上升。

最后，新时期以新产业、新业态和新商业模式为代表的"三新经济"发展迅速。截至2018年，"三新经济"增加值占国民生产总值的比重达到16.1%。"三新经济"的发展能够利用最少的土地资源，充分发挥城市高聚集，高附加值的资源优势，利用最为集中的人力、物力、财力和配套资源促进高产能经济的发展。从"三新经济"增加值在三次产业中的分布来看，第三产业占比最高，第二产业次之，第一产业最低（见表4-12）。

表 4 – 12 　　　　　　　　　"三新经济"增加值在三次产业中的分布

年份	三新经济增加值总量分布（亿元）			三新经济增加值占比分布（%）		
	第一产业	第二产业	第三产业	第一产业	第二产业	第三产业
2016	5830	48497	59260	5.1	42.7	52.2
2017	5998	54253	69326	4.6	41.9	53.5
2018	6227	62453	76689	4.3	43.0	52.8

资料来源：Wind 数据库。

4.3　本章小结

　　本章从历史变迁的视角，考察了中国金融结构与产业结构的发展历程。一方面，将中国金融结构的发展历程划分为四个时期，计划经济下的财政集权控制期、改革开放以来的现代金融结构重构期、市场化改革下的金融结构加速调整期、市场经济下的金融结构深化发展期，并依次剖析了不同时期中国金融结构的演化背景、基本特征及变动方向；另一方面，根据中国产业发展过程中存在的阶段性特征，将改革开放以来中国产业结构的变迁粗略划分为五个阶段，经济体制改革下的产业结构探索期、消费升级下的轻工业化期、投资拉动下的重工业化期、供需失衡下的产能过剩期、第四次工业革命下的产业转型升级期，并依次剖析了不同阶段中国产业结构的演化背景、基本特征及变动方向。

第 5 章

中国金融结构与产业结构发展现状、
趋势及问题分析

中国经济经历了改革开放以来 40 多年的快速发展，当前正面临速度换挡、结构调整和动力转换的新节点。中国金融结构与产业结构发展现状是怎样的？未来该何去何从？发展过程中存在哪些问题？对这一系列问题的回答，是后续分析金融结构对产业结构升级影响效应的关键所在。

5.1　中国金融结构发展现状及趋势

5.1.1　中国金融结构的现状分析

中国金融体系伴随着计划经济、改革开放和市场化改革发生了深刻的变迁，形成了当前的金融结构现状，这里主要从融资结构、银行业结构和资本市场结构三个层面对中国金融结构的现状展开详细分析。其中，融资结构体现为企业外源融资方式中银行体系间接融资和金融市场直接融资之间的相对重要性；银行业结构体现为银行体系内部不同规模银行业机构的分布状况，同时也体现为银行业整体的集中性或竞争性程度；资本市场结构体现为主板、中小板、创业板等多层次资本市场体系的相对规模及其联系，同时也体现为资本市场整体的复合性程度。

1. 融资结构

融资结构是指各金融主体在借助金融体系进行融资的过程中，从不同来源筹备的资金的组合及其相互关系。现代金融体系中主要包括以银行贷款形式提供间接融资服务的金融机构体系和以企业债券、股票等形式提供直接融资服务的金融市场体系，不同体系发挥特有功能为资金融通提供相应的金融支持。根据 Wind 数据库提供的历年中国社会融资规模及组成，可以对 2002 ~ 2018 年的中国社会融资情况进行分析。

如表 5 - 1 所示，一方面，从社会融资规模总量上看，中国的社会融资规模获得了较快的发展，从 2002 年的 20112 亿元增长至 2018 年的 192600 亿元，16年内增长了近十倍之多，保持年平均 19.6% 的快速增长，同时也要看到中国社会融资规模总量的增长存在较大的波动性，其中，2004 年、2011 年、2014 年、2015 年和 2018 年这五年的社会融资规模增长率均为负，而 2009 年社会融资规模增长率则高达 99.3% （见图 5 - 1）；另一方面，从社会融资规模的组成上看，无论是银行贷款、企业债券，还是股票融资，总体上均处于增长之中，其中，银行贷款由 2002 年的 19117 亿元增长至 2018 年的 164238 亿元，年均增长率为14.4%，企业债券由 2002 年的 367 亿元增长至 2018 年的 24756 亿元，年均增长率为 30.1%，股票融资由 2002 年的 628 亿元增长至 2018 年的 3606 亿元，年均增长率为 11.5%，[①] 由此可见，在中国社会融资规模的各项组成中，企业债券的发展速度最快，股票融资次之，银行贷款增长速度最慢。

表 5 - 1　　　　　　　　　中国社会融资规模及组成　　　　　　单位：亿元

年份	融资规模	银行贷款	企业债券	股票融资
2002	20112	19117	367	628
2003	34113	33055	499	559
2004	28629	27489	467	673
2005	30008	27839	2010	339
2006	42696	38850	2310	1536
2007	59663	53046	2284	4333

---

① Wind 数据库。

续表

年份	融资规模	银行贷款	企业债券	股票融资
2008	69802	60955	5523	3324
2009	139104	123387	12367	3350
2010	140191	123342	11063	5786
2011	128286	110251	13658	4377
2012	157631	132572	22551	2508
2013	173169	152839	18111	2219
2014	164571	135968	24253	4350
2015	154086	117083	29399	7604
2016	178022	135613	29993	12416
2017	194430	181201	4495	8734
2018	192600	164238	24756	3606

资料来源：Wind 数据库。

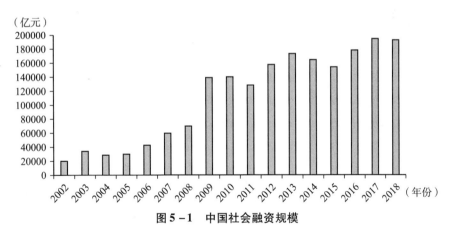

（亿元）

图 5-1　中国社会融资规模

资料来源：笔者根据 Wind 数据库统计数据绘制。

　　在从总量视角分析中国社会融资规模及其组成的基础上，我们进一步从结构视角出发，基于表 5-2 和图 5-2 对中国的社会融资结构做以分析。随着经济的不断增长，以企业债券和股票融资为代表的直接融资获得了较快发展，然而，在中国的社会融资结构中，以银行贷款为代表的间接融资始终占据主体地位，银行贷款的占比基本保持在 80% 以上，2018 年这一比例为 85.2%，比 2002 年的 95.1% 下降了不到 10 个百分点；从 2002 年到 2018 年，在直接融资体系中，企业债券的占比仅上升了 11 个百分点，而股票融资的占比甚至出现了下跌。

表 5 - 2   中国社会融资结构   单位：%

年份	银行贷款占比	企业债券占比	股票融资占比
2002	95.1	1.8	3.1
2003	96.9	1.5	1.6
2004	96.0	1.6	2.4
2005	92.2	6.7	1.1
2006	91.0	5.4	3.6
2007	88.9	3.8	7.3
2008	87.3	7.9	4.8
2009	88.7	8.9	2.4
2010	88.0	7.9	4.1
2011	86.0	10.6	3.4
2012	84.1	14.3	1.6
2013	88.3	10.5	1.3
2014	82.6	14.7	2.6
2015	76.0	19.1	4.9
2016	76.2	16.9	7.0
2017	93.2	2.3	4.5
2018	85.2	12.9	1.9

资料来源：Wind 数据库。

图 5 - 3 进一步显示，截至 2018 年，以银行贷款为代表的间接融资在中国社会融资结构中占比高达 85% 以上，以企业债券和股票融资为代表的直接融资占比不到 15%。可见，在过去十几年中，直接融资在中国社会融资结构中的占比虽然有所提升，但银行体系对全社会金融资源的垄断局面并未发生

实质性变化。

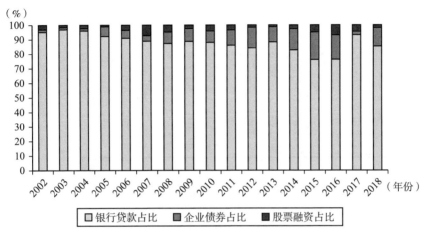

图 5 – 2 中国社会融资结构（2002～2018 年）

资料来源：笔者根据 Wind 数据库统计数据绘制。

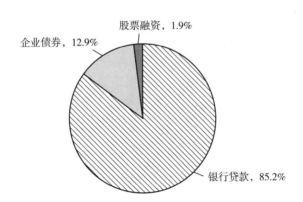

图 5 – 3 中国社会融资结构（2018 年）

资料来源：笔者根据 Wind 数据库统计数据绘制。

进一步，我们采用直接融资与间接融资之比来度量融资结构，以直观反映中国融资结构的变迁。一方面，从绝对量上来看，从 2002 年到 2018 年，间接融资占 GDP 之比始终在 0.15 以上，而直接融资占 GDP 之比均未超过 0.06，直接融资与间接融资之比也始终远小于 1，表明在过去的十几年中，中国的融资结构始终是以银行间接融资为主导，金融市场直接融资为辅（见图5-4）。

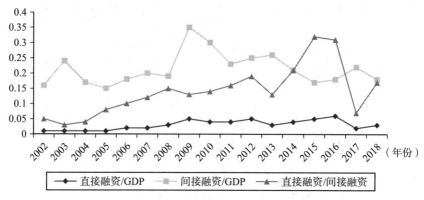

图5-4　2002～2018年中国融资结构的变迁

资料来源：笔者根据2003～2019年《中国统计年鉴》《中国金融年鉴》统计数据绘制。

另一方面，从成长性上来看，2002年间接融资占GDP之比为0.16，到2018年该比例上升至0.18，仅增长了12.5%，直接融资占GDP之比在2018年达到了0.03，相比2002年的0.01增长了200%，用直接融资与间接融资之比衡量的融资结构也从2002年的0.05增长至2012年的0.17，增长了3倍之多，可见，短期内金融市场直接融资虽然尚未能撼动银行间接融资的主导地位，但随着经济发展水平的不断提升，直接融资在经济金融活动中的重要性将会不断增加（见表5-3）。

表5-3　　　　　　　　　　2002～2018年中国融资结构的变迁

年份	直接融资/GDP	间接融资/GDP	直接融资/间接融资
2002	0.01	0.16	0.05
2003	0.01	0.24	0.03
2004	0.01	0.17	0.04
2005	0.01	0.15	0.08

续表

年份	直接融资/GDP	间接融资/GDP	直接融资/间接融资
2006	0.02	0.18	0.10
2007	0.02	0.20	0.12
2008	0.03	0.19	0.15
2009	0.05	0.35	0.13
2010	0.04	0.30	0.14
2011	0.04	0.23	0.16
2012	0.05	0.25	0.19
2013	0.03	0.26	0.13
2014	0.04	0.21	0.21
2015	0.05	0.17	0.32
2016	0.06	0.18	0.31
2017	0.02	0.22	0.07
2018	0.03	0.18	0.17

资料来源：笔者根据 2003~2019 年《中国统计年鉴》《中国金融年鉴》数据计算所得。

2. 银行业结构

通过前面对融资结构的分析不难发现，在中国社会融资结构的各项组成中，银行体系占据绝对主导地位。这里我们进一步针对银行体系，考察银行业内部不同规模银行业金融机构的分布状况及其集中度。新中国成立以来，经过几次大的改革，中国逐渐形成了以大型商业银行、股份制商业银行、城市商业银行、农村金融机构和其他金融机构为主体的银行业金融机构体系。其中，其他金融机构包括政策性银行及国家开发银行、民营银行、外资银行、资产管理公司、保险公司、证券公司、信托投资公司、财务公司、金融租赁公司、邮政储蓄机构等。

由图 5-5 不难发现，从 2003 年到 2018 年中国的银行业金融机构总体实现了快速发展，无论是在资产规模上还是负债规模上都在不断扩张。中国银行业金融机构的资产规模在 2003 年仅为 276584 亿元，截至 2018 年这一规模已达到 2614061 亿元，年均增长率达到了 16.2%，远高于同一时期的 GDP 增长率。负债规模也从 2003 年的 265945 亿元扩张至 2018 年的 2398972 亿元，保持了年均 15.9% 的高速增长。中国银行业金融机构资产规模与负债规模的快速扩张反映了中国银行业金融机构数量和规模的快速发展。在大型商业银行规模不断扩张的同时，股份制商业银行、城市商业银行和农村金融机构的数量也在持续增加，各类非银行金融机构也伴随着金融资产的多元化、金融业务的专业化而产生和壮大。

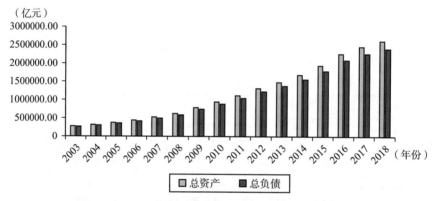

（亿元）

图 5 - 5　2003～2018 年中国银行业金融机构发展概况

资料来源：笔者根据 Wind 数据库统计数据绘制。

表 5 - 4 中的数据揭示了中国银行业金融结构总资产的分布特征：一方面，在中国的银行业金融结构总资产中仍然是以大型商业银行资产为主体，股份制商业银行、城市商业银行、农村金融机构和其他金融机构的占比相对较低。大型商业银行的总资产从 2003 年的 151941 亿元增长至 2018 年的 926922 亿元，其占中国银行业金融结构总资产的比例始终在 35% 以上。

表 5 - 4　　　　　中国银行业金融机构总资产分布情况

年份	大型商业银行		股份制商业银行		城市商业银行		农村金融机构		其他金融机构	
	总量（亿元）	占比（%）	总量（亿元）	占比（%）	总量（亿元）	占比（%）	总量（亿元）	占比（%）	总量（亿元）	占比（%）
2003	151941	54.9	38168	13.8	14622	5.3	—	—	71853	25.9
2004	169321	53.6	46972	14.9	17056	5.4	—	—	82641	26.2

续表

年份	大型商业银行		股份制商业银行		城市商业银行		农村金融机构		其他金融机构	
	总量(亿元)	占比(%)	总量(亿元)	占比(%)	总量(亿元)	占比(%)	总量(亿元)	占比(%)	总量(亿元)	占比(%)
2005	196580	52.5	58125	15.8	20367	5.4	—	—	99625	26.6
2006	225390	51.3	71419	16.2	25938	5.9	—	—	116752	26.6
2007	280071	53.2	72494	13.8	33405	6.4	—	—	140013	26.6
2008	318358	51.0	88131	14.1	41320	6.6	—	—	176105	28.2
2009	400890	50.9	117850	15.0	56800	7.2	—	—	212151	26.9
2010	458815	48.7	148617	15.8	78526	8.3	—	—	256628	27.2
2011	520167	46.6	183227	16.4	99845	9.0	—	—	311946	28.0
2012	579360	44.1	234408	17.9	123469	9.4	—	—	375420	28.6
2013	626638	42.3	267410	18.1	151778	10.3	—	—	434641	29.4
2014	673051	40.0	310897	18.5	180842	10.8	221243	13.2	295577	17.6
2015	736694	37.9	365904	18.8	226802	11.7	256609	13.2	355738	18.3
2016	814277	36.0	428931	19.0	282378	12.5	299010	13.2	437961	19.4
2017	871722	35.5	442305	18.0	317217	12.9	328296	13.4	498245	20.3
2018	926922	35.5	461291	17.6	343459	13.1	345788	13.2	536601	20.5

资料来源：Wind 数据库。

另一方面，也要看到大型商业银行总资产在中国银行业金融机构总资产中的占比是在不断下降的，2010 年以前这一比例还保持在半数以上，截至 2018 年这一比例已下降至 35.4%。从 2003～2018 年，股份制商业银行和城市商业银行的资产占比分别上升了 3.8 个和 7.8 个百分点，农村金融机构的资产占比保持不变，其他金融结构的资产占比在 2003 年为 26.0%，仅次于大型商业银行，到 2018 年这一比例为 20.3%，不升反降。表 5-5 中的总负债分布情况与表 5-4 中的总资产分布情况基本一致。

表5-5　　　　　　　中国银行业金融机构总负债分布情况

年份	大型商业银行		股份制商业银行		城市商业银行		农村金融机构		其他金融机构	
	总量（亿元）	占比（%）	总量（亿元）	占比（%）	总量（亿元）	占比（%）	总量（亿元）	占比（%）	总量（亿元）	占比（%）
2003	145762	55.1	36861	13.9	14123	5.3	—	—	69199	26.0
2004	162146	53.5	45366	15.0	16473	5.4	—	—	79268	26.1
2005	187729	52.4	56044	15.7	19540	5.5	—	—	94757	26.4
2006	212699	51.0	68667	16.5	24723	5.9	—	—	111018	26.6
2007	264330	53.3	69108	13.9	31521	6.4	—	—	130717	26.4
2008	298784	51.0	83684	14.3	38651	6.6	—	—	164897	28.1
2009	379026	51.0	112215	15.1	53213	7.2	—	—	198895	26.8
2010	430318	48.7	140456	15.9	73703	8.3	—	—	239902	27.1
2011	486592	46.6	172437	16.5	93203	8.9	—	—	291036	27.9
2012	540148	44.0	221272	18.0	115395	9.4	—	—	349471	28.5
2013	582689	42.2	251503	18.2	141804	10.3	—	—	403248	29.2
2014	620711	39.8	291763	18.7	168372	10.8	204905	13.1	273425	17.5
2015	676220	37.8	342730	19.1	211321	11.8	237451	13.3	322761	18.0
2016	748453	35.8	402218	19.3	264040	12.6	277266	13.3	397253	19.0
2017	800364	35.4	411810	18.2	295342	13.0	304033	13.4	452131	20.0
2018	848566	35.4	427159	17.8	318254	13.3	318830	13.3	486163	20.3

资料来源：Wind 数据库。

图5-6显示了截至2018年中国银行业金融机构的市场份额，市场份额从大到小顺次为：大型商业银行、其他金融机构、股份制商业银行、农村金融机构和城市商业银行，其资产占中国银行业金融机构总资产的比例分别为35.5%、20.5%、17.6%、13.2%和13.1%。这一现象一方面反映出在中国的银行业金融机构市场份额中，大型商业银行依然占据主体地位，另一方面也反映了不同规模、不同类型银行业金融机构并存的局面逐渐形成。这里进一步采用银行业集中度，即大型商业银行资产总额占银行业资产总额之比来衡量银行业结构，以考察2003~2018年中国银行业结构的变迁。从图5-7

可以看出，从 2003 年到 2018 年中国的银行业集中度总体上呈现出不断下降的趋势，从 2003 年的 0.55 下降至 2018 年的 0.35，银行业集中度降幅达到36%。这表明大型商业银行在中国银行业金融机构中的绝对垄断地位已被打破，银行业内部结构不断趋于合理化。

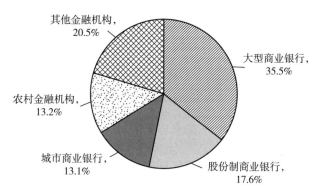

图 5 - 6　中国银行业金融机构市场份额（2018 年按资产）

资料来源：笔者根据 Wind 数据库统计数据绘制。

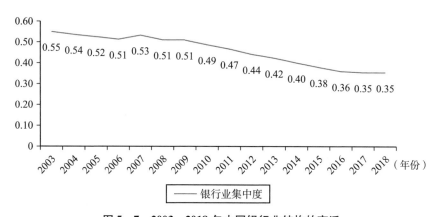

图 5 - 7　2003 ~ 2018 年中国银行业结构的变迁

资料来源：笔者根据 Wind 数据库统计数据绘制。

3. 资本市场结构

资本市场又称长期资金市场，通常是指由期限在 1 年以上的各种融资活动组成的市场。我国的资本市场囊括了主板、中小板、创业板、科创板、三板（含新三板）市场、产权交易市场、股权交易市场等多种股份交易平台。因此，这里的资本市场结构主要体现为主板、中小板、创业板等多层次资本市场体系的相对规模及其联系。

表5-6列示了中国从1992年到2018年股票市场交易指标，各指标总体上均呈现快速上升的趋势。图5-8显示了中国历年境内上市公司的数量变化，1992年仅有53家境内上市公司，截至2018年末这一数字已达到3584家，越来越多的公司从股票市场获得了融资支持。

表5-6 1992~2018年中国股票市场发展情况

年份	上市公司数（家）	总市值（亿元）	流通市值（亿元）	成交金额（亿元）	总股本（亿股）	成交数量（亿股）
1992	53	1048	210	681	73	38
1993	193	3474	861	3667	316	226
1994	291	3688	968	8127	639	1006
1995	323	3474	932	4036	766	702
1996	530	10084	2771	21332	1025	1583
1997	745	17529	5204	30721	1900	2560
1998	852	19506	5746	23544	2527	2154
1999	949	26471	8214	31319	3089	2932
2000	1088	48091	16088	60826	3792	4758
2001	1160	43522	14463	38305	5218	3152
2002	1224	38329	12485	27990	5875	3016
2003	1287	42458	13179	32115	6428	4163
2004	1377	37056	11689	42333	7149	5828
2005	1381	32430	10631	31664	7630	6624
2006	1434	89404	25004	90460	14808	16145
2007	1550	327141	93064	460556	22417	36404
2008	1625	121366	45214	267113	24523	24131
2009	1718	243939	151259	535987	26163	51107
2010	2063	265423	193110	545634	33184	42152

续表

年份	上市公司数（家）	总市值（亿元）	流通市值（亿元）	成交金额（亿元）	总股本（亿股）	成交数量（亿股）
2011	2342	214758	164921	421647	36096	33958
2012	2494	230358	181658	314667	38395	32881
2013	2489	230977	199580	468729	40569	48372
2014	2613	372547	315624	743913	43610	73755
2015	2827	531304	417925	2550538	49997	171039
2016	3052	508245	393266	1267263	55821	94201
2017	3485	567475	449105	1124625	60919	87495
2018	3584	434977	353803	901739	65046	82037

资料来源：Wind 数据库。

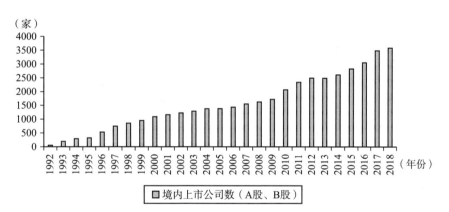

图 5 - 8　1992 ~ 2018 年中国境内上市公司数的变化

资料来源：笔者根据 Wind 数据库统计数据绘制。

　　图 5 - 9 描述了 1992 年以来中国股票市场总市值、流通市值与成交金额的变化。可以看出，2007 年以前上述三者均稳定在较低的水平上，且金额差异较小，2007 年总市值、流通市值与成交金额分别增长了 266%、272% 和 409%，成交金额达到总市值的 1.4 倍和流动市值的 4.9 倍。自 2007 年的急速增长之后，股票成交金额始终在较高的水平上波动，并于 2015 年达到峰值 2550538 亿元，成交金额与总市值和流通市值之间的差距不断被拉大，截至

2015 年末,成交金额高达总市值的 4.8 倍和流动市值的 6.1 倍,随后成交金额出现大幅回落,截至 2018 年末,成交金额跌至 901739 亿元,成交金额与总市值和流通市值之间的差距不断缩小。

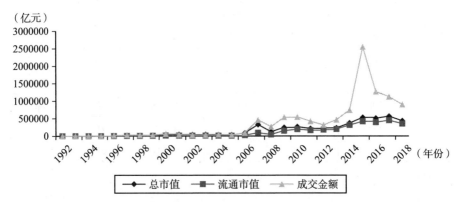

图 5 - 9   1992 ~ 2018 年中国股票市场总市值、流通市值与成交金额的变化

资料来源:笔者根据 Wind 数据库统计数据绘制。

图 5 - 10 显示了历年来中国股票市场总股本与成交数量的变化,不难发现,其与图 5 - 9 中总市值、流通市值与成交金额的变化具有一定的相似性,且总股本与成交数量的变化要早于总市值、流通市值与成交金额的变化,前者在 2006 年就出现了大幅增长。随后,总股本始终保持稳步增长,而成交数量则呈现出极大的波动性。尤其是在 2015 年,成交数量一度达到总股本的 3.4 倍。2015 年之后,两者之间的差距呈现出不断缩小的趋势。上述变化特征一方面,体现了中国股票市场的投资热情较高,伴随全球经济的复苏,股票市场的作用越来越突出;另一方面,也反映了我国股票市场上积聚了较多的泡沫,股票市场波动性较大,稳定性有待增强。

上述分析表明,经过近 30 年的发展,中国的资本市场规模取得了长足发展。然而,成熟的资本市场除了具备一定的规模外,还应具备多层次特性。按照组织形式以及交易方式的差异,中国的资本市场可以被划分为交易所市场与场外交易市场。其中,交易所市场包括主板、中小板、创业板(俗称"二板")以及科创板,场外交易市场包括全国中小企业股份转让系统(俗称"新三板")、区域性股权交易市场(俗称"四板")、证券公司主导的柜台市

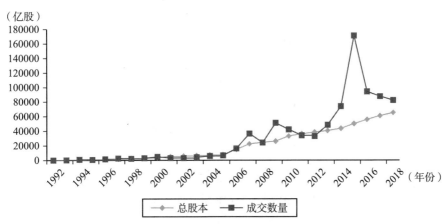

图 5 - 10　1992 ~ 2018 年中国股票市场总股本与成交数量的变化

资料来源：笔者根据 Wind 数据库统计数据绘制。

场（俗称"券商 OTC"）等。由于科创板为 2018 年底新设立的板块，尚在试点中且缺乏相关统计数据，故这里在分析交易所市场时只考虑主板、中小板和创业板。此外，场外交易市场中，四板和券商 OTC 等多为由各地政府主导的地方性交易市场，缺乏严密的组织管理机制和统一的交易规范，且不具有权威的数据来源，故在分析场外交易市场时仅考虑最具代表性的新三板市场。

图 5 - 11 和图 5 - 12 分别从上市公司数量分布和股票总市值分布两个层面展现了资本市场中交易所市场的结构特征。首先，从上市公司在不同市场中的分布情况来看，截至 2018 年底，高达 53.7% 的上市公司集中于主板市场，中小板上市公司占比为 25.7%，创业板上市公司占比仅为 20.6%，中小板和创业板上市公司数之和尚不足半数。其次，从股票总市值在不同市场中的分布情况来看，截至 2018 年底，主板市值为 324342 亿元，中小板市值和创业板市值分别为 70122 亿元和 40460 亿元。按照占比来看，主板市场的市值占据绝对优势，主板市值占比高达 74.6%，而中小板和创业板分别仅为 16.1% 和 9.3%。就占比分布而言，中小板和创业板仅占股票总市值的 1/4。

由此可见，无论是按照上市公司数量分布，还是股票总市值分布来看，中国的证券交易所市场均呈现出图 5 - 13 中的"倒金字塔"结构，表现为服务于大型蓝筹、行业龙头和骨干型企业的主板上市公司数量最多、市值最大，服务于中型稳定发展企业的中小板次之，位于金字塔底层本应成为广大科技

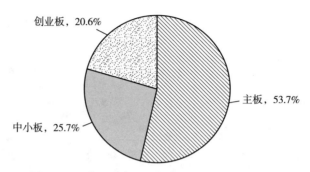

图 5 - 11　中国上市公司数量分布情况（2018 年）

资料来源：笔者根据 Wind 数据库统计数据绘制。

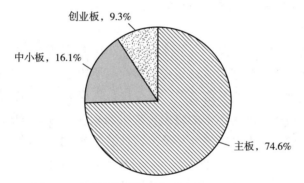

图 5 - 12　中国股票总市值分布情况（2018 年）

资料来源：笔者根据 Wind 数据库统计数据绘制。

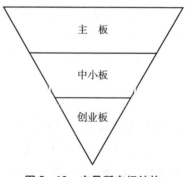

图 5 - 13　交易所市场结构

成长型、自主创新型企业孵化器的创业板市值太小，上市公司数量严重不足。这种"倒金字塔"型的交易所市场结构缺乏大量高科技、高成长性企业的基础性支撑，既不利于科技与资本的充分结合，也不利于上市公司不同发展阶段在不同市场之间的升降转板，因而缺乏长期的稳定性。

新三板作为场外交易市场的代表，是构造多层次资本市场的基础环节。新三板的推出，不仅为建立全国统一监管下的场外交易市场实现了积极的探索，同时也是对上交所和深交所的有益补充。

图5-14从挂牌企业数和总股本两个层面刻画了2013~2018年中国新三板的发展变化情况。近6年，新三板市容量变化可划分为2个阶段：第一阶段为2013年以来的快速增长期，自2013年新三板扩容至全国以来，新三板市场经历了井喷式的发展与扩张，挂牌企业数从2013年的356家增长至2017年的11630家，增长了近33倍，总股本也从2013年的97亿股增长至2017年的6757亿股，年均增长率达到260%；第二阶段为2017年开始的衰退期，2018全年市容量走势延续了之前的衰退态势，一路走低，挂牌企业数从顶峰的11630家跌至10691家，总股本也从6757亿股跌至6325亿股。

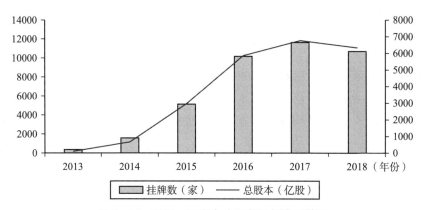

图5-14 2013~2018年中国新三板发展情况

资料来源：笔者根据CVSource数据库统计数据绘制。

此外，由于发展滞后，新三板市场结构同样也存在着地域分布失衡、产业分布失衡等不稳定性。一方面，从图5-15所描绘的新三板挂牌公司地域分布情况来看，新三板在不断扩容的同时也显现出在地域分布上的不均衡。

总体上看，东部地区在新三板挂牌数占据绝对优势，中部地区次之，西部地区挂牌数目最少。具体来看，广东、北京和江苏新三板企业占比均超过10%，是新三板企业最为集中的前三个省（市），挂牌数分别为1637家、1440家和1273家。黑龙江、云南、江西、新疆等13个省份挂牌数均在100家以下且占比均在1%以下。

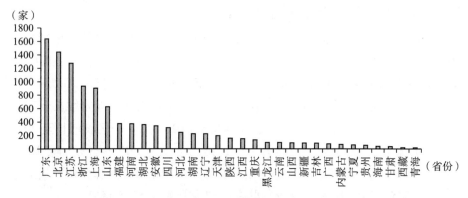

图5－15　新三板挂牌公司地域分布情况（2018年）

资料来源：笔者根据《全国中小企业股份转让系统2018年市场统计快报》绘制。

另一方面，从图5－16所描绘的新三板挂牌公司行业分布情况来看，新三板在发展过程中还存在着行业分布不均衡的问题。总体上看，新三板有近一半的企业为制造类企业，制造业凭借数量优势成为新三板全行业之最。具体来看，制造业、IT及信息业、租赁及商务服务业在新三板企业占比均超过5%，是新三板企业最为集中的前三个行业，挂牌数分别为5276家、2084家和558家。房地产业、教育业、卫生及社会工作、采矿业等6个产业挂牌数均在100家以下且占比均在1%以下。

综合上述对交易所市场与场外交易市场的分析，不难发现，中国资本市场整体呈现出图5－17所示的"沙漏型"结构。据Wind数据库统计数据显示，截至2018年底，主板、中小板、创业板和新三板上市公司数量分别为1923家、922家、739家和10691家，表现为场外交易市场新三板挂牌企业数最多、市场容量最大，主板数目次之，本应作为中坚力量服务于广大中小企业和科技型企业的中小板和创业板容量过小，上市公司数目严重不足。

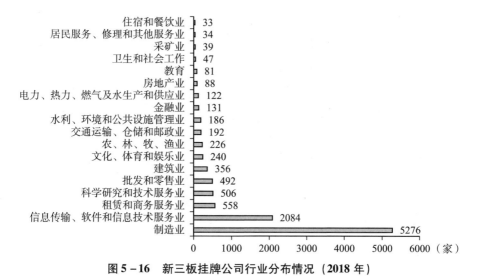

图 5 - 16 新三板挂牌公司行业分布情况（2018 年）

资料来源：笔者根据《全国中小企业股份转让系统 2018 年市场统计快报》绘制。

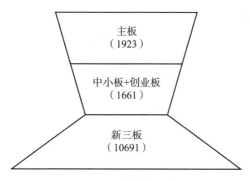

图 5 - 17 资本市场结构

资料来源：笔者根据 Wind 数据库统计数据绘制。

这种沙漏型的资本市场结构，一方面，显示出以新三板为代表的场外交易市场已逐步对整个资本市场形成了强大的底部支撑，有利于为市场中数量众多的小微企业提供直接融资便利，也为其最终进入交易所市场提供了孵化平台；另一方面，缺乏大量高科技、高成长性企业作为中坚力量的支撑，将不利于资本市场的稳定性，同时也不利于资本市场内部具有良性循环的自生机制的形成。

因此，未来为构建具有正向金字塔型的成熟的多层次资本市场结构，需要着重加强构建服务于科技型、创新型中小企业的中坚市场力量。由此可见，在上海证券交易所设立科创板并试点注册制正是弥补当前资本市场短板、深化资本市场结构改革的重要举措，将有利于增强资本市场对科技创新企业的包容性，提升资本市场服务于实体经济的能力。

通过上述对融资结构、银行业结构和资本市场结构的分析，可以预见，伴随经济结构的转型和金融体制改革的深化，中国的金融体系结构将会带来以下三个方面的趋势性调整：首先，在融资结构上，随着直接融资需求的日益扩大和金融市场的快速发展壮大，直接融资的重要性不断增强且占比持续上升，间接融资的占比相应降低；其次，在银行业结构上，大银行的垄断优势逐渐丧失，小银行数量持续增加且规模不断扩张，非银行金融机构伴随着金融资产的多元化、金融业务的专业化而不断发展壮大，银行业集中度持续下降，银行业内部结构不断趋于合理化；最后，在资本市场结构上，随着中国金融市场对外开放水平的不断提升和各种金融创新工具的不断涌现，传统的股票市场融资模式将会发生巨大变革，成熟的多层次资本市场体系会得到长足发展，未来会形成集沪深主板、中小板、创业板、科创板、新三板、四板和券商 OTC 于一体的完整的资本市场体系。

5.1.2　中国金融结构的复杂化趋势

随着实践中金融结构的动态演变，从商业银行自身业务模式的巨大变化，到金融中介内部商业银行与非银行金融机构频繁的业务往来，再到金融中介与金融市场之间的交叉融合，都展现出现代金融结构更加明显的复杂化特征，已远非以往以信贷为主体的银行主导型或以债券、股票为主体的金融市场主导型等传统金融结构理论所能清晰阐释（周薪萍，2017）。具体来看，金融结构的复杂化主要体现在以下三个方面。

一是商业银行的业务结构和盈利模式已经发生了巨大变化。在利率市场化前，管制利差基本稳定，商业银行存贷款规模即效益，利率风险、流动性风险不突出。随着利率市场化基本完成，理财等主动负债兴起，息差常态化收窄，存贷比监管取消，商业银行由规模驱动转向资产驱动，资金的价量平衡成为经营的难点。各商业银行为保持原有利润规模，不得不相继调整业务范围，优化业务结构，扩大利润来源。一方面，针对传统贷款业务，更注重贷款投向、资金价格和贷款规模的配置与管理；另一方面，提高投资银行资产管理业务和同业业务的比重，扩大中间业务收入来源，存贷利差收入与非利息收入并重。

二是信托、券商等非银行金融中介频繁参与间接融资活动且融资规模巨大，使得金融中介内部结构更加复杂化。商业银行为腾挪信贷规模，实现信贷低资本占用，通过买入返售操作，以非银行金融中介为通道，实现商业银行表外放贷，这种模式被业内人士称为"通道业务""过桥模式"。以企业债券过桥为例，商业银行为满足融资人债券发行募集资金到位前的资金需求，由初始委托人委托信托公司设立单一资金信托计划，以信托贷款方式向融资人提供资金，最终由商业银行理财资金或直投资金投资该笔信托贷款的信托受益权。商业银行借助信托公司这一通道融出资金，在规避监管对贷款能力限制的同时也延长了供求双方之间的资金链条。金融中介之间的关联性增强使金融体系越来越复杂。

三是金融中介与金融市场间的交叉融合趋势更加明显。随着资本市场的快速发展和金融产品创新、金融技术创新、金融制度创新的不断涌现，投资者与实体经济间的联通方式不再拘泥于储蓄—贷款投资。私募基金、开放式基金、产业基金、信托、商业银行的私人银行部门等资产管理机构，承担着介于投资者与金融市场间的重要信用中介职能，并提供丰富多样的金融工具，如货币市场基金、保险、信托产品等。尤其是 2005 年资产证券化业务兴起后，商业银行、特定目的机构或特定目的受托人（SPV）、信用增级机构、信用评级机构等多方金融中介参与其中。行走于商业银行与金融市场间的参与主体越来越多元化，交易规模越来越大，交易活动越来越频繁，模糊了传统意义上金融结构组成的划分。

由此可见，现代金融体系内部不同主体之间的交叉融合模糊了传统金融结构理论的认识。然而，在复杂表象的背后，传统金融结构理论关于商业银行和金融市场的经典划分依然存在。只是这里的商业银行已不再是单纯的以银行信用为基础以存贷款为主体的传统商业银行，金融市场也不再是单纯的以企业信用为基础以债券、股票为主体的传统金融市场。复杂金融结构的三方面特征揭示了两者存在的更丰富的内涵：一方面，商业银行已不再固守"老三样"（贷款、发债和票据）的传统业务模式，利率市场化带来的息差收窄迫使商业银行关注非利息收入，积极开展同业业务和投资银行资产管理业务，与非银行金融中介和金融市场之间的交互作用增强。另一方面，随着资本市场的快速发展和金融创新的不断涌现，非银行金融中介的类别和规模不断增加，并广泛参与金融市场活动，发挥了沟通投资者与金融市场的重要信用中介职能。此外，由于业务的融合，尤其是资产证券化业务的兴起，金融市场中也不可避免地交织了商业银行和非银行金融中介的身影。因此，复杂金融结构下绝对意义的银行主导型或市场主导型已不存在，金融体系始终处于持续复杂的结构性变动之中。

5.2 中国产业结构发展现状及趋势

5.2.1 中国产业结构的现状分析

经过改革开放40多年来的发展，中国的经济发展取得了举世瞩目的成就，人民生活水平得以大幅提高，工业化和城市化持续推进，中国产业结构也相应发生了较大变化。经历了改革开放初期经济体制改革下的产业结构探索期、20世纪80年代后期消费升级下的轻工业化期、20世纪90年代投资拉动下的重工业化期、21世纪初期供需失衡下的产能过剩期、2013年以来第四次工业革命下的产业转型升级期。在回顾中国产业结构发展历程的基础上，本节进一步从三次产业分布、中小企业发展、技术创新水平和主导产业发展四个层面对中国产业结构的发展现状进行全面剖析。

1. 三次产业分布现状及结构剖析

改革开放以来，伴随中国经济总量的快速增长，产业结构也经历了相应的调整（见表5-7）。其中，第一产业总体上呈现出显著的下降趋势，第一产业的增加值占比和就业人员占比分别从改革开放之初的27.7%和70.5%下降至2018年的7.2%和26.1%；第二产业总体趋于稳定，由于改革开放以来中国的产业政策逐渐放弃了传统的赶超战略，转而遵循要素禀赋来规划产业发展方向，在协调第二产业内部轻重工业比例的同时，鼓励劳动密集型产业的发展，因此形成了第二产业增加值占比趋于下降，而就业人员占比不断提高的现象，截至 2018 年两者的比重分别为 40.7% 和 27.6%；第三产业则呈现出明显的上升趋势，1978 年第三产业的增加值占比和就业人员占比分别仅有 24.6% 和 12.2%，截至 2018 年这两项比重已分别上涨至 52.2% 和 46.3%。

表 5-7　　　　　　　　　改革开放以来中国产业结构的变化

年份	第一产业			第二产业			第三产业		
	增加值占比（%）	就业人员占比（%）	单位劳动力产出（元/人）	增加值占比（%）	就业人员占比（%）	单位劳动力产出（元/人）	增加值占比（%）	就业人员占比（%）	单位劳动力产出（元/人）
1978	27.7	70.5	359.7	47.7	17.3	2527.3	24.6	12.2	1850.9
1984	31.5	64.0	743.7	42.9	19.9	3258.4	25.5	16.1	2401.0
1990	26.6	60.1	1289.0	41.0	21.4	5589.3	32.4	18.5	5101.9
2000	14.7	50.0	4083.3	45.5	22.5	28154.9	39.8	27.5	20126.7
2012	9.1	33.6	19044.9	45.4	30.3	105263.7	45.5	36.1	88426.2
2018	7.2	26.1	31954.8	40.7	27.6	171108.4	52.2	46.3	84913.0

资料来源：历年《中国统计年鉴》。

此外，从表 5-7 还可以看出，虽然三次产业就业结构的变动趋势和产出结构的变动趋势基本一致，但在构成比重上，两者却存在巨大的差异，中国的产业结构演进速度要快于就业结构。主要体现在，一方面，第一产业对国民生产总值的贡献和其吸纳的劳动力数量是不成比例的，截至 2018 年，第一产业的增加值占比仅为 7.2%，但其同期的就业人员占比却高达 26.1%，即使考虑到第一产业受季节影响较大，劳动时间少于其他产业，人均劳动生产率低于第二产业和第三产业，但这样反差巨大的劳动力投入水平和产出水平仍然非常惊人，这主要还是农业劳动的机械化程度较低造成的。另一方面，相比国内生产总值做出的贡献，第二产业和第三产业所吸纳的劳动力人数是非常有限的。同时，值得注意的是，中国第三产业的单位劳动力产出远远低于第二产业，随着第三产业占比的提高和第二产业占比的相对下降，第三产业单位劳动产出对全社会劳动生产率的影响显著加大，甚至会制约全社会劳动生产率的提高。

从中国产业结构的地区分布来看，无论是东部、中部还是西部地区，产业结构均呈现出"三二一"结构，但地区之间的产业结构发展水平却存在较大差异（见图 5 – 18）。对于东部地区而言，邻近沿海的地理优势和产业政策优势，使其较早承接了发达国家的产业转移，因此相较于中部和西部地区，具有更高的产业结构发展水平。从第一产业来看，东部地区的第一产业占比不足 5%，而中部地区和西部地区的第一产业占比均在 9% 以上，约为东部地区的一倍。就第二产业而言，三大地区的第二产业占比基本持平，均在 41% 左右。东部地区的第三产业占比最高，达到了 54.5%，分别比中部地区和西部地区高出 6.1 个和 6.0 个百分点。

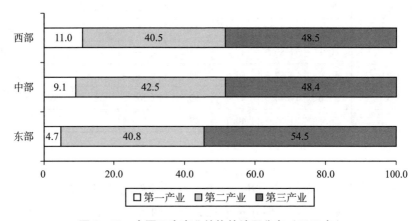

图 5 – 18　中国三次产业结构的地区分布（2018 年）

资料来源：笔者根据 2019 年《中国统计年鉴》统计数据绘制。

中国产业结构发展的不平衡不仅表现在地区分布上，更体现在三次产业的内部结构上，劳动密集型产业和资本密集型产业占据绝对主导地位，产业附加值普遍偏低。以第三产业为例，2016 年中国第三产业实现增加值 380029 亿元，其中，分行业增加值中排名前三位的依次是批发和零售业、金融业和房地产业，上述三个行业在第三产业增加值中的占比均在 12% 以上，三者合计占第三产业增加值的 47.5%，占比高达近半数。而以信息传输、计算机服务和软件业，租赁和商务服务业等为代表的新兴服务产业占第三产业增加值的比重甚至不足 15%（见图 5-19）。

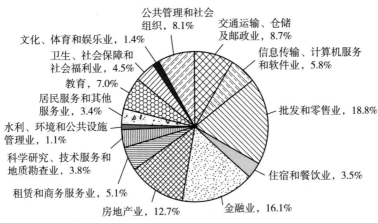

图 5-19 中国第三产业内部结构（2016 年）

资料来源：笔者根据 Wind 数据库统计数据绘制。

综合上述分析，不难看出，一方面，经过改革开放以来经济发展水平的不断提升和产业结构的不断调整变迁，中国及三大地区均已基本形成了"三二一"的产业结构类型；另一方面，不容忽视的是，中国的产业发展还存在着第三产业占比过低，产值结构与就业结构不匹配，产业结构地区分布不平衡，产业内部结构低端化等结构性问题。

2. 中小企业发展状况

中小企业有着广泛的社会经济基础，是社会稳定的重要基石。同时，富有活力而又灵活多变的中小企业也是中国经济改革的重要试验田和推动创新的重要力量。因此，中小企业的发展对中国经济的转型和产业结构升级具有重要的战略意义。

首先，从成长性上来看，随着市场准入环境的持续改善，中小企业数量持续扩大，实力不断增强，根据国家统计局数据显示，截至 2016 年末，中小企业数量占全部企业数量的 90% 以上，中小企业创造的最终产品和服务价值已占到国内生产总值的 60%，纳税约为国家税收总额的 50%，全国规模以上中小工业企业截至 2016 年底达到 37.0 万家，实现主营业务收入 72.2 万亿元、利润4.3万亿元。中小企业已然成为中国企业中数量最大、最具创新活力的企业群体，同时也是经济平稳发展的重要增长点。

其次，从吸纳就业能力上来看，中小企业量大、面广、岗位多的特点使其具有吸纳就业人员、缓解就业压力的先天优势。据国家工商总局数据显示，全国私营企业从业人员数量从2012年末的11296万人增加到2016年末的17997万人，年平均增长12.3%。随着大企业自动化程度的不断提高，其在解决就业方面的作用逐渐弱化，相应地中小企业在缓解就业压力上的作用日渐突出，已成为吸纳就业的主要力量。

再次，从创新能力来看，中小企业在工业设计、现代物流、电子商务等新技术、新产业、新业态、新模式的"四新"领域迅速崛起。同时，"专精特新"中小企业发展迅速，截至2016年底，各地共培育认定"专精特新"中小企业1.4万多家。中小企业已成为新时期推动创新和转变发展方式的关键。

最后，在中小企业发展过程中，税费负担重、市场需求低迷、生产成本持续上升等问题不容忽视。尤其是中小企业融资难问题依然突出，成为制约中小企业特别是小微企业发展的关键。据《中国中小企业年鉴（2016）》显示，2016年在有融资需求的中小企业中，38.8%的企业反映融资需求不能满足，较上年仅降低0.3个百分点，没有明显改善。中小企业销售回款难、人才缺乏、环保约束加大、创新转型难、制度性交易成本高、政府公共服务有待进一步优化等问题，也都影响着中小企业的发展和企业家的信心，投资意愿总体偏弱。

3. 技术创新水平现状

随着第四次工业革命的出现，颠覆性和快节奏的技术变革有望全面推动经济的结构性转型。过去一段时间，通过工业化进程的快速推进，人才强国战略、国家创新驱动发展战略的实施和双创活动的大力推进，中国积累了丰厚的人力资本和实物资本，促进了中国整体创新能力的快速提升。世界经济论坛发布的《2017~2018年全球竞争力报告》显示，中国全球竞争力排名由2002~2003年度的全球排名第69位，上升到2017~2018年度的第27位；中国创新能力排名也由2002~2003年度的全球排名第39位，上升到2017~2018年度的第28位。这主要得益于中国信息和通信技术的普及，以及广泛的国际合作和贸易往来所带来的人才引进、技术溢出等红利。然而，就技术成熟度而言，中国 2017～2018 年度的全球排名仅为第 73 位，虽然技术成熟度得分增速较快且呈上升趋势，但仍处在较低水平，表明中国的创新活动并未得到广泛的应用，科技成果的转换率有待提升。

从人力资本水平来看，最新发布的 2019 年全球人才竞争力指数（GTCI）报告显示，中国排在 2019 年全球人才竞争力指数排行榜第 45 位，较去年下降 2 位，但仍领先其他 4 个"金砖"国家：俄罗斯（第 49 位）、南非（第 71 位）、巴西（第 72 位）、印度（第 80 位）。其中，中国在全球知识技能方面表现突出，尤其体现在高校学生优异的阅读、数学、科研能力，不断攀升的高校国际影响力，新产品创新能力等方面。

从创新投入水平来看，中国的 R&D 经费支出快速增长，从 1995 年的 349 亿元增长至 2017 年的 17606 亿元，R&D 经费投入强度也从 1995 年的 0.6% 提高到 2017 年的 2.1%（见图 5 - 20）。根据《国家中长期科学和技术发展规划纲要（2006～2020）》，到 2020 年，全社会研究开发投入占国内生产总值的比重将进一步提高到 2.5% 以上。

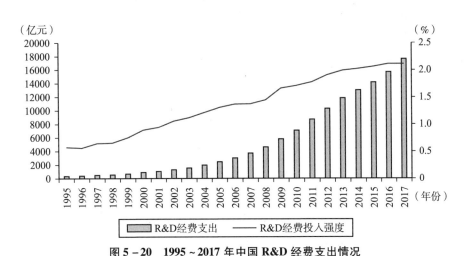

图 5 - 20　1995～2017 年中国 R&D 经费支出情况

资料来源：笔者根据 1996～2018 年《中国科技统计年鉴》统计数据绘制。

从创新产出水平来看，中国专利授权量保持了高速增长态势，三种专利申请授权总量从 1995 年的 41 881 件增长至 2017 年的 1 720 828 件，年均增长率高达 19.5%（见图 5 - 21）。但值得注意的是，由图 5 - 22 不难发现，三种

专利申请授权数的构成存在严重失衡，2017 年实用新型专利占比高达
56.2%，发明专利占比仅为 19.0%，表明中国的研发结构存在失衡，基础研
究严重不足，这将影响到中国的自主创新水平。

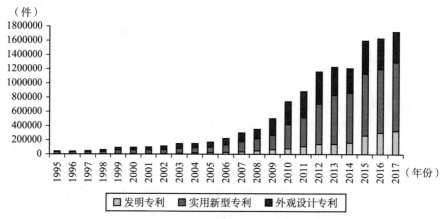

图 5 - 21　1995 ~ 2017 年中国三种专利申请授权数

资料来源：笔者根据 Wind 数据库统计数据绘制。

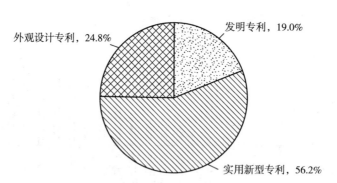

图 5 - 22　中国三种专利申请授权数的构成情况（2017 年）

资料来源：笔者根据 Wind 数据库统计数据绘制。

4. 主导产业发展状况

赫希曼（1991）认为，主导产业的发展既能够积累丰厚的资本，又能够
对上下游其他产业产生强大的诱发作用，为其他产业产品的发展提供市场需
求，因此，主导产业的发展能够通过较强的前后向联系，产生关联效应，诱

导、带动和促进其他产业的发展，从而促进产业结构的升级和整个经济的成长。罗斯托（1988）认为，主导产业的发展具有扩散效应，通过将其产业优势辐射传递到产业链的各产业中来带动产业结构的升级和整个经济的有效增长。

产业关联度是界定主导产业的关键指标，这里借鉴刘伟等（2017）的投入产出表分析方法，运用投入产出的最新数据，对中国各产业的影响力和感应度进行测算，根据测算结果将中国的产业部门划分为四种不同类型，最终确定影响力（即产业产出增加对国民经济的影响）和感应度（即产业投入增加对国民经济的影响）均高于平均水平的产业，即主导产业。

从表 5-8 可以看出，第 I 象限中所列示的采矿业、化学工业、金属产品制造业、机械设备制造业、电力、热力及水的生产和供应业等产业部门，无论影响力系数还是感应度系数均较大，是目前影响中国国民经济发展的最为敏感的主导产业。值得注意的是，上述主导产业基本都是隶属于第二产业的工业部门，食品、纺织等轻工业部门并不在其中，而大多属于重化工业，这在一定程度上表明中国的主导产业具有明显的重化工业特征。

表 5-8 　　　　　　　　　　中国各产业部门的关联度情况

影响力大	II 纺织、服装及皮革产品制造业（1.18，0.72）、炼焦、燃气及石油加工业（1.18，0.65）、非金属矿物制品业（1.28，0.43）、其他制造业（1.25，0.78）、建筑业（1.25，0.10）	I 采矿业（1.01，1.30）、化学工业（1.32，2.00）、金属产品制造业（1.43，1.51）、机械设备制造业（1.38，1.95）、电力、热力及水的生产和供应业（1.07，1.18）
影响力小	III 批发零售贸易、住宿和餐饮业（0.52，0.95）、食品、饮料制造及烟草制品业（0.95，0.92）、房地产业、租赁和商务服务业（0.69，0.92）、金融业（0.41，0.94）、其他服务业（0.67，0.48）	IV 农、林、牧、渔业（0.57，1.16）、运输仓储邮政、信息传输、计算机服务和软件业（0.84，1.02）
	感应度小	感应度大

注：（1）各产业部门名称后括号中的数值，前者为影响力系数，后者为感应度系数；（2）影响力和感应度的大小以全产业平均值为划分标准；（3）影响力系数和感应度系数根据《中国统计年鉴2018》中的 2015 年中国投入产出相关数据整理测算。
资料来源：2018 年《中国统计年鉴》。

5.2.2　中国产业结构升级的目标趋势

通过对中国产业结构发展历程的梳理与发展现状的剖析，可以看出：

（1）改革开放以来，伴随工业化和城市化的持续推进，中国的产业结构也发生了较大变化，当前虽然已基本形成"三二一"的产业结构类型，但不容忽视的是，中国的产业发展还存在着第三产业占比过低，产值结构与就业结构不匹配，产业结构地区分布不平衡，产业内部结构低端化等结构性问题。（2）中小企业作为推动中国经济转型和产业结构升级的重要力量，在成长性、吸纳就业能力和创新能力等方面表现突出，但过重的税费负担、低迷的市场需求、持续上升的生产成本和长期的融资困境，严重制约了中小企业的进一步发展。（3）工业化进程的快速推进，人才强国战略、国家创新驱动发展战略的实施和双创活动的大力推进，促进了中国整体创新能力的快速提升，但与发达国家相比仍存在较大差距，尤其是技术成熟度较低，科技成果的转换率有待提升，研发结构存在失衡，基础研究严重不足。（4）采矿业、化学工业、金属产品制造业、机械设备制造业、电力、热力及水的生产和供应业等产业部门，作为当前影响中国国民经济发展的最为敏感的主导产业，均隶属于第二产业的工业部门，且具有明显的重化工业特征，然而，在能源、资源和环境的制约下，这种要素驱动的高碳型发展模式将面临巨大挑战。

因此，当前中国产业结构升级的目标为：第一，大力发展现代农业，尽快实现农业现代化，提高农业机械化程度，在保证农业丰收的同时，释放出更多的劳动力，并加速推动剩余劳动力向非农部门的转移，以减少劳动力资源在三次产业间错配所带来的产业结构的扭曲。第二，加快推进工业化进程，特别是要推动工业内部以能源、原材料驱动的重化工业，向创新驱动的新一代信息技术、高端装备制造、集成电路、人工智能等高加工度和高附加值制造业转型，以形成可持续、低碳化的发展模式，进而持续发挥第二产业作为主导产业对中国经济增长的重要带动作用。第三，在推动第三产业比重持续上升的同时，注重产业内部结构的优化，建立起适应分工深化和非物质需求增长需要的体制机制，加快第三产业中以商务服务、信息服务、企业工程服务等为主导的生产性服务业和以商贸、休闲旅游、家政服务等为主导的生活性服务业等现代服务业的发展。第四，加大中小企业财税支持力度，建立收费减免长效机制，拓宽中小企业融资渠道，促进中小企业公共服务体系和服务平台建设，优化中小企业经营环境，以最大限度释放中小企业活力，为中国产业结构的进一步升级贡献重要力量。第五，在持续加大创新投入的同时，更加重视创新资源的合理配置，一方面，加大对知识资本的投入和基础研究领域的投入，以缓解研发结构的失衡；另一方面，强化市场约束，使科研面向市场，以形成市场机制下活跃而高效的技术转移机制，切实提升科技成果转化效率。在此基础上，全面推进国民经济各产业部门的技术进步，实现全社会经济增长方式的根本转变。

5.3 金融结构助力产业结构升级存在的问题

改革开放以来，中国金融体系经历了不同阶段的调整，取得了长足的发展，并逐步形成了以银行间接融资为主导的融资结构，以大型商业银行为主体的集中性银行业结构，和由主板、中小板、创业板、新三板等共同构成的多层次资本市场结构。同时，中国处在经济转型升级、新旧动能转换的关键时期，推动产业结构升级势在必行，高新技术产业高科技、高风险与高收益的典型特征也对金融结构的有效对接提出了更高的要求。成熟的金融体系和完善的金融结构应具备动员国民储蓄和资本积累，引导资金优化配置，揭示信息和分散风险等功能，从而为企业发展和产业结构升级提供多元化的金融服务。然而，中国当前的金融结构在面对产业结构升级所提出的多元化金融需求时，所表现出的创新支持能力和资金配置效率等均存在严重不足，主要体现在以下三个方面。

5.3.1 融资渠道分布不均衡

近年来，随着资本市场的快速发展，以企业债券和股票融资为代表的直接融资规模不断扩大。然而，在中国的社会融资结构中，以银行贷款为代表的间接融资始终占据主体地位，其占比基本保持在80%以上。截至2018年，间接融资在中国社会融资结构中占比高达85%以上，而直接融资占比不到15%。可见，过去十几年中，直接融资在中国社会融资结构中的占比虽然有所提升，但银行体系对全社会金融资源的垄断局面并未发生实质性变化，直接融资与间接融资发展严重不平衡。资本市场长期存在的结构性短缺制约了直接融资规模的扩张，银行信贷依然是中国大多数企业外源融资的首选。

融资渠道分布的不均衡，限制了社会资金的产出效率，已在一定程度上影响了中国经济转型和产业结构升级的进程，一方面，银行资金来源的债务合约性质及风险管理的内部化特征，使其对风险具有天生的谨慎性倾向，因而在贷款投向上具有所有制和规模偏好，并将抵质押品和担保人作为审批、放款的重要条件，这使得融资成本难以降低且不同风险偏好的投融资需求难以得到充分满足，尤其是加剧了中小企业的融资难、融资贵的局面；另一方面，银行信贷的风险内部化机制强化了金融中介自身的风险甄别和债务承担，这也意味着宏观杠杆率居高不下的同时大量金融风险过度集中于商业银行体系，加剧了整个金融体系的脆弱性，这既不利于中国金融体系的持续健康发展，也不利于满足中国当前产业结构升级对金融支持的迫切需求。

5.3.2 银行业整体集中度过高

改革开放以来，中国银行业经过 40 余年的发展，逐渐由过去单一的国有银行，发展成为以大型商业银行、城市商业银行、股份制商业银行、农村金融机构和其他金融机构为主体的多元化银行业结构。然而，银行业内部结构仍然存在着严重的不协调，突出表现为银行业整体集中度过高，大型商业银行独大，其他银行业金融结构规模偏小且发展缓慢。截至 2018 年，大型商业银行总资产占中国银行业金融机构总资产的比例仍高达 35.5%。虽然近年来中国的银行业集中度总体上呈现出不断下降的趋势，大型商业银行的绝对垄断地位已被打破，不同规模、不同类型银行业金融机构并存的局面正在逐步形成，但在中国的银行业金融机构市场份额中，大型商业银行始终占据主体地位，无论从总资产规模还是总负债规模来看，均是如此。

中国经济的不断发展同时也推动了经济所有制结构的巨大变革，非公有制经济在国民经济中的地位不断提升，在增加就业、倒逼国有企业改革等方面成果显著。民营经济中数量众多，分布广泛，涉及行业多样化的中小企业更是成为现代国民经济的重要组成部分，对推动中国经济的转型和产业结构升级发挥着重要作用。非公有制经济和中小企业的快速发展，催生了大量的外源融资需求。然而，在中国高度集中的银行业结构中，占主导地位的大型商业银行有着显著的所有制和规模偏好，服务于中小企业的中小型金融机构数量又十分有限且发展缓慢，客观上造成了中小企业的融资难困境。此外，大型商业银行在中国银行业金融机构中的绝对主导地位，决定了金融风险的过度集中，增加了金融体系中所蕴含的系统性风险，加剧了金融体系整体的脆弱性。

5.3.3 资本市场发展失衡

自 1990 年开办沪、深两市以来，中国已逐渐形成了以主板、中小板、创业板为代表的交易所市场和以新三板为代表的场外交易市场共同构成的多层次资本市场的雏形。然而，中国的资本市场在发展过程中还存在着广泛的不均衡现象，制约了资本市场功能的发挥，归纳起来主要有以下几个方面。

第一，证券交易所结构失衡。无论是从上市公司数量，还是总市值分布来看，主板市场都占据绝对优势，中国的证券交易所市场呈现出典型的"倒金字塔"结构。这种"倒金字塔"型的交易所市场结构缺乏大量高科技、高成长性企业的基础性支撑，既不利于科技与资本的充分结合，也不利于上市公司不同发展阶段在不同市场之间的升降转板，因而缺乏长期的稳定性。

第二，上市公司行业分布失衡。Wind 数据库统计数据显示，截至 2018 年底，中国沪、深两市上市公司数量共计 3584 家，其中制造业以 2262 家占据榜首，占比高达 63.1%。中国沪、深两市上市公司总市值共计 48 万亿元，其中，制造业总市值近 20 万亿元，占比高达 40.8%，其次为金融业和采矿业，占比分别为 26.5% 和 6.6%，三者合计占比达到 74.0%，且其余行业占比均未超过 5%。① 由此可见，资本市场中的上市公司存在严重的行业分布失衡。

第三，投资者结构失衡。自然人和专业机构是中国资本市场上的两大主要投资主体。相对于自然人投资者，专业机构投资者通常具备更扎实的专业知识、更先进的技术手段和更注重价值投资的理念。因而，专业机构投资者比例的提升，一方面，有助于挖掘高成长性和真正具有价值的企业，为其进一步发展提供资金支持，从而推动产业结构升级；另一方面，也可以有效弱

---

① 资料来源：Wind 数据库。

化投机行为可能带来的冲击，促进资本市场的长期健康发展。然而，中国资本市场上的投资者结构存在失衡，专业机构投资者不论是在数量还是规模上均发展不足，从而抑制了资本市场功能的有效发挥。以上证 A 股为例，截至 2017 年底，自然人投资者买卖交易占比高达 82.0%，而专业机构投资者买卖交易占比仅为 14.8%，此外，在该年度的持股市值中，自然人投资者持股市值占比为 21.2%，专业机构投资者持股市值占比为 16.1%。专业机构投资者的过度缺失客观上会加剧投机氛围，弱化资本市场的有效性，不利于对产业结构升级形成有力的支撑。

5.4　本章小结

本章从总体上考察了中国金融结构与产业结构的发展现状、趋势及存在的问题，主要包括以下三个部分。

第一，对中国金融结构发展现状及趋势的梳理。一方面，从融资结构、银行业结构和资本市场结构三个层面出发，全面考察了中国金融结构的发展现状；另一方面，结合实践中金融结构的动态演变，从商业银行自身业务模式的巨大变化、金融中介内部商业银行与非银行金融机构频繁的业务往来、金融中介与金融市场之间的交叉融合三个视角出发，总结了金融结构的复杂化趋势。

第二，对中国产业结构发展现状及趋势的梳理。一方面，从三次产业分布、中小企业发展、技术创新水平和主导产业发展四个层面对中国产业结构的发展现状进行了系统分析；另一方面，结合实际中产业发展面临的巨大挑战，提出了中国产业结构升级的目标趋势。

第三，对金融结构助力产业结构升级存在的问题进行归纳总结。在考察了中国金融结构与产业结构发展现状的基础上，从融资渠道分布不均衡、银行业整体集中度过高、资本市场发展失衡三个角度，总结了中国当前的金融结构在面对产业结构升级所提出的多元化金融需求时所存在的不足。在后续章节具体检验金融结构对产业结构升级的影响效应时，还要更为详细地探讨融资结构、银行业结构和资本市场结构与产业结构升级的关系。因此，本章仅对金融结构与产业结构的发展现状、趋势及问题进行了简单的描述性分析。

第 6 章

金融结构对产业结构升级直接影响
效应的实证检验

本章的研究旨在结合第 5 章中对中国金融结构与产业结构发展现状、趋势及问题的分析，在第 3 章理论框架构建的基础上，明确核心变量的测度体系设计，运用中国省际面板数据和一步系统 GMM 估计技术，实证检验金融结构对产业结构升级的直接影响效应，从而对以下问题做出回答：一是金融结构对产业结构升级是否存在显著的直接影响；二是何种类型的融资结构、银行业结构和资本市场结构更有利于推动产业结构升级；三是金融结构对产业结构升级的这种直接影响效应是否存在地区差异。

6.1 核心变量的指标构建与测算

6.1.1 金融结构指标构建与测算

要构建金融结构的度量指标，首先必须要明确金融结构的内涵。在以往的相关研究中，金融结构多是指直接融资与间接融资的相对比例。这是一种从政府宏观金融监管角度出发，对金融结构内涵相对狭隘的理解，未能体现出金融结构的本质（周莉萍，2017）。基于上述理解，本书第 3 章中明确将金融结构界定为：金融资源流转至实体经济的方式，并由各金融要素的相互关系和相对规模共同构成。此处结合金融结构的内涵，并聚焦金融结构理论的核心内容，选取融资结构（Fs）、银行业结构（Bs）和资本市场结构（Cs）这三个维度展开研究。

融资结构体现为在企业外源融资方式中银行体系间接融资（包括贷款、票据等传统信用工具）和金融市场直接融资（包括债券、股票等货币市场与资本市场工具）之间的相对重要性，即直接融资与间接融资的相对比例。现有文献大量采用股票市值总额与银行信贷余额之比来度量融资结构，该度量指标的缺陷在于：一方面，除股票市场外，债券市场也是直接融资的一个关键渠道，由于数据获取等困难，大量文献忽略了对债券市场的度量，将对研究结论产生重大影响；另一方面，股票市场市值并非股票市场的实际融资额，市值会随股价波动而波动，与间接融资所对应的银行信贷余额不具有可比性，无法真实表征金融结构。不同于已有文献大量使用股票市值总额与银行信贷余额之比来度量，这里借鉴马微、惠宁（2018）的做法，采用"股票融资额与债券融资额之和/贷款融资额"来衡量融资结构，在将债券市场纳入直接融资的同时，用股票市场融资额①替代股票市值总额，既避免了由于股价剧烈波动对直接融资度量的影响，又增强了与银行贷款融资的可比性。该比例越高说明融资结构越偏向于金融市场主导型，比例越低则说明越偏向于银行主导型。

银行业结构体现为银行体系内部不同规模银行业金融机构的分布状况，同时也体现为银行业整体的集中性或竞争性程度，这里借鉴林毅夫等（2003）的做法，采用银行业集中度，即"大型商业银行资产总额/银行业资产总额"来度量，该比例越高说明银行业内部结构越偏向于集中型，比例越低则说明越偏向于分散型。

资本市场结构体现为交易所市场的主板、中小板、创业板（俗称"二板"）和场外交易市场的全国中小企业股份转让系统（俗称"新三板"）、区域性股权交易市场（俗称"四板"）、证券公司主导的柜台市场（俗称"券商OTC"）等多层次资本市场体系的相对规模及其联系，同时也体现为资本市场整体的复合性程度。由于当前中国的场外交易市场大多缺乏严密的组织管理

---

① 考虑到在证券一级市场上，IPO 融资额和再融资额（包括增发再融资和配股再融资）是两大融资来源，因此在计算股票融资额时将 IPO 融资额和再融资额合并计算。

机制和统一的交易规范，因此不具备权威的数据来源，故在衡量资本市场结构时仅考虑交易所市场，并借鉴刘伟等（2017）的做法，采用"中小板与创业板市值总和/主板市值"来度量，该比例越高说明资本市场内部结构越偏向于复合型，越低则说明越偏向于单一型。

根据金融结构测度指标的设定，考虑到与银行业结构、资本市场结构相关的统计数据起始于 2005 年，这里将金融结构的测算时段界定为 2005 ~ 2017 年。研究对象涉及中国 30 个省份（不包括西藏自治区和港澳台地区）。原始数据均来自 Wind 数据库和 CSMAR 数据库。采用上述指标体系测算的 2005 ~ 2017 年中国各省份金融结构结果见表 6 - 1。

表 6 - 1　　　　　　　2005 ~ 2017 年中国各省份金融结构测算结果

省份	融资结构			银行业结构			资本市场结构		
	2005 年	2011 年	2017 年	2005 年	2011 年	2017 年	2005 年	2011 年	2017 年
北京	0.658	1.976	0.096	0.492	0.474	0.368	0.001	0.029	0.102
天津	0.000	0.164	0.016	0.498	0.331	0.264	0.000	0.121	0.222
河北	0.043	0.403	0.061	0.566	0.509	0.375	0.014	0.192	0.234
山西	0.024	0.445	0.196	0.521	0.430	0.355	0.000	0.053	0.137
内蒙古	0.081	0.122	0.039	0.587	0.420	0.291	0.000	0.093	0.080
辽宁	0.007	0.302	0.054	0.455	0.359	0.262	0.000	0.217	0.218
吉林	0.000	0.129	0.264	0.472	0.412	0.304	0.000	0.135	0.200
黑龙江	0.211	0.096	0.049	0.537	0.437	0.286	0.000	0.043	0.117
上海	0.350	0.236	0.150	0.443	0.348	0.342	0.005	0.070	0.126
江苏	0.081	0.269	0.223	0.526	0.485	0.345	0.064	0.472	0.814
浙江	0.032	0.200	0.189	0.495	0.443	0.337	0.110	0.612	1.233
安徽	0.088	0.290	0.104	0.534	0.436	0.318	0.014	0.209	0.539
福建	0.064	0.124	0.055	0.492	0.355	0.207	0.012	0.202	0.409
江西	0.057	0.149	0.025	0.525	0.438	0.300	0.008	0.135	0.536
山东	0.045	0.245	0.125	0.456	0.429	0.335	0.011	0.284	0.509
河南	0.005	0.318	0.054	0.448	0.415	0.321	0.035	0.330	0.551
湖北	0.153	0.351	0.111	0.370	0.445	0.369	0.005	0.141	0.241

省份	融资结构			银行业结构			资本市场结构		
	2005 年	2011 年	2017 年	2005 年	2011 年	2017 年	2005 年	2011 年	2017 年
湖南	0.042	0.241	0.212	0.504	0.434	0.393	0.000	0.303	0.903
广东	0.008	0.335	0.088	0.556	0.481	0.407	0.019	0.282	0.595
广西	0.021	0.151	0.013	0.782	0.438	0.356	0.000	0.122	0.161
海南	0.000	0.214	0.037	0.793	0.517	0.307	0.000	0.099	0.135
重庆	0.031	0.192	0.017	0.461	0.357	0.286	0.029	0.143	0.403
四川	0.036	0.202	0.087	0.568	0.449	0.369	0.010	0.163	0.460
贵州	0.009	0.078	0.056	0.605	0.444	0.275	0.118	0.066	0.072
云南	0.012	0.085	0.076	0.533	0.459	0.335	0.026	0.131	0.236
陕西	0.003	0.201	0.074	0.550	0.421	0.356	0.128	0.310
甘肃	0.000	0.290	0.011	0.569	0.485	0.269	0.000	0.164	0.272
青海	0.000	0.276	0.000	0.667	0.545	0.354	0.000	0.072	0.045
宁夏	0.159	0.144	0.018	0.458	0.394	0.297	0.000	0.077	0.045
新疆	0.366	0.244	0.103	0.614	0.450	0.364	0.000	0.214	0.295

资料来源：笔者根据 Wind 数据库和 CSMAR 数据库统计数据计算整理所得。

从表 6 - 2 和图 6 - 1 中不难看出，2005～2017 年中国的融资结构处于持续波动中，但始终不超过 0.35，且平均值仅为 0.178，表明中国以债券和股票市场为代表的直接融资发展严重不足，银行贷款在社会融资结构中占比偏高。2005～2017 年中国的银行业结构总体呈现出稳步下降的趋势，考察期间，中国的银行业结构由 2005 年的 0.536，下降至 2017 年的 0.325，表明中国的银行业集中度在不断下降，银行业内部结构趋于合理化。中国的资本市场结构总体呈现出波动上升的趋势，从 2005 年的 0.016 上升至 2017 年的 0.340。同时值得注意的是，2005～2017 年中国资本市场的平均值仅为 0.185，表明近年来中国的资本市场虽然经历了长足的发展，初步形成了多层次资本市场结构，但这一多层次结构仍不成熟，具体表现在主板占比过高，而服务于广大中小企业、科技成长型企业的中小企业板和创业板发展不足，资本市场结构的不合理势必影响到上市公司不同发展阶段在不同市场之间的升降转板，因而缺乏长期的稳定性。

表 6 - 2   2005 ~ 2017 年中国金融结构平均水平的时序特征

指标	2005 年	2007 年	2009 年	2011 年	2013 年	2015 年	2017 年	平均值
融资结构	0.086	0.272	0.138	0.282	0.137	0.244	0.087	0.178
银行业结构	0.536	0.502	0.492	0.435	0.394	0.347	0.325	0.433
资本市场结构	0.016	0.064	0.100	0.177	0.213	0.385	0.340	0.185

资料来源：笔者根据 Wind 数据库和 CSMAR 数据库统计数据计算整理所得。

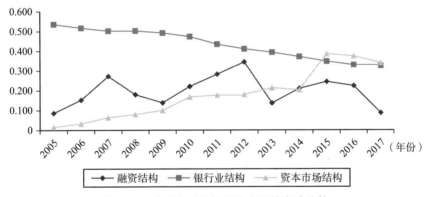

图 6 - 1   中国金融结构平均水平的变动趋势

资料来源：笔者根据 Wind 和 CSMAR 数据库统计数据绘制。

    表 6 - 3 展现了 2005 ~ 2017 年中国三大地区融资结构、银行业结构和资本市场结构平均水平的变化。从融资结构来看，三大地区均经历了较大的波动，且三大地区之间存在较大差异（见图 6 - 2）。就平均值而言东部地区最高，中部地区次之，西部地区最低，表明在中国的三大地区中，东部地区的直接融资发展相对较好，而中部、西部地区均低于全国平均水平。

表 6 - 3   2005 ~ 2017 年中国三大地区金融结构平均水平的时序特征

地区	指标	2005 年	2007 年	2009 年	2011 年	2013 年	2015 年	2017 年	平均值
东部地区	融资结构	0.117	0.418	0.210	0.406	0.154	0.329	0.099	0.248
	银行业结构	0.525	0.482	0.486	0.430	0.393	0.346	0.323	0.426
	资本市场结构	0.021	0.077	0.125	0.234	0.270	0.504	0.418	0.236

续表

地区	指标	2005 年	2007 年	2009 年	2011 年	2013 年	2015 年	2017 年	平均值
中部地区	融资结构	0.072	0.194	0.114	0.252	0.134	0.177	0.127	0.153
	银行业结构	0.489	0.481	0.482	0.431	0.393	0.355	0.331	0.423
	资本市场结构	0.008	0.045	0.081	0.169	0.206	0.387	0.403	0.186
西北地区	融资结构	0.065	0.183	0.084	0.180	0.121	0.208	0.045	0.127
	银行业结构	0.581	0.537	0.505	0.442	0.394	0.343	0.323	0.446
	资本市场结构	0.017	0.066	0.088	0.125	0.163	0.266	0.216	0.134

资料来源：笔者根据 Wind 数据库和 CSMAR 数据库统计数据计算整理所得。

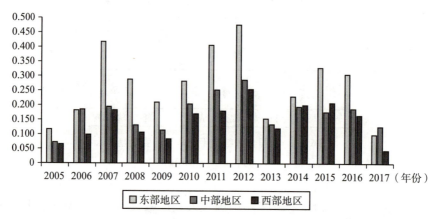

图 6-2　中国三大地区融资结构平均水平的变动趋势

资料来源：笔者根据 Wind 和 CSMAR 数据库统计数据绘制。

　　从银行业结构来看，2005～2017 年中国三大地区的银行业结构均呈现出稳定下降的趋势（见图 6-3）。东部、中部、西部地区的银行业结构平均值分别为 0.426、0.423 和 0.446，表明西部地区的银行业集中度相对最高，中部和东部地区差异较小，且由图 6-3 不难看出，三大地区之间在银行业结构上的差距在持续缩小，表明各地区的银行业结构都在向合理化方向发展。

　　从资本市场结构来看，2015～2017 年中国三大地区的资本市场结构的变动趋势与全国的变动趋势基本一致，处于波动上升的状态（见图 6-4）。且明显可以看出，东部地区的资本市场结构始终远高于中部地区和西部地区，三者的平均值分别为 0.236、0.186 和 0.134，表明东部地区在资本市场的多层次性上相对中部、西部地区更加成熟。

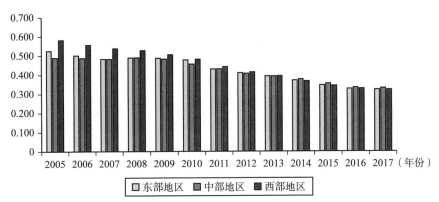

图 6 - 3 中国三大地区银行业结构平均水平的变动趋势

资料来源：笔者根据 Wind 和 CSMAR 数据库统计数据绘制。

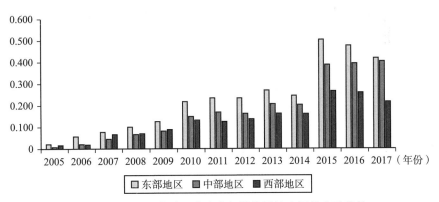

图 6 - 4 中国三大地区资本市场结构平均水平的变动趋势

资料来源：笔者根据 Wind 和 CSMAR 数据库统计数据绘制。

图 6 - 5、图 6 - 6 和图 6 - 7 分别刻画了 2017 年中国各省份的融资结构、银行业结构和资本市场结构。可以看出，中国各省份之间的银行业结构差异相对较小，而融资结构和资本市场结构则存在着显著的地区差异。其中，东部各省份的融资结构和资本市场结构均较高，而西部各省份在融资结构和资本市场结构上则存在明显的发展滞后。

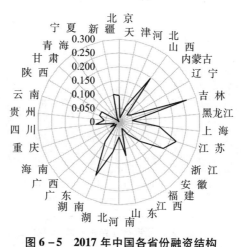

图 6 - 5　2017 年中国各省份融资结构

资料来源：笔者根据 Wind 和 CSMAR 数据库统计数据绘制。

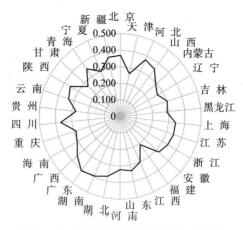

图 6 - 6　2017 年中国各省份银行业结构

资料来源：笔者根据 Wind 和 CSMAR 数据库统计数据绘制。

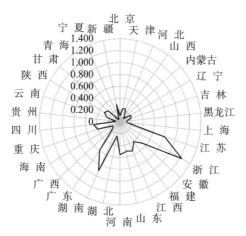

图 6 – 7 2017 年中国各省份资本市场结构

资料来源：笔者根据 Wind 和 CSMAR 数据库统计数据绘制。

6.1.2 产业结构升级指标构建与测算

产业结构升级是产业结构从低级阶段向高级阶段逐步演进的一个永无止境的动态过程。这一过程具体表现为：国民经济中各种原有和新增的生产要素及资源，在需求、技术、政策等因素的推动下，向着具有比较优势的产业集聚，从而使其获得优先发展，落后产业则不断被淘汰出局，最终引发不同产业部门劳动生产率的共同提高。由此可见，产业结构升级是依据经济发展的历史和逻辑序列顺向演变的，它既包含了三次产业之间在国民经济中比重的变化，即第二产业和第三产业逐步取代第一产业而成为优势产业，也包含了产业内部技术结构等方面的优化，如技术密集型产业逐步取代劳动密集型、资本密集型产业而成为优势产业，制造中间产品、最终产品的产业逐步取代制造初级产品的产业而成为优势产业。因此，为全面反映产业结构升级的内涵，这里借鉴徐敏和姜勇（2015）、汪伟等（2015）的方法，将三次产业均纳入指标体系，并构建如下产业结构层次系数：

$$Isu = \sum_{i=1}^{3} q_i \times i, \ 1 \leqslant Isu \leqslant 3 \qquad (6.1)$$

其中，i 表示特定产业，q_i 表示第 i 产业的产值占比。

根据产业结构升级指标体系的设定，考虑到与金融结构测算时段的一致性，将产业结构升级的测算时段同样界定为 2005～2017 年。研究对象涉及中国 30 个省份（不包括西藏自治区和港澳台地区）。数据均来自历年的《中国统计年鉴》。采用上述指标体系测算的 2005～2017 年中国各省份产业结构升级结果见表 6-4。

表 6-4 　　　　　　 2005～2017 年中国各省份产业结构升级测算结果

省份	2005 年	2007 年	2009 年	2011 年	2013 年	2015 年	2017 年	平均值
北京	2.686	2.725	2.745	2.753	2.767	2.790	2.801	2.753
天津	2.385	2.383	2.436	2.448	2.468	2.509	2.572	2.457
河北	2.184	2.208	2.224	2.227	2.233	2.287	2.350	2.245
山西	2.311	2.306	2.327	2.293	2.360	2.471	2.471	2.363
内蒙古	2.243	2.232	2.285	2.258	2.270	2.314	2.397	2.286
辽宁	2.302	2.302	2.294	2.281	2.301	2.379	2.444	2.329
吉林	2.220	2.233	2.246	2.227	2.237	2.275	2.385	2.260
黑龙江	2.213	2.217	2.259	2.227	2.239	2.333	2.372	2.266
上海	2.506	2.538	2.588	2.573	2.616	2.673	2.688	2.598
江苏	2.279	2.304	2.332	2.361	2.397	2.429	2.456	2.365
浙江	2.332	2.353	2.380	2.390	2.413	2.455	2.496	2.403
安徽	2.227	2.227	2.215	2.193	2.205	2.279	2.334	2.240
福建	2.257	2.292	2.318	2.300	2.310	2.334	2.385	2.314
江西	2.169	2.175	2.200	2.216	2.237	2.285	2.335	2.231
山东	2.214	2.237	2.252	2.295	2.337	2.374	2.413	2.303
河南	2.121	2.155	2.151	2.167	2.194	2.288	2.341	2.202
湖北	2.239	2.260	2.259	2.238	2.284	2.319	2.366	2.281
湖南	2.270	2.235	2.263	2.242	2.275	2.326	2.406	2.288
广东	2.372	2.390	2.406	2.403	2.429	2.460	2.496	2.422
广西	2.163	2.155	2.188	2.166	2.197	2.235	2.287	2.199
海南	2.084	2.134	2.174	2.192	2.285	2.302	2.345	2.217
重庆	2.281	2.287	2.286	2.278	2.389	2.404	2.427	2.336
四川	2.183	2.176	2.255	2.242	2.275	2.314	2.382	2.261

续表

省份	2005 年	2007 年	2009 年	2011 年	2013 年	2015 年	2017 年	平均值
贵州	2. 223	2. 300	2. 341	2. 361	2. 337	2. 293	2. 299	2. 308
云南	2. 202	2. 216	2. 235	2. 257	2. 256	2. 301	2. 336	2. 257
陕西	2. 259	2. 239	2. 290	2. 250	2. 252	2. 319	2. 344	2. 279
甘肃	2. 248	2. 240	2. 255	2. 256	2. 270	2. 352	2. 426	2. 292
青海	2. 272	2. 265	2. 270	2. 230	2. 229	2. 328	2. 376	2. 281
宁夏	2. 308	2. 291	2. 323	2. 322	2. 333	2. 363	2. 395	2. 334
新疆	2. 161	2. 176	2. 193	2. 168	2. 198	2. 280	2. 317	2. 213

资料来源：笔者根据 2006 ~ 2018 年《中国统计年鉴》计算整理所得。

从全国范围来看，2005 ~ 2017 年中国的产业结构升级水平总体呈现出稳步上升的趋势（见图 6 - 8）。考察期间，中国的产业结构升级水平由 2005 年的 2. 264，上升至 2017 年的 2. 415，呈平稳增长态势。此外，2005 ~ 2017 年，中国产业结构升级平均水平仅为 2. 319，仍有较大提升空间（见表 6 - 5）。

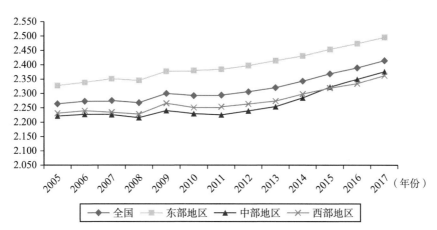

图 6 - 8　中国及三大地区产业结构升级平均水平的变动趋势

资料来源：笔者根据 2006 ~ 2018 年《中国统计年鉴》绘制。

表 6 – 5   中国及三大地区产业结构升级平均水平的时序特征

地区	2005 年	2007 年	2009 年	2011 年	2013 年	2015 年	2017 年	平均值
全国	2.264	2.275	2.300	2.294	2.320	2.369	2.415	2.319
东部	2.327	2.351	2.377	2.384	2.414	2.454	2.495	2.400
中部	2.221	2.226	2.240	2.225	2.254	2.322	2.376	2.266
西部	2.231	2.234	2.266	2.253	2.273	2.318	2.362	2.277

资料来源：笔者根据 2006～2018 年《中国统计年鉴》计算整理所得。

从地区层面来看，2005～2017 年，东部、中部、西部三大地区产业结构升级的水平均呈现出稳定增长态势（见图 6 – 8），且东部地区的产业结构升级水平始终远高于全国和中部、西部地区，中部地区和西部地区的产业结构升级水平差异则相对较小。具体来看，2005～2017 年，东部、中部、西部三大地区产业结构升级的平均水平分别为 2.400、2.266 和 2.277（见表 6 – 5）。可见，中国的产业结构升级水平存在明显的地区差异。

图 6 – 9 展示了 2017 年中国 30 个省份的产业结构升级情况。不难看出，北京、上海、天津、浙江和广东等省份的产业结构升级水平远远领先于其他省份，而中西部省份的产业结构升级情况则存在明显的滞后。说明新常态下，中国各省份之间产业结构升级水平的不均衡现象依然严峻。

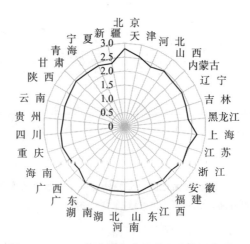

图 6 – 9   2017 年中国各省份产业结构升级情况

资料来源：笔者根据 2006～2018 年《中国统计年鉴》绘制。

6.2 研 究 设 计

6.2.1 计量模型的构建

为综合考察金融结构对产业结构升级的影响效应，验证金融结构对产业结构升级的作用机理、影响规律及其地区差异，构建如下面板模型：

$$Isu_{it} = \alpha_0 + \alpha_1 Finstr_{it} + \varepsilon_{it} \tag{6.2}$$

式（6.2）中，下标 i 代表省份，t 代表时期，ε_{it} 为随机扰动项；Isu 表示产业结构升级；Finstr 表示金融结构。为分别从融资结构、银行业结构和资本市场结构三个维度全面剖析金融结构对产业结构升级的影响，用融资结构、银行业结构和资本市场结构替代 Finstr 并纳入式（6.2），则上述基础模型可以改写成如下形式：

$$Isu_{it} = \alpha_0 + \alpha_1 Fs_{it} + \alpha_2 Bs_{it} + \alpha_3 Cs_{it} + \varepsilon_{it} \tag{6.3}$$

考虑到不同省份的研发投入强度（Rd）、对外开放度（Open）、外资依存度（Fdi）、城市化水平（Urb）、政府干预度（Gov）、金融发展（Fin）等情况存在较大差异，根据以往产业结构升级的相关研究，上述因素可能会影响到各省份的产业结构升级水平，因此，这里将体现上述因素的变量作为控制变量纳入式（6.3）。同时，为控制不可观测的省份差异的影响，引入地区固定效应 μ_i；为控制不可观测的随时间变动的经济政策等因素的影响，引入时间固定效应 ω_t，并构建如下面板模型：

$$Isu_{it} = \alpha_0 + \alpha_1 Fs_{it} + \alpha_2 Bs_{it} + \alpha_3 Cs_{it} + \alpha_4 Rd_{it} + \alpha_5 Open_{it} + \alpha_6 Fdi_{it}$$
$$+ \alpha_7 Urb_{it} + \alpha_8 Gov_{it} + \alpha_9 Fin_{it} + \mu_i + \omega_t + \varepsilon_{it} \tag{6.4}$$

此外，考虑到地区产业结构的升级受惯性的影响作用往往具有延续性，本期的产业结构状况与地区的经济传统和过去的资本积累密切相关，因此，这里借鉴刘思明（2015）考察中国工业创新能力时的做法，引入被解释变量的滞后项作为解释变量，在刻画地区产业结构升级动态特征的同时，也可以充当其他省略变量的代理变量，克服变量遗漏引发的偏误问题，进而构建如下动态面板模型：

$$Isu_{it} = \alpha_0 + \alpha_1 Isu_{it-1} + \alpha_2 Fs_{it} + \alpha_3 Bs_{it} + \alpha_4 Cs_{it} + \alpha_5 Rd_{it} + \alpha_6 Open_{it}$$
$$+ \alpha_7 Fdi_{it} + \alpha_8 Urb_{it} + \alpha_9 Gov_{it} + \alpha_{10} Fin_{it} + \mu_i + \omega_t + \varepsilon_{it} \tag{6.5}$$

6.2.2 变量设定与数据说明

（1）被解释变量：产业结构升级。产业结构升级是指产业结构从低级阶段向高级阶段逐步演进的一个永无止境的动态过程。根据 6.1.2 节产业结构升级指标的构建，采用产业结构层次系数来综合度量产业结构升级。

（2）核心解释变量：金融结构。金融结构是指资金传导到实体经济的方式，并由各金融要素的相互关系和相对规模共同构成。根据 6.1.1 节金融结构的指标构建，将金融结构细分为融资结构、银行业结构和资本市场结构，并从上述三个角度综合度量金融结构。

（3）控制变量：为考察金融结构对产业结构升级的影响效应，还需要对金融结构以外影响产业结构升级的其他因素加以控制，以保障估计结果的无偏性。结合以往产业结构升级的相关研究和数据的可得性，这里主要从研发投入强度、对外开放度、外资依存度、城市化水平、政府干预度和金融发展等方面考虑对地区产业结构升级的影响。上述控制变量的具体设定与说明如下。

研发投入强度，产业结构的升级离不开产业技术的进步，重视技术创新活动并加强研发经费的投入，有利于提升产业技术水平，并作用于产业结构升级。这里借鉴马微和惠宁（2019）的做法，使用"R&D 经费内部支出/GDP"来衡量。

对外开放度，提高贸易开放度，以更开放的姿态加强国际合作和贸易往来，充分利用人才引进、技术溢出等红利，能够显著促进产业结构的升级（马微和惠宁，2019）。这里借鉴刘伟等（2017）、马微和惠宁（2018）的做法，采用"进出口贸易总额/GDP"来衡量，其中，对以美元表示的进出口贸易总额按照当年人民币平均汇率折合成人民币进行核算。

外资依存度，外商直接投资作为跨国资本流动的最高形式，其对一国技术进步和产业结构升级的重要影响得到了已有研究的广泛认可（Gustafsson and

Segerstrom，2011）。这里借鉴杨世迪和韩先锋（2016）、马微和惠宁（2019）的做法，使用外商直接投资实际使用金额与GDP的比值来度量，其中，对以美元表示的外商直接投资实际使用金额按照当年人民币平均汇率折合成人民币核算。

城市化水平，研究表明城市化与中国产业结构升级之间存在着长期显著的互动关系（张学东和李志翠，2015），城市化进程中人力资本、教育资源等要素的聚集与开发，对地区创新能力的提升具有至关重要的影响（鲁元平等，2017）。这里借鉴惠玮和韩先锋（2016）、马微和惠宁（2019）的做法，使用年末城镇人口占年末总人口的比重来表示。

政府干预度，在中国特色的政府模式下，政府行为往往直接决定了经济发展的方式与方向，政府运用各种产业政策、税收政策进行的直接干预和通过国有企业进行的间接干预均对经济发展和产业结构调整产生了剧烈而深远的影响（杜威，2016）。这里借鉴惠玮和韩先锋（2016）、杜威（2016）、马微和惠宁（2019）的做法，采用政府财政支出占GDP的比重来表示。

金融发展，金融体系的发展对提升创新产出、促进产业转型有着不容忽视的作用（易信和刘凤良，2015；李晓龙等，2017），这里借鉴惠玮和韩先锋（2016）的做法，选取金融机构年末存贷款余额与GDP的比值来反映。

本章的研究区段为2005～2017年，纳入样本的省份有30个（不包括西藏自治区和港澳台地区）。原始数据来自历年的《中国统计年鉴》《中国金融年鉴》、Wind数据库和CSMAR数据库。有关全国及三大地区上述各变量的描述性统计结果见表6-6。

表6-6 全国及三大地区各变量的描述性统计结果

地区		Isu	Fs	Bs	Cs	Rd	Open	Fdi	Urb	Gov	Fin
全国	均值	2.316	0.198	0.433	0.179	0.014	0.314	0.118	0.530	0.219	2.683
	标准差	0.127	0.228	0.090	0.202	0.011	0.383	0.449	0.140	0.095	0.990
	极小值	2.084	0.000	0.198	0.000	0.002	0.017	0.000	0.269	0.080	1.279
	极大值	2.801	2.344	0.793	1.377	0.060	1.721	5.501	0.896	0.627	7.575

续表

地区		Isu	Fs	Bs	Cs	Rd	Open	Fdi	Urb	Gov	Fin
东部	均值	2.398	0.269	0.428	0.229	0.021	0.660	0.142	0.647	0.160	3.108
	标准差	0.162	0.336	0.092	0.258	0.014	0.453	0.494	0.142	0.057	1.348
	极小值	2.084	0.000	0.198	0.000	0.002	0.096	0.011	0.377	0.080	1.519
	极大值	2.801	2.344	0.793	1.377	0.060	1.721	5.221	0.896	0.340	7.575
中部	均值	2.262	0.174	0.424	0.176	0.011	0.113	0.093	0.485	0.193	2.142
	标准差	0.071	0.114	0.067	0.189	0.003	0.037	0.248	0.069	0.040	0.493
	极小值	2.121	0.000	0.285	0.000	0.005	0.047	0.005	0.307	0.105	1.422
	极大值	2.494	0.689	0.537	0.903	0.021	0.198	1.014	0.594	0.292	3.877
西部	均值	2.273	0.145	0.446	0.132	0.009	0.113	0.113	0.445	0.292	2.651
	标准差	0.064	0.109	0.100	0.120	0.005	0.068	0.513	0.084	0.105	0.542
	极小值	2.127	0.000	0.269	0.000	0.002	0.017	0.000	0.269	0.141	1.279
	极大值	2.427	0.531	0.782	0.659	0.024	0.411	5.501	0.641	0.627	3.637

资料来源：笔者利用Stata14.0计算整理所得。

图6-10刻画了融资结构与产业结构升级之间的关系，同时给出了两者之间的二次回归曲线。横轴代表融资结构，纵轴代表产业结构升级。从样本点的分布来看，代表产业结构升级的纵轴样本点分布相对集中，代表融资结构的横轴样本点分布则明显更为分散，说明产业结构升级的省际差异较小，而融资结构的省际差异较大。从融资结构与产业结构升级之间的关系来看，两者具有明显的正相关关系，即随着直接融资占比的提升，产业结构层次也将不断提升。

图6-11刻画了银行业结构与产业结构升级之间的关系，同时给出了两者之间的二次回归曲线。横轴代表银行业结构，纵轴代表产业结构升级。银行业结构和产业结构升级的样本点分布均较为集中，且两者之间呈现出较为明显的负相关关系，即随着银行业集中度的提升，产业结构升级将呈现出下降趋势。

图6-12刻画了资本市场结构与产业结构升级之间的关系，同时给出了两者之间的二次回归曲线。横轴代表资本市场结构，纵轴代表产业结构升级。

从样本点的分布来看，代表产业结构升级的纵轴样本点分布相对集中，代表资本市场结构的横轴样本点分布则明显更为分散，说明产业结构升级的省际差异较小，而资本市场结构的省际差异较大。从资本市场结构与产业结构升级之间的关系来看，两者具有明显的正相关关系，即随着多层次资本市场的不断发展，产业结构层次也将不断提升。

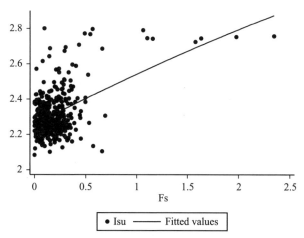

图 6 - 10　融资结构与产业结构升级关系散点图

资料来源：笔者利用 Stata14. 0 绘制。

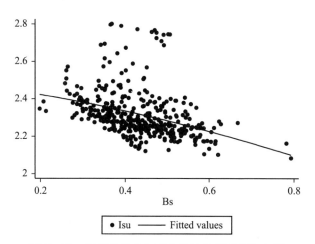

图 6 - 11　银行业结构与产业结构升级关系散点图

资料来源：笔者利用 Stata14. 0 绘制。

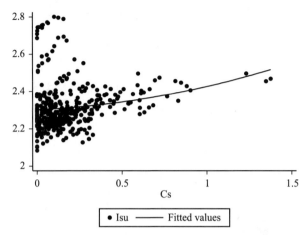

图 6 – 12　资本市场结构与产业结构升级关系散点图

资料来源：笔者利用 Stata14.0 绘制。

　　此外，考虑到变量之间可能存在的多重共线性问题，即两个或多个解释变量之间高度相关，则不易区分它们各自对被解释变量的单独影响力。这里进行了以下两项多重共线性检验：第一，变量相关系数检验。表 6 – 7 列示了解释变量的"两两相关系数"（pairwise correlations），可以看出，各变量相关系数均不超过 0.7，表明变量之间不存在严重的多重共线性问题；第二，方差膨胀因子检验。协方差矩阵主对角线上的第 k 个元素为：

$$Var(b_k \mid X) = \frac{\sigma^2}{(1 - R_k^2)S_{kk}} \tag{6.6}$$

　　其中，$S_{kk} = \sum_{i=1}^{n} (x_{ik} - \bar{x}_k)^2$ 为 x_k 的离差平方和。定义第 k 个解释变量 x_k 的"方差膨胀因子"（Variance Inflation Factor，VIF）为：

$$VIF_k = \frac{1}{1 - R_k^2} \tag{6.7}$$

　　则 $Var(b_k \mid X) = VIF_k(\sigma^2/S_{kk})$。VIF 越大则表明多重共线性问题越严重。一个经验规则是，最大的 VIF，即 $\max\{VIF_1, \cdots, VIF_K\}$ 不超过 10 时，表明多重共线性问题并不严重。表 6 – 8 列示了方差膨胀因子的检验结果，可以看出，最大的 VIF 为 5.34，远小于 10，故不存在严重的多重共线性问题。

表 6 – 7 变量相关系数检验结果

变量	Fs	Bs	Cs	Rd	Open	Fdi	Urb	Gov	Fin
Fs	1.000	0.011	0.008	0.573	0.439	0.020	0.400	-0.037	0.523
Bs	0.011	1.000	-0.423	-0.213	0.038	-0.268	-0.412	-0.142	-0.257
Cs	0.008	-0.423	1.000	0.185	-0.001	0.171	0.165	-0.124	0.064
Rd	0.573	-0.213	0.185	1.000	0.690	0.039	0.668	-0.256	0.636
Open	0.439	0.038	-0.001	0.690	1.000	-0.037	0.656	-0.347	0.552
Fdi	0.020	-0.268	0.171	0.039	-0.037	1.000	0.099	0.080	0.147
Urb	0.400	-0.412	0.165	0.668	0.656	0.099	1.000	-0.220	0.621
Gov	-0.037	-0.142	-0.124	-0.256	-0.347	0.080	-0.220	1.000	0.250
Fin	0.523	-0.257	0.064	0.636	0.552	0.147	0.621	0.250	1.000

资料来源：笔者利用 Stata14.0 计算整理所得。

表 6 – 8 方差膨胀因子检验结果

变量	Fs	Bs	Cs	Rd	Open	Fdi	Urb	Gov	Fin
VIF	1.61	2.28	1.33	5.34	4.18	1.12	5.33	2.39	4.76

资料来源：笔者利用 Stata14.0 计算整理所得。

6.2.3 研究方法与实证策略

为设定好的模型选择合适的计量方法是实证研究中的关键所在。为保证模型估计结果的有效性，首先需要对模型中可能存在的内生性问题加以考虑：一方面，由于在设定的计量模型中引入了因变量的滞后项作为解释变量，因而不可避免地存在内生性问题；另一方面，金融结构是产业结构升级过程中的内生变量，这意味着模型中可能存在金融结构与产业结构升级之间的联立性（simultaneity），即产业结构升级与金融结构之间互为因果关系，从而引发内生性问题。这里如果采用混合最小二乘法、固定效应模型、随机效应模型等传统的面板数据估计技术，往往会造成参数估计的有偏性和不一致性。用这样的参数估计值去解释金融结构对产业结构升级的影响势必会造成错误的结论。因此，需要对上述变量可能存在的内生性问题加以控制和解决。为解决这一问题，阿雷亚诺和邦德（Arellano and Bond，1991）提出了动态面板模型差分 GMM 估计技术，一方面通过对估计模型进行一阶差分消除了固定效应的影响；另一方面在安德森和萧（Anderson and Hsiao，1981）的基础上引入所有可能的滞后变量作为工具变量，从而得到一致性的差分 GMM 估计结果。差分 GMM 估计技术相比传统的估计方法具有更高的估计效率，有效解决了解释变量的内生性问题。但该种方法同时也会损失一部分样本信息，并且解释变量较长的时间连续性会进一步减弱工具变量的有效性，尤其是在小样本的情况下。为此，布伦德尔和邦德（Blundell and Bond，1998）将差分 GMM 和水平 GMM 结合在一起，提出了系统 GMM 估计技术，一方面将差分变量的滞后项作为水平方程相应变量的工具变量，增加了更多可用的工具变量；另一方面在估计过程中将差分方程和水平方程作为一个方程系统进行 GMM 估计，控制了模型中可能存在的内生性和异方差问题，从而大大提高了估计结果的有效性。GMM 估计方法包括一步 GMM 和两步 GMM，考虑到两步 GMM 估计量的标准差在有限样本条件下会产生严重的向下偏倚（Bond et al.，2001），从而影响统计推断的结果，故本书采用一步系统 GMM 估计技术，以核心解释变量和被解释变量的滞后项作为工具变量对模型进行估计，并控制住了省份固定效应和时间固定效应。同时，为了进一步消除异方差带来的影响，在估计时均对研究样本进行了 Robust 稳健标准误处理。此外，作为一致估计，系统 GMM 能够成立需要满足两个前提条件：一是回归方程的随机扰动项 ε_{it} 不存在序列相关；二是工具变量不存在过度识别问题。前者运用残差序列相关性检验 AR（n）来判断；后者运用 Hansen J 检验来判断。

6.3　金融结构对产业结构升级的直接影响效应检验

6.3.1　基于全国层面的检验结果及分析

表 6-9 列示了基于全国层面的金融结构对产业结构升级影响效应的估计结果。考虑估计结果的有效性：首先，工具变量的有效性检验 Hansen Test 在

10%的显著性水平上不能拒绝过度识别约束有效的原假设，表明我们选取的工具变量不存在过度识别问题；其次，一阶序列相关性检验的结果 AR(1)显著，表明存在一阶序列相关，即存在内生性问题，二阶序列相关性检验的结果 AR(2) 不显著，表明不存在二阶序列相关，即内生性问题得以克服。因此，模型1~模型5的一步系统 GMM 估计结果是有效的。

表6-9 金融结构对产业结构升级影响效应的估计结果

变量	模型 1	模型 2	模型 3	模型 4	模型 5
Isu_{t-1}	0.854 *** (16.27)	0.872 *** (28.09)	0.843 *** (21.85)	0.879 *** (22.66)	0.882 *** (38.04)
Fs		0.022 *** (3.48)			0.016 ** (2.15)
Bs			−0.098 *** (−4.51)		−0.053 ** (−2.38)
Cs				0.021 *** (3.28)	0.015 ** (2.40)
Rd	0.510 * (1.83)	0.546 ** (2.06)	0.644 ** (2.43)	0.294 (1.24)	0.434 * (1.79)
Open	−0.010 * (−1.71)	−0.008 (−1.47)	0.008 (1.30)	−0.006 (−1.26)	0.003 (0.54)
Fdi	0.002 (0.96)	0.002 (0.90)	−0.001 (−0.63)	−0.000 (−0.04)	−0.001 (−0.37)
Urb	0.093 *** (3.74)	0.081 *** (4.69)	0.036 * (1.86)	0.081 *** (3.86)	0.045 *** (2.75)
Gov	0.027 (1.35)	0.024 (1.31)	0.025 * (1.71)	0.032 (1.60)	0.029 * (1.82)
Fin	0.007 * (1.79)	0.007 ** (2.04)	0.006 ** (2.11)	0.006 ** (1.97)	0.005 ** (2.13)
Cons	0.271 *** (2.72)	0.231 *** (4.05)	0.364 *** (4.59)	0.220 *** (3.02)	0.249 *** (5.16)
Hansen Test	27.76	26.97	28.46	28.00	24.40
AR(1)	0.000	0.000	0.000	0.000	0.000
AR(2)	0.606	0.569	0.338	0.537	0.404
obs	390	390	390	390	390

注：***、**、*分别表示在1%、5%、10%的显著性水平下显著；估计系数下方括号内的数值为经 Robust 修正后的 z 统计量。

资料来源：笔者利用 Stata14.0 计算整理所得。

其中，模型 1 显示了不包含金融结构变量的模型估计结果。模型 2 是在模型 1 的基础上加入融资结构变量的模型估计结果，模型 2 的估计结果显示，融资结构变量的估计系数在 1% 的水平上显著为正。这一结果表明股票融资额与债券融资额之和与贷款融资额的比例对产业结构升级具有显著的正向影响，即直接融资占比的提升能够有效促进产业结构的升级，这与本书第 3 章中理论分析得到的结论是一致的，即相比银行体系，金融市场更有利于推动产业结构升级。这是由于，在银行体系流动性创造的短期性、确定性条件下信息处理的规模效应和风险管理的内在化特征决定了其更适合为贷款周期较短、市场前景清晰、创新程度较低、风险较低的传统产业提供融资；而金融市场发达的二级市场、有效的多元审查和"风险共担，收益共享"的风险分散机制决定了其更善于为研发周期长、创新程度高、高风险高收益的高新技术产业提供资金支持及相应的金融服务。因此，在产业结构升级的过程中，金融市场功能的发挥更能为技术创新聚集资金，推动产业迈向中高端水平。

模型 3 是在模型 1 的基础上加入银行业结构变量的模型估计结果，模型 3 的估计结果显示，银行业结构变量的估计系数在 1% 的水平上显著为负。这一结果表明大型商业银行资产总额与银行业资产总额的比例对产业结构升级有着显著的负向影响，也就是说，银行业集中度的提升不利于产业结构升级。这验证了本书第 3 章理论分析得出的结论，即银行业内部竞争性越强、结构越分散，越有利于促进产业结构升级。这主要是因为相比垄断性银行业结构，竞争性银行业结构在大规模储蓄动员、支持中小企业发展和降低审批门槛等方面都更具优势，因而更有利于为高科技中小企业提供融资服务，进而推动产业结构升级。

模型 4 是在模型 1 的基础上加入资本市场结构变量的模型估计结果，模型 4 的估计结果显示，资本市场结构变量的估计系数在 1% 的水平上显著为正。这一结果表明中小板与创业板市值总和与主板市值的比例对产业结构升级有着显著的正向影响，也就是说，中小板与创业板占比的提升有利于推动产业结构升级。这与本书第 3 章理论分析得出的结论是一致的，即资本市场内部结构越偏向于复合型越有利于促进产业结构升级。这主要是因为，以主板市场为主导的单一型资本市场结构主要集中服务于传统产业中资本规模较大、盈利能力稳定的大型成熟企业,而产业结构升级过程中高新技术企业、中小企业的发展则离不开复合型资本市场结构,即多层次资本市场的融资支持。

模型 5 是在模型 1 的基础上同时加入融资结构变量、银行业结构变量和资本市场结构变量的模型估计结果,模型 5 的估计结果显示,融资结构变量的估计系数 α_2 和资本市场结构变量的估计系数 α_4 均在 5% 的统计水平上显著为正,而银行业结构变量的估计系数 α_3 则在 5% 的统计水平上显著为负。这一结论与模型 2 ~ 模型 4 中依次加入融资结构变量、银行业结构变量和资本市场结构变量的估计结果具有较强的一致性。同时也再次验证了本书第 3 章理论分析中所提出的假设 1,即金融结构对产业结构升级具有显著影响,且市场主导型融资结构、竞争性银行业结构和复合型资本市场结构更有利于促进产业结构升级。

在控制变量方面。产业结构升级滞后一期的估计系数在模型 1 ~ 模型 5 中均通过了 1% 的显著性水平检验,且影响方向均为正,表明一个地区本期的产业结构状况往往与该地区的经济传统和过去的资本积累密切相关,反映了产业结构的升级受惯性影响所表现出的延续性与累积性特征,同时也说明了构建动态面板模型的必要性。研发投入强度对产业结构升级的影响系数显著为正,表明提升研发投入强度能够显著促进产业结构升级,这可能源于加大研发投入能带来创新产出的快速增长和创新能力的迅速形成,进而促进社会分工的进一步深化,引发比较劳动生产率的变化和供需结构的变化,导致产业之间关系的演变。这也论证了当前实施创新驱动发展战略过程中强调加大 R&D 经费支出占比的合理性。对外开放度对产业结构升级的影响效应并不显著,这与已有研究所提出的"加强对外贸易能促进技术溢出和产业结构升级"的观点相左,一种可能的解释是,大规模的进出口贸易使企业在不进行创新活动的情况下仍然能够维持可观的利润水平,因此,企业更依赖于生产规模的不断加大而非自身创新能力和产业层次的持续提升。外资依存度对产业结构升级的影响在模型 1 ~ 模型 5 中均未通过显著性检验,这与古斯塔夫森和塞格斯特伦(Gustafsson and Segerstrom,2011)所提出的"外商直接投资作为跨国资本流动的最高形式,对产业结构升级具有重要影响"的结论不一致,这可能是由于单纯依靠引进外资,以市场换技术,会对内资企业的生产经营产生挤出效应，进而在一定程度上弱化了 FDI 对技术创新水平提升和产业层次提升带来的积极影响。城市化水平的提升显著促进了产业结构的升级，表明加速推进城市化进程有利于人力资本、教育资源等要素的聚集与开发，进而对产业层次的提升产生至关重要的影响。政府干预度的估计结果虽然在方向上均为正，但显著性水平并不高，表明本书并不能为财政支出水平促进产业结构升级提供证据。这一结论符合新结构经济学关于产业结构升级中政府与市场分工的理论，即市场应在资源配置中发挥核心作用，新技术的研发和创新应由企业在市场乃至参与国际竞争中实现（林毅夫，2012）。金融发展的估计系数在模型 1 ~ 模型 5 中均显著为正，表明金融发展水平的提升显著促进了产业结构的升级。这支持了易信和刘凤良（2015）、罗超平等（2016）所提出的金融发展对加速产业结构转型有显著促进作用的结论，表明金融体系为实体经济企业所提供的资金支持已成为当前推动中国产业结构升级的重要支撑。

6.3.2 基于分地区层面的检验结果及分析

通过观察表 6 - 6 的描述性统计结果，不难发现，中国三大地区之间在金融结构和产业结构上均存在较大差异，那么在空间维度上，金融结构对产业结构升级的影响是否有所差异？为获得更有针对性的研究结论，此处基于空间异质性视角分别对中国东部、中部和西部地区金融结构与产业结构升级的关系进行检验。表 6 - 10 列示了金融结构对产业结构升级影响效应的分地区估计结果。其中，模型 1 ~ 模型 3 分别是针对东部、中部和西部地区的模型估计结果。考虑估计结果的有效性：首先，工具变量的有效性检验 Hansen Test 在 10% 的显著性水平上不能拒绝过度识别约束有效的原假设，表明选取的工具变量不存在过度识别问题；其次，一阶序列相关性检验的结果 AR(1) 显著，表明存在一阶序列相关，即存在内生性问题，二阶序列相关性检验的结果 AR(2) 不显著，表明不存在二阶序列相关，即内生性问题得以克服。因此，表 6 - 10 中的一步系统 GMM 估计结果是有效的。

表 6 – 10　　　　金融结构对产业结构升级影响效应的分地区估计结果

变量	东部地区		中部地区		西部地区	
	模型（1a）	模型（1b）	模型（2a）	模型（2b）	模型（3a）	模型（3b）
Isu_{t-1}	0.936 *** (19.28)	0.864 *** (16.06)	0.816 *** (18.75)	0.734 *** (7.96)	0.849 *** (15.42)	0.860 *** (25.28)
Fs		0.015 ** (2.01)		0.013 ** (2.10)		0.006 (1.03)
Bs		− 0.032 * (− 1.69)		− 0.028 (− 0.49)		− 0.103 ** (− 2.52)
Cs		0.011 *** (3.67)		0.051 *** (3.01)		0.014 (1.22)
Rd	0.461 ** (2.19)	0.966 *** (3.48)	0.564 ** (2.07)	0.455 * (1.79)	0.443 (0.90)	0.854 ** (2.35)
Open	− 0.005 (− 1.26)	0.007 (1.14)	− 0.229 *** (− 5.37)	− 0.221 *** (− 2.80)	− 0.002 (− 0.06)	0.034 (0.96)
Fdi	0.004 *** (5.11)	0.003 *** (3.57)	0.006 (1.43)	− 0.002 (− 0.35)	− 0.002 ** (− 2.06)	− 0.002 (− 0.92)
Urb	0.038 ** (2.07)	0.025 ** (2.09)	0.104 *** (2.98)	0.176 *** (2.93)	0.084 *** (2.64)	0.023 * (1.83)
Gov	0.061 ** (2.31)	0.079 *** (3.67)	0.177 ** (1.97)	0.060 (0.77)	0.024 (0.69)	0.072 *** (3.56)
Fin	0.007 * (1.75)	0.009 ** (1.99)	0.013 *** (3.26)	0.027 *** (4.18)	0.012 *** (2.75)	0.006 * (1.72)
Cons	0.102 (1.33)	0.264 *** (2.46)	0.333 *** (3.74)	0.476 *** (3.47)	0.272 *** (2.83)	0.311 *** (3.88)
Hansen Test	17.85	16.74	18.93	17.41	17.00	16.62
AR(1)	0.034	0.031	0.032	0.025	0.006	0.003
AR(2)	0.665	0.841	0.506	0.631	0.653	0.592
obs	143	143	104	104	143	143

注：***、**、*分别表示在1%、5%、10%的显著性水平下显著；估计系数下方括号内的数值为经 Robust 修正后的 z 统计量。
资料来源：笔者利用 Stata14.0 计算整理所得。

表6-10的估计结果显示，三大地区金融结构对产业结构升级的影响效应确实存在着一定的差异。东部地区与全国情况较为一致，融资结构和资本

市场结构变量的估计系数均显著为正，银行业结构变量的估计系数显著为负；中部地区融资结构和资本市场结构变量的系数符号均为正，且分别在5%或1%的水平上通过了显著性检验，银行业结构变量的估计系数则不显著为负；西部地区的融资结构、银行业结构和资本市场结构变量的估计系数符号与全国情况基本一致，但仅有银行业结构变量的估计系数在5%的统计水平上通过了显著性检验。对此可能的解释是，金融结构对产业结构升级的影响并非简单的线性关系，两者之间可能存在着更为复杂的非线性关系以及相应的约束机制，地区之间在金融结构水平、经济发展阶段以及金融生态环境等方面的差异可能造成了上述影响效应的差异。后面第8章中将对金融结构与产业结构升级之间可能存在的非线性关联进行具体检验与分析。

在控制变量方面，通过与前面对比不难发现，此处各控制变量的估计结果与表6-9中的估计结果基本一致且波动较小，这也表明了本文动态面板模型构建的合理性。因此，这里不再对此进行赘述。

6.3.3 稳健性检验

沿袭布伦德尔和邦德（Blundell and Bond，2000）的思想，同时采用固定效应模型和混合 OLS 模型对系统 GMM 的估计有效性进行检验。由于混合 OLS 模型通常会高估模型的滞后项系数，而固定效应模型通常会低估模型的滞后项系数，所以，当一步系统 GMM 的估计值介于混合 OLS 模型和固定效应模型给出的真实估计值之间时，我们认为估计结果是有效的。

稳健性检验结果列示于表6-11。其中，模型（1a）~模型（1c）为不考虑金融结构变量的模型估计结果，因变量滞后项（Isu_{t-1}）的混合 OLS、一步系统 GMM 和固定效应的估计量分别为 0.895、0.854 和 0.817，可见，滞后因变量的一步系统 GMM 的估计量确实介于混合 OLS 和固定效应的估计量之间，因而该估计结果是有效的。模型（2a）~模型（2c）为在模型（1a）~模型（1c）的基础上同时加入了融资结构、银行业结构和资本市场结构变量的模型估计结果，因变量滞后项（Isu_{t-1}）的混合 OLS、一步系统 GMM 和固定效应的估计量分别为 0.884、0.882 和 0.798，同上述分析，该因变量滞后项（Isu_{t-1}）的一步系统 GMM 的估计值介于混合 OLS 模型和固定效应模型给出的真实估计值之间，符合 GMM 估计有效性的判断标准，因而该估计结果也是有效的，从而佐证了前面的结论，即金融结构对产业结构升级具有显著影响，且市场主导型融资结构、竞争性银行业结构和复合型资本市场结构更有利于促进产业结构升级。

表 6 - 11　　　　　　　　　　稳健性检验结果（一）

变量	模型（1a）	模型（1b）	模型（1c）	模型（2a）	模型（2b）	模型（2c）
	OLS	GMM	FE	OLS	GMM	FE
Isu_{t-1}	0.895 *** (42.58)	0.854 *** (16.27)	0.817 *** (18.47)	0.884 *** (35.65)	0.882 *** (38.04)	0.798 *** (17.13)
Fs				0.015 ** (2.09)	0.016 ** (2.15)	0.021 * (1.82)
Bs				- 0.053 ** (- 2.31)	- 0.053 ** (- 2.38)	- 0.060 (- 1.38)
Cs				0.014 ** (2.33)	0.015 ** (2.40)	0.019 * (1.86)
Rd	0.303 (1.36)	0.510 * (1.83)	0.803 (0.95)	0.420 (1.67)	0.434 * (1.79)	0.922 (1.21)
Open	- 0.011 ** (- 2.16)	- 0.010 * (- 1.71)	- 0.003 (- 0.21)	0.003 (0.48)	0.003 (0.54)	0.010 (0.64)
Fdi	0.001 (0.76)	0.002 (0.96)	- 0.000 (- 0.19)	- 0.001 (- 0.37)	- 0.001 (- 0.37)	- 0.000 (- 0.11)
Urb	0.081 *** (5.07)	0.093 *** (3.74)	0.140 * (2.02)	0.045 ** (2.72)	0.045 *** (2.75)	0.052 (0.76)
Gov	0.020 (1.12)	0.027 (1.35)	0.088 * (1.75)	0.028 * (1.81)	0.029 * (1.82)	0.075 (1.29)
Fin	0.005 * (1.97)	0.007 * (1.79)	0.009 (1.42)	0.005 ** (2.10)	0.005 ** (2.13)	0.006 (1.01)
Cons	0.190 *** (4.95)	0.271 *** (2.72)	0.305 *** (3.78)	0.246 *** (4.78)	0.249 *** (5.16)	0.419 *** (4.60)
obs	390	390	390	390	390	390

注：***、**、* 分别表示在 1%、5%、10% 的显著性水平下显著；估计系数下方括号内的数值为经 Robust 修正后的 t 统计量或 z 统计量。

资料来源：笔者利用 Stata14.0 计算整理所得。

为进一步保障研究结论的可靠性，除借鉴布伦德尔和邦德（Blundell and Bond，2000）的方法考察 GMM 估计的有效性外，这里还从下述两个层面出发进行了稳健性测试：第一，为尽量克服样本中异常值和非随机性对模型估计结果造成的不利影响，分别剔除 3% 的产业结构升级极大值和极小值样本后再次进行回归，所得回归结果见模型（1a）和模型（1b）；第二，剔除 2005 年和 2017 年两年的样本后采用 2006～2016 年 30 个省份的面板数据再次进行回归，所得回归结果见模型（2a）和模型（2b）。将上述两项稳健性检验的回归结果（见表 6－12）与表 6－9 的回归结果进行对比，不难发现，核心解释变量融资结构、银行业结构和资本市场结构对产业结构升级的影响方向及其显著性基本一致，表明前面中基于表 6－9 的回归结果所揭示的金融结构对产业结构升级的影响规律是可靠的。此外，就其他控制变量而言，各项稳健性检验结果与前述回归结果也基本一致，表明前述相关控制变量与产业结构升级关系的结论也是稳健的。

表 6－12　　　　　　　　稳健性检验结果（二）

变量	模型（1a）	模型（1b）	模型（2a）	模型（2b）
Isu_{t-1}	0. 895 *** (27. 92)	0. 899 *** (37. 96)	0. 766 *** (8. 65)	0. 871 *** (25. 24)
Fs		0. 023 ** (2. 42)		0. 017 * (1. 94)
Bs		− 0. 048 * (− 1. 66)		− 0. 050 ** (− 2. 06)
Cs		0. 017 ** (2. 36)		0. 013 ** (2. 47)
Rd	0. 597 ** (1. 99)	0. 354 * (1. 91)	0. 925 *** (2. 83)	0. 615 ** (2. 03)
Open	− 0. 012 ** (− 2. 09)	0. 001 (0. 11)	− 0. 002 (− 0. 24)	0. 005 (0. 57)
Fdi	0. 001 (0. 16)	0. 002 (0. 56)	0. 004 (1. 30)	0. 001 (0. 25)
Urb	0. 070 *** (3. 08)	0. 045 ** (2. 28)	0. 109 *** (3. 07)	0. 050 *** (2. 76)

续表

变量	模型（1a）	模型（1b）	模型（2a）	模型（2b）
Gov	0.021 (1.24)	0.027 (1.60)	0.035 (1.21)	0.038 (1.55)
Fin	0.007* (1.95)	0.005 (1.34)	0.010* (1.90)	0.005* (1.92)
Cons	0.188*** (3.17)	0.211*** (4.27)	0.446*** (2.60)	0.264*** (3.62)
Hansen Test	22.45	19.16	28.97	26.05
AR(1)	0.000	0.000	0.000	0.000
AR(2)	0.703	0.660	0.868	0.818
obs	325	325	330	330

注：***、**、*分别表示在1%、5%、10%的显著性水平下显著；估计系数下方括号内的数值为经 Robust 修正后的 z 统计量。

资料来源：笔者利用 Stata14.0 计算整理所得。

6.4 本章小结

本章在构建并测算了金融结构指标与产业结构升级指标的基础上，运用 2005~2017 年中国 30 个省份的面板数据，构建了金融结构影响产业结构升级的动态面板模型。从融资结构、银行业结构和资本市场结构三个层面剖析了金融结构对产业结构升级的影响效应，并回答了何种类型的金融结构更有助于推动中国当前的产业结构升级等现实问题，进而验证了第 3 章理论分析中的假设 1。主要结论如下。

首先，基于金融结构的测算分析发现：一是就融资结构而言，从全国层面来看，中国的融资结构处于持续波动中，且以债券和股票市场为代表的直接融资发展严重不足，银行贷款在社会融资结构中占比偏高；从区域层面来看，三大地区均经历了较大的波动，并形成了较大的地区差异，东部地区的直接融资发展相对较快，而中部、西部地区均低于全国平均水平。二是就银行业结构而言，从全国层面来看，中国的银行业结构总体呈现出稳步下降的趋势，银行业竞争性不断提升，银行业内部结构趋于合理化；从区域层面来看，西部地区的银行业集中度相对最高，中部和东部地区差异较小，且三大地区之间在银行业结构上的差距在持续缩小。三是就资本市场结构而言，从全国层面来看，中国的资本市场结构总体呈现出波动上升的趋势，初步形成了多层次的资本市场结构，但这一多层次结构仍不成熟，表现为主板占比过高，而中小企业板和创业板发展不足；从区域层面来看，东部地区的资本市场结构始终远高于中、西部地区，其在资本市场的多层次性上相对更加成熟。

其次，基于产业结构升级的测算分析发现：一是从全国范围来看，中国的产业结构升级水平总体呈现出稳步上升的趋势，但中国产业结构升级平均水平相对较低，仍有较大提升空间。二是从地区层面来看，东部、中部和西部地区的产业结构升级水平均呈现出稳定增长态势，且东部地区的产业结构升级水平始终远高于全国和中部、西部地区，中部地区和西部地区的产业结构升级水平差异则相对较小。三是从省际层面来看，各省份的产业结构升级水平均保持了较稳定的增长趋势，但产业结构发展的地区差异依然十分明显，北京、上海、天津、浙江和广东等省份的产业结构升级水平远远领先于其他省份，而广大中西部省份的产业结构升级情况则存在明显的滞后，说明新常态下，中国各省份之间产业结构升级水平的不均衡问题依然严峻。

再次，基于金融结构对产业结构升级影响效应的检验发现：一是无论融资结构、银行业结构还是资本市场结构，均对产业结构升级具有显著的影响，且产业结构的升级受惯性影响表现出了延续性与累积性的特征。二是融资结构对产业结构升级具有显著的正向影响，即直接融资占比的提升对产业结构升级具有显著的正向促进作用，可见，相比银行体系，金融市场更有利于推动产业结构升级。三是银行业结构对产业结构升级具有显著的负向影响，即银行业集中度的提升对产业结构升级具有显著的抑制作用，可见，银行业内部竞争性越强、结构越分散，越有利于促进产业结构升级。四是资本市场结构对产业结构升级具有显著的正向影响，即中小板与创业板占比的提升对产业结构升级具有显著的正向促进作用，可见，资本市场内部结构越偏向于复合型越有利于促进产业结构升级。五是研发投入强度、城市化水平和金融发展产业结构层次的提升均产生了显著的正向影响，对外开放度、外资依存度和政府干预度的影响并不显著。

最后，基于金融结构影响产业结构升级的分地区检验结果显示：一是东部、中部和西部地区金融结构对产业结构升级的影响效应确实存在着一定的差异。二是就融资结构而言，东部、中部和西部地区融资结构变量的估计系数在方向上均为正向，但仅东部和中部地区通过了显著性检验，且东部地区融资结构对产业结构升级的正向影响最大。三是就银行业结构而言，东部、中部和西部地区银行业结构变量的估计系数在方向上均为负向，但仅东部和西部地区通过了显著性检验，且西部地区银行业结构对产业结构升级的负向影响最大。四是就资本市场结构而言，东部、中部和西部地区资本市场结构变量的估计系数在方向上均为正向，但仅东部和中部地区通过了显著性检验，且中部地区资本市场结构对产业结构升级的正向影响最大。

|第 7 章|
金融结构对产业结构升级间接影响
效应的实证检验

前面运用一步系统 GMM 估计技术的实证检验结果表明，金融结构对产业结构升级具有显著的直接影响，且市场主导型融资结构、竞争性银行业结构和复合型资本市场结构更有利于促进产业结构升级。然而，第 3 章的理论分析表明，金融结构不仅通过"供需适应性匹配"直接影响产业结构升级，还可能通过中小企业成长、技术创新和主导产业发展产生中介效应，进而间接影响产业结构升级。本章的研究旨在结合第 3 章间接影响路径的理论分析，在前文直接影响效应检验的基础上，明确中介变量的指标设定，运用中国省际面板数据构建中介效应模型，实证检验金融结构对产业结构升级间接影响效应。

7.1 中介变量的指标设定

7.1.1 中小企业成长指标设定

国内外学者围绕如何构建评价指标体系和选用何种评价方法对中小企业成长进行了深入研究。学术界对于中小企业成长尚未形成统一而权威的定义，对中小企业成长评价指标的选取也存在较大差异。在实证研究中，大量学者采用销售收入、实物产出、市场份额、雇员增长率等指标作为表征中小企业成长的代理变量。然而，用单一型指标评价中小企业成长具有较大局限性，且在针对不同研究目标的实用性上存在争议。为弥补单一型指标在中小企业成长评价上的不足，中国企业评价协会等（2001）提出了专门评估成长型中小企业的 GEP 评估法，从发展状况、经济效率、获利水平、偿债能力和行业成长性五个维度出发，利用二维判断法得出综合得分。陈泽聪和吴建芳（2002）从盈利能力、资产负债管理、偿债能力、成长能力四个维度出发选取 15 项指标构建了小型上市公司成长性评价的综合指标体系，并运用因子分析法对成长性指标进行筛选。林汉川和管鸿禧（2004）从外部环境竞争力、短期生存实力、中期成长能力、长期发展潜力等方面出发，基于中国 6 省市 1512 家中小企业的问卷调查数据，运用层次分析法对我国东中西部中小企业竞争力进行了评价与比较分析。陈晓红等（2004）通过构建多层次中小企业成长性评价目标结构，运用突变级数法对 2003 年度 82 家中小上市企业的成长性进行了评价和排序。

上述文献均是以企业为单位构建评价中小企业成长指标体系的，而本书是以省域为单位来进行研究，不宜采用过于细化的个体企业成长性指标来衡量一个区域的中小企业成长性水平，因为这些指标缺乏对区域内不同行业所有中小企业成长性的综合代表性。结合已有分析，这里在选取中小企业成长的代理指标时，将沿袭现有文献广泛认可的多维度综合评价法，同时兼顾区域内中小企业的综合实力。

虽然已有研究对中小企业成长的界定不尽相同，但基本共识是：中小企业成长是指中小企业在经营发展过程中，通过生产要素投入和生产成果产出之间的不断转换而形成的企业价值的增长。中小企业的成长体现在中长期持续经营和规模效益不断增长两个方面，其实质是中小企业不断挖掘现有的未利用资源从而实现持续的价值增长能力。中小企业成长具有如下特征：（1）持续性。中小企业的成长应以中小企业持续、正常的生产经营活动为前提，只有在这一前提下才可能实现企业价值的不断增长。（2）效益性。中小企业在生产经营过程中能否通过要素投入换取更大的成果产出是衡量其成长性的重要标志。（3）扩张性。中小企业成长的最终目标是企业价值的不断增长，从市场竞争角度看，一方面，规模经济有利于产生更大的边际效益；另一方面，规模的壮大有利于增强企业的抗风险能力，因而能否实现规模的进一步扩张是中小企业成长的关键。

基于上述思路，本书从中小企业资产营运能力、中小企业盈利能力和中小企业规模扩张能力三个层面出发，并选取相应的细分指标，对中小企业成长（Growth）展开评价：

（1）中小企业资产营运能力。中小企业成长的持续性很大程度上取决于中小企业能否合理地组织、配置和管理各项资产，并高效地运用企业所拥有的资产来创造收入。资产营运能力的高低反映了资产的运动状态及企业对经济资源管理、运用的效率。这里采用总资产报酬率和总资产周转率两个指标来衡量。（2）中小企业盈利能力。中小企业成长的效益性主要依赖于其自身的盈利能力，即企业的资金或资本增值能力，具体通过要素投入和成果产出的优化对比来予以反映。这里采用销售利润率和总资产利润率两个指标来衡量。（3）中小企业规模扩张能力。中小企业规模扩张能力体现了中小企业成长的扩张性，这里采用净资产增长率和销售收入增长率两项指标来衡量。具体的中小企业成长性评价指标体系见表7－1。

表7－1　　　　　　　　　　　中小企业成长评价指标体系

指标类别	指标名称	指标计算方法	编号
资产营运能力	总资产报酬率	（利润总额＋利息支出）÷平均资产总额×100%	f1
	总资产周转率	销售收入÷总资产	f2
盈利能力	销售利润率	利润总额÷销售收入×100%	f3
	总资产利润率	利润总额÷总资产×100%	f4
规模扩张能力	净资产增长率	（本期净资产额－上期净资产额）÷上期净资产额×100%	f5
	销售收入增长率	（本期销售收入－上期销售收入）÷上期销售收入×100%	f6

注：以上指标统计口径为中国30个省、直辖市、自治区（西藏除外）工业41个大类行业中小企业的合计。

本节用于评价中小企业成长的原始数据均来自 CSMAR 数据库和 Wind 数据库。这里借鉴刘根荣（2014）处理流通产业竞争力指标时的做法，采用全局主成分分析法对原有指标进行浓缩和综合，并借助 SPSS25.0 软件对 2005 ～

2017 年中国 30 个省份（不包括西藏自治区和港澳台地区）的中小企业成长进行综合评价。

首先，考察各评价指标之间是否存在一定的线性关系，以确定是否适合采用主成分分析法。这里借助巴特利特球度检验和 KMO 检验方法进行分析，具体检验结果见表 7 - 2。

表 7 - 2　　　　　　　　　KMO 检验和巴特利特球度检验

KMO 取样充分性度量		0.779
巴特利特球度检验	近似卡方	2653.205
	自由度	15
	显著性	0.000

资料来源：笔者利用 SPSS25.0 软件计算整理所得。

由表 7 - 2 可以看出：KMO 检验值为 0.779，大于 Kaiser 给出的 0.7 的 KMO 度量可接受标准。同时，巴特利特球度检验统计量的观测值为 2653.205，相应的概率 P 值接近 0，表明原有指标之间存在着较强的相关关系，适合进行主成分分析。

其次，在时序立体数据表的基础上构建全局数据表，对其实施经典主成分分析，并依据累计方差贡献率达到 80% 的前几个主成分来确定因子个数。表 7 - 3 列示了指定提取 3 个特征值下的变量共同度数据。由第二列数据可知：此时所有变量的共同度均较高，各个变量的信息丢失都较少。因此，本次因子提取的总体效果较为理想。

表 7 - 3　　　　　　　　　因子分析中的变量共同度

指标	初始	提取
f_1	1.000	0.978
f_2	1.000	0.980
f_3	1.000	0.989
f_4	1.000	0.990

指标	初始	提取
f$_5$	1.000	0.813
f$_6$	1.000	0.816

资料来源：笔者利用 SPSS25.0 软件计算整理所得。

表 7-4 报告了初始特征值、提取载荷平方和、旋转载荷平方和等情况。由表 7-4 可知，前三个主成分的累积方差贡献率为 92.767%，表明其解释了原有指标总方差的 92.767%，可见，降维处理后原始指标信息丢失较少，分析效果较理想。在此基础上，可针对中小企业面板数据采用回归法估计因子得分系数，并输出因子得分系数矩阵。

表 7-4　　　　　　　　　　因子解释原有变量总方差的情况

成分	初始特征值			提取载荷平方和			旋转载荷平方和		
	总计	方差(%)	累计(%)	总计	方差(%)	累计(%)	总计	方差(%)	累计(%)
1	3.052	50.874	50.874	3.052	50.874	50.874	2.635	43.925	43.925
2	1.606	26.765	77.639	1.606	26.765	77.639	1.623	27.054	70.978
3	0.908	15.127	92.767	0.908	15.127	92.767	1.307	21.788	92.767
4	0.375	6.252	99.091						
5	0.045	0.752	99.770						
6	0.014	0.230	100.000						

资料来源：笔者利用 SPSS25.0 软件计算整理所得。

表 7-5　　　　　　　　　　因子得分系数矩阵

指标	F$_1$	F$_2$	F$_3$
f$_1$	0.309	0.001	0.109
f$_2$	0.503	0.028	-0.408
f$_3$	-0.193	0.001	0.866

续表

指标	F_1	F_2	F_3
f_4	0.298	0.011	0.139
f_5	-0.006	0.554	0.060
f_6	0.054	0.559	-0.065

资料来源：笔者利用 SPSS25.0 软件计算整理所得。

根据表 7-5 的因子得分系数矩阵，可写出以下因子得分函数：

$$F_1 = 0.309f_1 + 0.503f_2 - 0.193f_3 + 0.298f_4 - 0.006f_5 + 0.054f_6 \quad (7.1)$$
$$F_2 = 0.001f_1 + 0.028f_2 + 0.001f_3 + 0.011f_4 + 0.554f_5 + 0.559f_6 \quad (7.2)$$
$$F_3 = 0.109f_1 - 0.408f_2 + 0.866f_3 + 0.139f_4 + 0.060f_5 - 0.065f_6 \quad (7.3)$$

以旋转后提取的因子方差贡献率为权数对各地区中小企业成长进行综合评价，计算公式为：

$$F = 0.439F_1 + 0.271F_2 + 0.218F_3 \quad (7.4)$$

根据式（7.4），可以计算出 2005~2017 年中国 30 个省份的中小企业成长指数，具体计算结果如表 7-6 所示。

表 7-6　　　　2005~2017 年中国各省份中小企业成长指数

省份	2005 年	2007 年	2009 年	2011 年	2013 年	2015 年	2017 年	平均值
北京	0.702	0.129	0.121	0.016	0.123	0.109	0.101	0.162
天津	0.379	0.261	0.196	0.168	0.236	0.224	0.265	0.247
河北	0.422	0.330	0.283	0.331	0.329	0.257	0.234	0.311
山西	0.295	0.228	0.102	0.120	0.120	0.028	0.091	0.151
内蒙古	0.479	0.310	0.238	0.243	0.215	0.144	0.173	0.247
辽宁	0.341	0.307	0.296	0.320	0.344	0.102	0.066	0.260
吉林	0.257	0.246	0.276	0.307	0.315	0.286	0.266	0.290
黑龙江	0.211	0.237	0.172	0.199	0.268	0.188	0.161	0.218
上海	0.294	0.218	0.166	0.128	0.173	0.148	0.168	0.191
江苏	0.417	0.310	0.257	0.235	0.302	0.277	0.283	0.301
浙江	0.421	0.239	0.183	0.157	0.191	0.172	0.183	0.220

省份	2005 年	2007 年	2009 年	2011 年	2013 年	2015 年	2017 年	平均值
安徽	0.347	0.291	0.288	0.339	0.332	0.300	0.300	0.317
福建	0.337	0.286	0.250	0.259	0.284	0.268	0.299	0.283
江西	0.450	0.389	0.318	0.412	0.444	0.395	0.304	0.391
山东	0.570	0.401	0.372	0.336	0.378	0.322	0.239	0.373
河南	0.510	0.484	0.362	0.426	0.367	0.292	0.323	0.386
湖北	0.260	0.253	0.176	0.284	0.355	0.302	0.234	0.286
湖南	0.378	0.346	0.317	0.445	0.399	0.361	0.305	0.366
广东	0.314	0.281	0.241	0.207	0.278	0.237	0.126	0.252
广西	0.304	0.279	0.196	0.282	0.279	0.272	0.290	0.271
海南	0.279	0.331	0.268	0.202	0.150	0.122	0.126	0.203
重庆	0.280	0.279	0.245	0.226	0.265	0.281	0.059	0.251
四川	0.331	0.309	0.262	0.268	0.219	0.241	0.227	0.260
贵州	0.254	0.203	0.130	0.170	0.269	0.216	0.214	0.210
云南	0.292	0.201	0.135	0.080	0.172	0.081	0.118	0.161
陕西	0.258	0.214	0.218	0.211	0.240	0.210	0.202	0.232
甘肃	0.340	0.186	0.169	0.066	0.198	0.098	0.007	0.152
青海	0.132	0.265	0.162	0.146	0.166	0.099	0.136	0.172
宁夏	0.496	0.205	0.156	0.038	0.175	0.117	0.084	0.178
新疆	0.237	0.244	0.130	0.123	0.157	0.097	0.080	0.160

资料来源：笔者利用 SPSS25.0 软件计算整理所得。

7.1.2 技术创新指标设定

技术创新（Inno）作为一种无形的变量，主要有三种间接衡量途径：一是投入法，如 R&D 支出等；二是产出法，如专利数量、新产品销售收入、新产品开发项目等；三是全要素生产率法（TFP）。其中，第三种方法被认为是主流方法，但由于中国缺乏相关资本的统计数据，限制了第三种方法的运用。这里参照克拉默（Krammer，2009）的做法，采用产出法来度量技术创新。

之所以未采用投入法来反映技术创新，一方面，采用 R&D 支出来衡量技术创新主要是从投入视角来反映创新活动，而创新活动所特有的高风险性决定了从创新投入到创新产出之间蕴含着诸多的不确定性，导致创新投入与实际的技术创新水平之间存在较大差异（谢家智等，2014）；另一方面，R&D 支出虽然能充分体现对于创新活动的投入量，但却不能很好地体现对新技术的开发与吸收能力，往往存在代表性不足等问题（Peter et al.，2005）。

在既有研究中，专利、新产品销售收入、新产品开发项目等是衡量创新产出的常见指标。其中，专利与创新活动的产出水平密切相关，并具有审核标准明确、数据易获取且通用性强等优势，因而在研究中得到了国内外学者的广泛应用（Krammer，2009；孙伍琴和王培，2013；万建香和汪寿阳，2016）。考虑到专利无法充分反映创新产出的经济价值，一些学者采用更能表征创新成果最终商业价值的新产品销售收入和新产品开发项目来衡量区域创新能力（李勃昕等，2013；杜爽等，2018）。然而，相比专利数据，新产品虽然能充分体现产品创新，但却不能很好体现工艺上的创新，且新产品的判断标准不明确，统计难度相对更高（刘思明等，2015）。鉴于上述情况，本书选取专利指标来衡量技术创新。此外，考虑到在中国的三种专利划分中，发明专利的技术含量、审查客观性和潜在商业价值都明显高于实用新型专利和外观设计专利，且发明专利授权数量相比发明专利申请数量能更好地反映区域实际创新产出（苏屹和林周周；2017），因此，这里选取发明专利授权数量与国内生产总值的比值作为衡量技术创新的指标。

7.1.3 主导产业发展指标设定

要度量主导产业的发展，首先必须要明确什么是主导产业。赫希曼（1991）认为，主导产业的发展既能够积累丰厚的资本，又能够对上下游其他产业产生强大的诱发作用，为其他产业产品的发展提供市场需求，因此，主导产业的发展能够通过较强的前后向联系，产生关联效应，诱导其他产业的发展，最终促进整体产业结构的升级。罗斯托（1988）认为，主导产业的发展具有扩散效应，通过将其产业优势辐射传递到产业链的各产业中来带动产业结构的升级和整个经济的有效增长。由此可见，产业关联度是界定主导产业的关键指标，这里借鉴刘伟等（2017）的投入产出表分析方法，运用投入产出的最新数据，对中国各产业的影响力和感应度进行测算，根据测算结果将中国的产业部门划分为四种不同类型，最终确定影响力（即产业产出增加对国民经济的影响）和感应度（即产业投入增加对国民经济的影响）均高于平均水平的产业，即主导产业。

从表7-7可以看出，第Ⅰ象限中所列示的采矿业等产业部门，无论影响力系数还是感应度系数均较大，是目前影响中国国民经济发展的最为敏感的主导产业。在此基础上，这里选取上述主导产业的产值占国内生产总值的比例作为主导产业发展（Lid）的衡量指标。

表7-7　　　　　　　　　　中国各产业部门的关联度情况

影响力大	Ⅱ纺织、服装及皮革产品制造业（1.18，0.72）、炼焦、燃气及石油加工业（1.18，0.65）、非金属矿物制品业（1.28，0.43）、其他制造业（1.25，0.78）、建筑业（1.25，0.10）	Ⅰ采矿业（1.01，1.30）、化学工业（1.32，2.00）、金属产品制造业（1.43，1.51）、机械设备制造业（1.38，1.95）、电力、热力及水的生产和供应业（1.07，1.18）
影响力小	Ⅲ批发零售贸易、住宿和餐饮业（0.52，0.95）、食品、饮料制造及烟草制品业（0.95，0.92）、房地产业、租赁和商务服务业（0.69，0.92）、金融业（0.41，0.94）、其他服务业（0.67，0.48）	Ⅳ农、林、牧、渔业（0.57，1.16）、运输仓储邮政、信息传输、计算机服务和软件业（0.84，1.02）
	感应度小	感应度大

注：（1）各产业部门名称后括号中的数值，前者为影响力系数，后者为感应度系数；（2）影响力和感应度的大小以全产业平均值为划分标准；（3）影响力系数和感应度系数根据《中国统计年鉴2018》中的2015年中国投入产出相关数据整理测算。

资料来源：2018年《中国统计年鉴》。

7.2　研究设计

7.2.1　研究方法

为进一步验证金融结构能否通过中小企业成长、技术创新和主导产业发展间接影响产业结构升级，这里借鉴哈耶斯（Hayes，2009）考察中介效应的方法，通过构建中介效应模型来进行检验。中介效应模型通过将自变量 X 对因变量 Y 的影响进行分解，使这种影响既包含 X 对 Y 的直接影响，也包含 X 作用于中间变量 M 对 Y 产生的间接影响。这里的 M 就是中介变量，也是自变量对因变量产生间接影响的内部传导媒介（余东华和孙婷，2017）。中介效应所反映的间接传导路径，恰好与本书第 3 章间接影响路径的理论分析中所提出的假设 2 相吻合，因此这里通过检验金融结构对产业结构升级的中介效应来考察假设 2 是否成立。具体检验分为以下四步：第一，构建 X 对 Y 的基本回归模型，X 的估计系数显著是中介效应存在的前提；第二，构建 X 对 M 的回归模型，检验 X 的估计系数是否显著；第三，构建自变量 X 和中介变量 M 对因变量 Y 的回归模型，检验 X 的估计系数和 M 的估计系数是否显著；第四，结合前三步的检验结果，分析中介效应的存在性，若前三步中 X 的估计系数均显著且第三步中 M 的估计系数也显著，表明存在部分中介效应，若前两步中 X 的估计系数显著，第三步中 X 的估计系数不显著且 M 的估计系数显著，表明存在完全中介效应。

7.2.2　计量模型的构建

根据本书第 3 章金融结构对产业结构间接影响路径的理论分析，本书发现金融结构不仅通过"供需适应性匹配"直接影响产业结构升级，还会通过中小企业成长、技术创新和主导产业发展产生中介效应，进而间接影响产业结构升级。为识别这一间接影响机制是否存在，这里构建以下中介效应模型来进行检验：

$$\text{Isu}_{it} = \phi_0 + \phi_1 \text{Finstr}_{it} + \theta X + \varepsilon_{it} \tag{7.5}$$

$$W_{it} = \varphi_0 + \varphi_1 \text{Finstr}_{it} + \gamma X + \delta_{it} \tag{7.6}$$

$$\text{Isu}_{it} = \eta_0 + \eta_1 \text{Finstr}_{it} + \eta_2 W_{it} + \omega X + \mu_{it} \tag{7.7}$$

其中，W 为中介变量，其他变量的定义与本书第 6 章中的一致。这里借鉴哈耶斯（Hayes，2009）考察中介效应的方法，首先，对式（7.5）进行回归，验证金融结构对产业结构升级的影响效应是否存在，若估计系数 ϕ_1 显著，意味着金融结构确实对产业结构升级存在某种影响，具体分为两种情况：当金融结构为融资结构和资本市场结构时，预期金融结构的估计系数 ϕ_1 为正；当金融结构为银行业结构时，预期金融结构的估计系数 ϕ_1 为负。其次，对式（7.6）进行回归，验证金融结构与中介变量中小企业成长、技术创新和主导产业发展之间的关系，此时同样存在两种情况：当金融结构为融资结构和资本市场结构时，预期 φ_1 为正；当金融结构为银行业结构时，预期 φ_1 为负。最后，对式（7.7）进行回归，验证金融结构与中介变量对产业结构升级的共同影响，当 ϕ_1 和 φ_1 均为正时，若 η_1 小于 ϕ_1，表明中介效应存在；当 ϕ_1 和 φ_1 均为负时，若 η_1 的绝对值小于 ϕ_1 的绝对值，表明中介效应存在。

7.2.3 变量设定与数据说明

（1）被解释变量：产业结构升级是本章研究中的被解释变量。这里直接采用第6章中基于产业结构层次系数的测算结果，此处不再赘述。

（2）核心解释变量：为考察金融结构对产业结构升级的间接影响效应，金融结构（Finstr）是本章研究中的核心解释变量。这里直接采用第6章中基于融资结构、银行业结构和资本市场结构对金融结构的测算结果，此处不再赘述。

（3）控制变量：为保证估计结果的无偏性，这里从研发投入强度对外开放度、外资依存度、城市化水平、政府干预度和金融发展等方面对影响产业结构升级的其他因素加以控制。上述控制变量的设定与第6章中一致，此处不再赘述。

（4）中介变量：为验证第3章理论分析所提出的假设2，这里选取的中介变量包括中小企业成长、技术创新和主导产业发展（Lid）。根据7.1节中介变量的指标设定，采用中国各省份中小企业成长指数来度量中小企业成长，采用发明专利授权数量与国内生产总值的比值作为衡量技术创新指标，并采用主导产业的产值占国内生产总值的比例来表征主导产业发展。

本章的研究区段为2005～2017年，纳入样本的省份有30个，西藏自治区的经济指标缺失值和异常值都较多，按照学术惯例将其剔除，港澳台地区经济指标的统计口径与大陆存在差异，从可比性角度将其剔除。原始数据来自历年的《中国统计年鉴》《中国金融年鉴》、Wind数据库和CSMAR数据库。

7.3 金融结构对产业结构升级的间接影响效应检验

7.3.1 基于融资结构的检验结果及分析

融资结构对产业结构升级的间接影响可以通过式（7.5）~式(7.7) 进行检验，具体的中介效应检验结果如表 7－8 所示。表 7－8 中模型 1 报告了融资结构对产业结构升级的总体效应，可以看出融资结构对产业结构升级的影响系数为 0.059，且在 1% 的水平上显著，表明直接融资占比的提升能够有效促进产业结构的升级，这与前面直接影响效应检验所得到的结论是一致的。由于融资结构对产业结构升级具有显著的正向影响，因此这里可以继续逐一检验第 3 章理论分析中所提出的三种中介效应是否存在，即假设 2 是否成立。

表 7－8　　　　　　　　融资结构对产业结构升级的间接影响效应检验

变量	模型 1	中小企业成长		技术创新		主导产业发展	
		模型 2	模型 3	模型 4	模型 5	模型 6	模型 7
Fs	0.059 *** (3.13)	0.019 (0.50)	0.061 *** (3.22)	0.031 * (1.74)	0.037 ** (2.01)	0.015 (0.70)	0.075 *** (3.82)
Rd	2.083 * (1.90)	1.466 (0.94)	2.073 * (1.70)	6.736 ** (2.25)	2.238 * (1.80)	1.238 (0.92)	1.937 (1.58)
Open	−0.011 (−0.52)	0.033 ** (2.14)	−0.006 (−0.29)	−0.327 * (−1.80)	−0.016 (−0.65)	0.047 * (1.67)	0.005 (0.22)
Fdi	−0.003 (−0.56)	−0.010 (−0.84)	−0.004 (−0.97)	−0.006 (−0.62)	−0.003 (−0.59)	−0.005 (−1.20)	−0.006 ** (−2.39)
Urb	0.409 *** (4.74)	−0.100 (−1.19)	0.400 *** (4.85)	0.245 (0.80)	0.414 *** (4.52)	0.030 (0.39)	0.441 *** (4.50)
Gov	−0.032 (−0.30)	−0.285 *** (−2.93)	−0.070 (−0.68)	−0.390 ** (−2.71)	−0.040 (−0.37)	0.022 (0.24)	−0.012 (−0.11)
Fin	0.063 *** (6.02)	−0.047 *** (−3.10)	0.058 *** (5.84)	0.144 *** (2.88)	0.065 *** (6.10)	−0.072 *** (−6.44)	0.023 * (1.93)

变量	模型 1	中小企业成长		技术创新		主导产业发展	
		模型 2	模型 3	模型 4	模型 5	模型 6	模型 7
W			0.015 (0.93)		0.028 *** (4.54)		−0.580 *** (−7.14)
R^2	0.889	0.448	0.890	0.710	0.888	0.453	0.806
obs	390	390	390	390	390	390	390
Hausman	0.846	0.348	0.753	0.000	0.854	0.611	0.000

注：*** 、** 、* 分别表示在 1%、5%、10% 的显著性水平下显著；估计系数下方括号内的数值为经 Robust 修正后的 t 统计量或 z 统计量；Hausman 报告的是豪斯曼检验的 P 值；常数项没有报告在表格中。
资料来源：笔者利用 Stata14.0 软件计算整理所得。

模型 2 为融资结构对中小企业成长的影响，融资结构的估计系数虽然为正，但并未通过显著性检验，表明样本考察期内融资结构对中小企业成长的影响并不明显。其他变量的估计系数含义在前文中已详细阐述，此处不再赘述。通过观察模型 3 的估计结果，可以看出，融资结构的估计系数 0.061 大于基准模型 1 中的估计系数 0.059，且中小企业成长的估计系数并未通过显著性检验。为进一步考察融资结构通过中小企业成长对产业结构升级产生的影响，这里沿袭哈耶斯（Hayes，2009）的方法对模型进行 Sobel 检验，结果表明考察期内融资结构并不会通过影响中小企业成长而间接作用于产业结构升级。传统理论认为金融机构大多青睐于还款能力较强、资金回收周期较短、固定资产占比较高的国有企业、大型企业和高净值人群，相比之下种子基金、天使基金、风险投资、私募基金等金融市场上的股权类融资，更有利于为中小企业提供多元化的融资渠道和解决方案。然而，由于种子基金、天使基金等股权类融资缺乏权威的数据来源，难以获得准确且翔实的省级面板数据，本书在对融资结构中直接融资的衡量上近似采用了"股票融资额与债券融资额之和"进行替代，由此可能造成了上述中介效应的不显著。

模型 4 的估计结果显示，融资结构对技术创新具有显著的正向影响。进一步，从模型 5 可以看出，加入中介变量技术创新后，融资结构对产业结构升级的影响系数由 0.059 下降至 0.037，且通过了 5% 的显著性水平检验。这验证了技术创新水平的提升确实是融资结构推动产业层次提升的一个重要影响路径，与理论预期相一致。技术创新离不开长期、大量研发经费的投入，单纯依靠企业内源融资显然难以满足，因而，技术创新往往依赖于大规模的外源融资。然而，技术创新过程中存在的技术研发风险、市场开发风险和企业家风险等抑制了银行贷款的有效性。相比之下，金融市场通过建立发达的二级市场、有效的多元审查和"风险共担，收益共享"的风险分散机制，更有利于为技术创新项目提供融资服务。因此，融资结构中直接融资占比的提升能够通过影响技术创新间接促进产业结构的升级。

模型 6 报告了融资结构对主导产业发展的影响，融资结构的估计系数虽然为正，但并未通过显著性检验，表明样本考察期内融资结构对主导产业发展的影响并不明显。模型 7 的估计结果进一步表明，融资结构的估计系数 0.075 大于基准模型 1 中的估计系数 0.059，结合 Sobel 检验的估计结果，发现考察期内融资结构并不会通过影响主导产业发展而间接作用于产业结构升级。此外，模型 7 中主导产业发展的估计系数显著为负，表明主导产业的发展反而会抑制产业结构升级，这与理论预期不符。通常认为，主导产业既能够积累丰厚的资本，又能够对上下游其他产业产生强大的诱发作用，为其他产业产品的发展提供市场需求，因此，主导产业的发展能够通过连锁反应带动区域经济的全面发展和产业结构的升级。结合 5.2.2 节中对中国当前主导产业发展现状的分析，可以发现，采矿业、化学工业、金属产品制造业、机械设备制造业、电力、热力及水的生产和供应业等产业部门，作为当前影响中国国民经济发展的最为敏感的主导产业，均隶属于第二产业的工业部门，且大多属于重化工业，表明中国的主导产业具有明显的重化工业特征。然而，在能源、资源和环境的制约下，这种要素驱动的高碳型发展模式面临巨大挑战，不利于经济的持续健康发展。可见，要发挥第二产业作为主导产业对中国经济增长的重要带动作用，除了加快推进工业化进程，还要特别注重推动工业内部以能源、原材料驱动的重化工业向创新驱动的新一代信息技术、高端装备制造、集成电路、人工智能等高加工度和高附加值制造业转型，以形成可持续、低碳化的发展模式，进而才能促进产业层次的不断提升。

7.3.2 基于银行业结构的检验结果及分析

表 7-9 列示了银行业结构对产业结构升级间接影响效应的检验结果。其

中，模型 1 检验了银行业结构对产业结构升级的总体效应，银行业结构的估计系数在 1% 的水平上显著为负，表明银行业集中度的提升对产业结构升级具有显著的抑制作用，这与前面直接影响效应检验所得到的结论是一致的。在此基础上，这里进一步逐一检验银行业结构对产业结构升级的三种中介效应是否存在。

表 7-9 银行业结构对产业结构升级的间接影响效应检验

变量	模型 1	中小企业成长		技术创新		主导产业发展	
		模型 2	模型 3	模型 4	模型 5	模型 6	模型 7
Bs	-0.197 *** (-4.33)	-0.119 ** (-2.48)	-0.110 ** (-2.52)	-0.098 ** (-2.38)	-0.095 * (-1.92)	0.023 (0.21)	-0.107 * (-2.01)
Rd	2.404 * (1.73)	1.677 (1.26)	2.449 * (1.86)	5.630 ** (2.09)	2.493 * (1.86)	1.282 (0.85)	2.245 * (1.90)
Open	-0.001 (-0.02)	0.050 *** (2.64)	0.005 (0.23)	-0.347 * (-1.95)	-0.004 (-0.17)	0.049 (1.43)	0.010 (0.46)
Fdi	-0.004 (-0.76)	-0.011 (-1.02)	-0.005 (-1.27)	-0.006 (-0.65)	-0.004 (-0.79)	-0.005 (-1.04)	-0.007 ** (-2.47)
Urb	0.310 *** (2.77)	-0.207 * (-1.94)	0.287 *** (2.70)	0.479 * (1.86)	0.316 *** (2.67)	0.055 (0.44)	0.359 *** (2.82)
Gov	-0.074 (-0.76)	-0.327 *** (-2.81)	-0.119 (-1.29)	-0.302 * (-1.78)	-0.080 (-0.77)	0.039 (0.43)	-0.042 (-0.40)
Fin	0.061 *** (5.78)	-0.049 *** (-3.04)	0.055 *** (5.73)	0.156 *** (2.80)	0.062 *** (5.78)	-0.072 *** (-5.55)	0.019 * (1.86)
W			0.024 *** (4.77)		0.032 *** (5.39)		-0.578 *** (-6.96)
R^2	0.892	0.458	0.896	0.720	0.892	0.455	0.806
obs	390	390	390	390	390	390	390
Hausman	0.799	0.611	0.751	0.000	0.842	0.927	0.000

注：***、**、*分别表示在 1%、5%、10% 的显著性水平下显著；估计系数下方括号内的数值为经 Robust 修正后的 t 统计量或 z 统计量；Hausman 报告的是豪斯曼检验的 P 值；常数项没有报告在表格中。

资料来源：笔者利用 Stata14.0 软件计算整理所得。

模型 2 中银行业结构的估计系数在 5% 的水平上显著为负，表明银行业垄断的加剧确实会抑制中小企业的成长。模型 3 同时检验了银行业结构和中小企业成长对产业结构升级的影响，得到的银行业结构估计系数仍显著为负，且其绝对值远小于基准模型 1 中银行业结构估计系数的绝对值，这印证了银行业集中度的提升确实会通过阻碍中小企业成长而抑制产业结构升级。基于规模的专业化分工，相比垄断性的银行业结构，竞争性银行业结构中大量资产规模较小的中小银行的存在，更能有效运用中小企业的软信息进行信贷决策，进而降低审批门槛，实现中小企业贷款可得性的提升和融资成本的下降。相反，银行业集中度的提升会加剧银行业垄断，从而不利于中小企业成长性的提升。

模型 4 考察了银行业结构对中介变量技术创新的影响，银行业结构的估计系数在 1% 的水平上显著为负，表明银行业集中度的提升不利于技术创新水平的提高。同时，模型 5 中核心解释变量银行业结构的估计系数显著为负，且仅相当于基准模型 1 中银行业结构估计系数的近 1/2，这验证了对技术创新的抑制确实是银行业结构阻碍产业层次提升的一个重要影响路径，与理论预期相一致。这主要是因为，相比竞争性银行业结构，垄断性银行业结构不利于大规模储蓄资金的动员，且垄断性银行业结构中只有少数银行存在，因而会对贷款要求更高的期望收益率，从而导致资金价格的提升和贷款供给均衡量的下降，其结果是银行业垄断性越强，就越缺乏为高风险的技术创新类项目提供贷款的激励。

模型 6 中银行业结构的估计系数不显著为正，表明样本考察期内银行业结构对主导产业发展的影响并不明显。此外，模型 7 中主导产业发展的估计系数显著为负，表明主导产业的发展反而会抑制产业结构升级，这与理论预期不符。前面已对这一现象产生的原因进行了剖析，此处不再赘述。

7.3.3 基于资本市场结构的检验结果及分析

沿袭前面的思路，进一步考察资本市场结构对产业结构升级的间接影响效应。表 7 - 10 中模型 1 检验了资本市场结构对产业结构升级的总体效应，资本市场结构的估计系数为 0.054，且通过了 1% 的显著性水平检验，意味着资本市场结构对产业结构升级存在显著的正向促进作用，即资本市场内部结构越偏向于复合型越有利于促进产业结构升级。这与前面直接影响效应检验所得到的结论是一致的。由于资本市场结构对产业结构升级具有显著的正向影响，因此这里可以继续逐一检验第3章理论分析中所提出的三种中介效应是否存在，即假设2是否成立。

表7–10 资本市场结构对产业结构升级的间接影响效应检验

变量	模型1	中小企业成长		技术创新		主导产业发展	
		模型2	模型3	模型4	模型5	模型6	模型7
Cs	0.054 *** (3.08)	0.165 *** (3.01)	0.034 * (1.74)	0.180 *** (3.51)	0.038 ** (2.06)	−0.010 (−0.68)	0.059 *** (4.74)
Rd	1.629 (1.31)	1.234 (0.93)	1.582 (1.33)	3.340 (0.75)	1.859 (1.53)	1.505 (1.10)	1.129 (0.98)
Open	−0.003 (−0.12)	0.029 (1.50)	0.001 (0.03)	−0.309 * (−1.76)	−0.010 (−0.38)	0.049 (1.52)	0.007 (0.32)
Fdi	−0.004 (−0.88)	−0.010 (−0.89)	−0.006 (−1.39)	−0.008 (−0.86)	−0.004 (−0.97)	−0.005 (−1.03)	0.007 *** (−2.95)
Urb	0.358 *** (3.79)	−0.096 (−1.09)	0.347 *** (3.82)	−0.091 (−0.32)	0.360 *** (3.74)	0.048 (0.57)	0.366 *** (3.36)
Gov	−0.042 (−0.41)	−0.293 *** (−2.88)	−0.079 (−0.80)	−0.286 ** (−2.12)	−0.055 (−0.53)	0.029 (0.31)	0.010 (0.09)
Fin	0.064 *** (6.34)	−0.046 *** (−2.96)	0.060 *** (6.42)	0.142 *** (2.85)	0.069 *** (6.62)	−0.073 *** (−5.93)	0.023 * (1.98)
W			0.025 *** (4.86)		0.030 *** (5.06)		−0.578 *** (−7.24)
R^2	0.890	0.449	0.891	0.408	0.889	0.458	0.776
obs	390	390	390	390	390	390	390
Hausman	0.622	0.405	0.466	0.000	0.532	0.930	0.000

注：***、**、*分别表示在1%、5%、10%的显著性水平下显著，估计系数下方括号内的数值为经Robust修正后的t统计量或z统计量；Hausman报告的是豪斯曼检验的P值；常数项没有报告在表格中。
资料来源：笔者利用Stata14.0软件计算整理所得。

模型2中资本市场结构的估计系数显著为正，表明资本市场复合性的提升显著促进了中小企业的成长。模型3同时检验了资本市场结构和中小企业成长对产业结构升级的影响，得到的资本市场结构和中小企业成长的估计系数均显著为正，且资本市场结构的估计系数的 0.034 小于基准模型 1 中资本市场结构的估计系数 0.054，这印证了资本市场结构通过助力中小企业成长进而促进产业结构升级的机制的成立。可见，以主板市场为主导的单一型资本市场结构主要集中服务于传统产业中资本规模较大、盈利能力稳定的大型成熟企业，中小企业的发展则离不开复合型资本市场结构，即多层次资本市场的融资支持。

模型 4 考察了资本市场结构对中介变量技术创新的影响，资本市场结构的估计系数在 1% 的水平上显著为正，表明资本市场内部结构越偏向于复合型越有利于促进技术创新。同时，模型 5 中资本市场结构和技术创新的估计系数均显著为正，且资本市场结构的估计系数从不考虑技术创新时的 0.054 下降至 0.038。表明技术创新水平的提升确实是资本市场结构推动产业层次提升的一个重要影响路径，与理论预期一致。以主板市场为主导的单一型资本市场结构主要集中服务于传统产业中资本规模较大、盈利能力稳定的大型成熟企业，而复合型资本市场结构中的中小企业板、创业板等市场，则主要集中服务于高新技术产业，更倾向于新兴产业企业的培育，从而更有利于促进技术创新，进而推动产业结构升级。

模型 6 中资本市场结构的估计系数不显著为负，表明样本考察期内资本市场结构对主导产业发展的影响并不明显。此外，模型 7 中主导产业发展的估计系数显著为负，表明主导产业的发展反而会抑制产业结构升级。因此，资本市场结构通过影响主导产业发展进而作用于产业结构升级的路径是不成立的。前面已对这一现象产生的原因进行了剖析，此处不再赘述。

7.4 本 章 小 结

本章在明确中小企业成长、技术创新和主导产业发展三大中介变量指标设定的基础上，运用 2005～2017 年中国 30 个省份的面板数据，构建了金融结构影响产业结构升级的中介效应模型。从融资结构、银行业结构和资本市场结构三个层面剖析了金融结构对产业结构升级的间接影响效应，并逐一检验了三种中介效应的存在性，进而验证了第 3 章理论分析中的假设 2。主要结论如下。

首先，基于融资结构的检验结果表明：一是从总体上来看，融资结构对产业结构升级具有显著的正向影响，即直接融资占比的提升能够有效促进产业结构的升级。二是样本考察期内融资结构对中小企业成长的影响并不明显，且融资结构并不会通过影响中小企业成长而间接作用于产业结构升级。三是融资结构对技术创新具有显著的正向影响，且对技术创新水平的促进确实是融资结构推动产业层次提升的一个重要影响路径。四是样本考察期内融资结构对主导产业发展的影响并不明显，且融资结构并不会通过影响主导产业发展而间接作用于产业结构升级。

其次，基于银行业结构的检验结果表明：一是从总体上来看，银行业结构对产业结构升级具有显著的负向影响，即银行业集中度的提升对产业结构升级具有显著的抑制作用。二是银行业垄断的加剧确实会抑制中小企业的成长，且银行业集中度的提升确实会通过阻碍中小企业成长而抑制产业结构升级。三是银行业集中度的提升不利于技术创新水平的提高，且对技术创新的抑制确实是银行业结构阻碍产业层次提升的一个重要影响路径。四是样本考察期内银行业结构对主导产业发展的影响并不明显，且主导产业的发展反而会抑制产业结构升级。

最后，基于资本市场结构的检验结果表明：一是从总体上来看，资本市场结构对产业结构升级存在显著的正向影响，即资本市场内部结构越偏向于复合型越有利于促进产业结构升级。二是资本市场复合性的提升显著促进了中小企业的成长，且资本市场结构通过助力中小企业成长进而促进产业结构升级的机制是成立的。三是资本市场内部结构越偏向于复合型越有利于促进技术创新，且技术创新水平的提升确实是资本市场结构推动产业层次提升的一个重要影响路径。四是考察期内资本市场结构对主导产业发展的影响并不明显，主导产业的发展反而会抑制产业结构升级，因此，资本市场结构通过影响主导产业发展进而作用于产业结构升级的路径是不成立的。

第 8 章

金融结构对产业结构升级非线性影响
效应实证检验

前面从线性关联的视角出发，考察了金融结构对产业结构升级的直接影响效应和间接影响效应。研究表明，金融结构或直接或间接影响了产业结构升级的过程。然而，要全面系统地考察金融结构对产业结构升级的影响，其中复杂多样的约束机制是不容忽视的，加之金融发展本身不可避免地伴随着金融风险及其波及的加剧，由此决定了金融结构与产业结构升级之间并非简单的线性关系，而可能存在着复杂的非线性约束。本章的研究旨在结合第 3 章非线性影响路径的理论分析，在前面线性检验的基础上，选取相应的门槛变量构建面板门槛数据模型，以期揭示金融结构对产业结构升级的非线性影响规律及其约束机制。

8.1 研 究 设 计

8.1.1 研究方法

以往针对金融结构与经济增长关系的研究多集中于线性角度，为数不多的对非线性影响的研究也多采用经验分组和交叉项模型。受分组标准主观性的制约，前者无法对门槛值进行有效的参数估计，也无法对其显著性进行统计检验；后者虽然可以估计出具体的门槛值，却无法验证所估计的门槛值正确性。显然，这样得出的结果并不可靠。汉森（Hansen，2000）提出的面板门槛数据模型（Threshold Panel Data Model）以严格的统计推断方法实施门槛值的参数估计与假设检验，很好地弥补了上述不足。

Hansen 两体制的门槛回归模型可表示为如下基本形式：

$$y_i = \theta_1' x_i + e_i, \quad q_i \leq \gamma \tag{8.1}$$

$$y_i = \theta_2' x_i + e_i, \quad q_i > \gamma \tag{8.2}$$

其中，q_i 为门槛变量，用以将样本划分为两组，它既可以是 x_i 的一部分，也可以是独立的门槛变量。y_i 为被解释变量，x_i 为解释变量和，γ 是待估计的门槛值，e_i 为残差项。

通过定义虚拟变量 $d_i(\gamma) = \{q_i \leq \gamma\}$，可以将上述模型以单一方程的形式来表达。其中，$\{\cdot\}$ 是一个指示函数，如括号中的表达式为真，取值为 1；反之，取值为 0。令 $x_i(\gamma) = x_i d_i(\gamma)$，则由式（8.1）和式（8.2）可得：

$$y_i = \theta' x_i + \delta_n' x_i(\gamma) + e_i \tag{8.3}$$

其中，$\theta = \theta_2$，$\delta = \theta_2 - \theta_1$。$\delta = \theta_2 - \theta_1$ 即为门槛效应。式（8.3）进一步以矩阵形式可表示为：

$$Y = X\theta + X_\gamma \delta_n + e \tag{8.4}$$

式（8.4）的回归参数为（θ，δ_n，γ），采用最小二乘法（LS），将残差平方和函数表示为：

$$S_n(\theta, \delta, \gamma) = (Y - X\theta - X_\gamma \delta)'(Y - X\theta - X_\gamma \delta) \tag{8.5}$$

当 γ 给定时，式（8.4）中 θ 和 δ_n 的关系是线性的。于是，依据最小二乘法用 $X_\gamma^* = [X \quad X_\gamma]$ 对 Y 回归，即可获得如下残差平方和函数：

$$S_n(\gamma) = S_n(\hat{\theta}(\gamma), \hat{\delta}(\gamma), \gamma) = Y'Y - Y'X_\gamma^* (X_\gamma^{*'} X_\gamma^*)^{-1} X_\gamma^{*'} Y \tag{8.6}$$

最优门槛值 $\hat{\gamma}$ 应使得 $S_n(\gamma)$ 在所有残差平方和中最小，即：

$$\hat{\gamma} = \arg \min_{\gamma \in \Gamma_n} S_n(\gamma) \tag{8.7}$$

其中，$\Gamma_n = \Gamma \cap \{q_1, \cdots, q_n\}$。汉森（Hansen，2000）视门槛变量中所有的样本值为可能的门槛值，并将满足式（8.7）的样本值确定为门槛值。

当门槛值确定之后，我们还要对以下两方面进行检验以保证转换机制的真实存在性：一是门槛效应是否显著；二是门槛估计值是否等于其真实值。门槛效应检验的零假设为 $H_0: \theta_1 = \theta_2$，构造的 LM 统计量为：

$$F = n \frac{S_0 - S_n(\hat{\gamma})}{S_n(\hat{\gamma})} \tag{8.8}$$

其中，S_0 和 S_n 分别表示不存在和存在门槛效应下的残差平方和加总。LM 统计量为非标准正态分布，利用"自举法"获得其渐进分布和相应的 Bootstrap P 值，以此判断零假设是否成立。

接下来，通过构建如下似然比统计量进一步确定置信区间：

$$LR_n(\gamma) = n \frac{S_n(\gamma) - S_n(\hat{\gamma})}{S_n(\hat{\gamma})} \tag{8.9}$$

LR 统计量的分布同样是非标准的，其渐进分布满足 $c(\alpha) = -2\ln(1 - \sqrt{\alpha})$，$\alpha$ 表示显著性水平，当 $LR_n(\gamma) \leq c(\alpha)$ 时，不能拒绝零假设，由此确定门槛估计量的置信区间。在 95% 的置信水平下，$c(\alpha) = 7.35$。

8.1.2 计量模型的构建

基于上述研究方法，这里在对金融结构进行细分的基础上采用面板门槛数据模型，分别以融资结构、银行业结构和资本市场结构作为门槛变量，旨在揭示金融结构对产业结构升级的非线性影响规律。进而构建以金融结构为门槛变量，金融结构与产业结构升级之间非线性关联的面板门槛模型如下：

$$\begin{aligned}
Isu_{it} = &\mu_i + \alpha_1 Finstr_{it} \cdot I(Finstr_{it} \leq \gamma_1) + \alpha_2 Finstr_{it} \cdot I(Finstr_{it} > \gamma_1) \\
&+ \cdots + \alpha_n Finstr_{it} \cdot I(Finstr_{it} \leq \gamma_n) + \alpha_{n+1} Finstr_{it} \cdot I(Finstr_{it} > \gamma_n) \\
&+ \theta X_{it} + \varepsilon_{it} \tag{8.10}
\end{aligned}$$

其中，下标 i 代表省份，t 代表时间，ε_{it} 是随机扰动项。Isu_{it} 表示 i 省份在 t 时期的产业结构升级指标，$Finstr_{it}$ 表示 i 省份在 t 时期的金融结构指标，其既是核心解释变量，也是门槛变量，本书从"融资结构""银行业结构"和"资本市场结构"三个角度综合考量金融结构。则模型（8.10）可以分解为如下形式：

$$\begin{aligned}
Isu_{it} = &\mu_i + \alpha_1 Fs_{it} \cdot I(Fs_{it} \leq \gamma_1) + \alpha_2 Fs_{it} \cdot I(Fs_{it} > \gamma_1) + \cdots \\
&+ \alpha_n Fs_{it} \cdot I(Fs_{it} \leq \gamma_n) + \alpha_{n+1} Fs_{it} \cdot I(Fs_{it} > \gamma_n) + \theta X_{it} + \varepsilon_{it} \tag{8.11}
\end{aligned}$$

$$\begin{aligned}
Isu_{it} = &\mu_i + \alpha_1 Bs_{it} \cdot I(Bs_{it} \leq \gamma_1) + \alpha_2 Bs_{it} \cdot I(Bs_{it} > \gamma_1) + \cdots \\
&+ \alpha_n Bs_{it} \cdot I(Bs_{it} \leq \gamma_n) + \alpha_{n+1} Bs_{it} \cdot I(Bs_{it} > \gamma_n) + \theta X_{it} + \varepsilon_{it} \tag{8.12}
\end{aligned}$$

$$Isu_{it} = \mu_i + \alpha_1 Cs_{it} \cdot I(Cs_{it} \leq \gamma_1) + \alpha_2 Cs_{it} \cdot I(Cs_{it} > \gamma_1) + \cdots$$
$$+ \alpha_n Cs_{it} \cdot I(Cs_{it} \leq \gamma_n) + \alpha_{n+1} Cs_{it} \cdot I(Cs_{it} > \gamma_n) + \theta X_{it} + \varepsilon_{it} \quad (8.13)$$

其中，Fs_{it}、Bs_{it} 和 Cs_{it} 分别代表 i 省份在 t 时期的融资结构、银行业结构和资本市场结构。X 是影响产业结构升级的控制变量，包括研发投入强度、对外开放度、外资依存度、城市化水平、政府干预度和金融发展。

此外，如若金融结构与产业结构升级之间存在着一定的非线性关系，那么这种关系又是否会受到某种特定的条件限制？其约束机制如何？林等（Lin et al.，2013）认为，由于银行体系和金融市场在提供金融服务方面具有各自的相对优势和劣势，因此在特定的经济发展水平上，应具有与其相适应的金融结构，并且随着经济的发展，金融结构也应进行相应的调整。张成思和刘贯春（2015、2016）认为，与实体经济相匹配的最优金融结构是存在的，且最优金融结构是伴随着经济发展的进程而动态调整的。张一林等（2016）认为，在一国经济发展初期，企业的技术创新水平相对较低并以技术引进为主，此时银行体系更易发挥自身的制度优势，助力经济发展；而随着经济发展水平的进一步提升和产业结构的优化升级，自主创新逐步取代引进模仿创新而成为经济持续发展的新动力，股票市场的重要性逐渐凸显。此外，"法律制度相关论"认为，经济增长依赖于金融体系的功能供给，而健全完善的法律制度是金融体系发挥功能的重要保证（La Porta et al.，1997；Rajan and Zingales，2003；Ergungor，2008）。在制度环境不完善、法律体系不健全的情况下，银行通过债务合同、信贷配给机制、抵押清算等手段能够实施更加有效的资金监督，从而缓解金融生态环境的约束。而金融市场上的股权融资使得投资者难以通过抵押、清算等手段约束企业的道德风险，为不法企业攫取股东利益提供了可能，因而金融市场的有效运行更加依赖于相关法律对投资者的保护程度和法律实施的有效性（Beck et al.，2003；龚强等，2014；张一林等，2016）。马微和惠宁（2018，2019）的研究进一步证实，对于风险较高、收益不确定的自主创新而言，金融市场是更优的选择，但只有当金融生态环境跨越一定的门槛时，金融市场对自主创新的积极作用才能够被有效释放。借鉴相关领域既有研究成果，这里拟进一步探讨经济在发展阶段和金融生态环境约束下，金融结构对产业结构升级的动态影响特征及效应。基于此，首先，构建以经济发展阶段为门槛变量的非线性模型如下：

$$\begin{aligned}
\mathrm{Isu}_{it} = \mu_i &+ \alpha_1 \mathrm{Fs}_{it} \cdot I(\mathrm{Eco}_{it} \leqslant \gamma_1) + \alpha_2 \mathrm{Fs}_{it} \cdot I(\mathrm{Eco}_{it} > \gamma_1) + \cdots \\
&+ \alpha_n \mathrm{Fs}_{it} \cdot I(\mathrm{Eco}_{it} \leqslant \gamma_n) + \alpha_{n+1} \mathrm{Fs}_{it} \cdot I(\mathrm{Eco}_{it} > \gamma_n) + \theta X_{it} + \varepsilon_{it} \quad (8.14)
\end{aligned}$$

$$\begin{aligned}
\mathrm{Isu}_{it} = \mu_i &+ \alpha_1 \mathrm{Bs}_{it} \cdot I(\mathrm{Eco}_{it} \leqslant \gamma_1) + \alpha_2 \mathrm{Bs}_{it} \cdot I(\mathrm{Eco}_{it} > \gamma_1) + \cdots \\
&+ \alpha_n \mathrm{Bs}_{it} \cdot I(\mathrm{Eco}_{it} \leqslant \gamma_n) + \alpha_{n+1} \mathrm{Bs}_{it} \cdot I(\mathrm{Eco}_{it} > \gamma_n) + \theta X_{it} + \varepsilon_{it} \quad (8.15)
\end{aligned}$$

$$\begin{aligned}
\mathrm{Isu}_{it} = \mu_i &+ \alpha_1 \mathrm{Cs}_{it} \cdot I(\mathrm{Eco}_{it} \leqslant \gamma_1) + \alpha_2 \mathrm{Cs}_{it} \cdot I(\mathrm{Eco}_{it} > \gamma_1) + \cdots \\
&+ \alpha_n \mathrm{Cs}_{it} \cdot I(\mathrm{Eco}_{it} \leqslant \gamma_n) + \alpha_{n+1} \mathrm{Cs}_{it} \cdot I(\mathrm{Eco}_{it} > \gamma_n) + \theta X_{it} + \varepsilon_{it} \quad (8.16)
\end{aligned}$$

其中，Eco_{it} 代表 i 省份在 t 时期的经济发展阶段。控制变量 X 与前面相同，此处不再赘述。进一步地，构建以金融生态环境为门槛变量的非线性模型如下：

$$\begin{aligned}
\mathrm{Isu}_{it} = \mu_i &+ \alpha_1 \mathrm{Fs}_{it} \cdot I(\mathrm{Fee}_{it} \leqslant \gamma_1) + \alpha_2 \mathrm{Fs}_{it} \cdot I(\mathrm{Fee}_{it} > \gamma_1) + \cdots \\
&+ \alpha_n \mathrm{Fs}_{it} \cdot I(\mathrm{Fee}_{it} \leqslant \gamma_n) + \alpha_{n+1} \mathrm{Fs}_{it} \cdot I(\mathrm{Fee}_{it} > \gamma_n) + \theta X_{it} + \varepsilon_{it} \quad (8.17)
\end{aligned}$$

$$\begin{aligned}
\mathrm{Isu}_{it} = \mu_i &+ \alpha_1 \mathrm{Bs}_{it} \cdot I(\mathrm{Fee}_{it} \leqslant \gamma_1) + \alpha_2 \mathrm{Bs}_{it} \cdot I(\mathrm{Fee}_{it} > \gamma_1) + \cdots \\
&+ \alpha_n \mathrm{Bs}_{it} \cdot I(\mathrm{Fee}_{it} \leqslant \gamma_n) + \alpha_{n+1} \mathrm{Bs}_{it} \cdot I(\mathrm{Fee}_{it} > \gamma_n) + \theta X_{it} + \varepsilon_{it} \quad (8.18)
\end{aligned}$$

$$\begin{aligned}
\mathrm{Isu}_{it} = \mu_i &+ \alpha_1 \mathrm{Cs}_{it} \cdot I(\mathrm{Fee}_{it} \leqslant \gamma_1) + \alpha_2 \mathrm{Cs}_{it} \cdot I(\mathrm{Fee}_{it} > \gamma_1) + \cdots \\
&+ \alpha_n \mathrm{Cs}_{it} \cdot I(\mathrm{Fee}_{it} \leqslant \gamma_n) + \alpha_{n+1} \mathrm{Cs}_{it} \cdot I(\mathrm{Fee}_{it} > \gamma_n) + \theta X_{it} + \varepsilon_{it} \quad (8.19)
\end{aligned}$$

其中，Fee_{it} 代表 i 省份在 t 时期的金融生态环境。控制变量 X 与前面相同，此处不再赘述。

8.1.3 变量设定与数据说明

（1）被解释变量：产业结构升级是本章研究中的被解释变量。这里直接采用第 6 章中基于产业结构层次系数的测算结果，此处不再赘述。

（2）核心解释变量：为考察金融结构对产业结构升级的非线性影响效应，金融结构是本章研究中的核心解释变量。这里直接采用第 6 章中基于融资结构、银行业结构和资本市场结构对金融结构的测算结果，此处不再赘述。

（3）控制变量：为保证估计结果的无偏性，这里从研发投入强度、对外开放度、外资依存度、城市化水平、政府干预度和金融发展等方面对影响产业结构升级的其他因素加以控制。上述控制变量的设定与第 6 章中一致，此处不再赘述。

（4）门槛变量：为考察金融结构与产业结构升级之间的非线性关联，这里首先选取融资结构、银行业结构和资本市场结构分别作为门槛变量，以揭示金融结构影响产业结构升级的非线性门槛特征。此外，正如前面所述，不同时期要素禀赋的差异和不同市场环境下制度政策的差异均可能对金融结构的产业结构升级效应产生一定的约束，因此，这里进一步选取经济发展阶段（Eco）和金融生态环境（Fee）分别作为门槛变量，以探讨金融结构对产业结构升级非线性影响的约束机制。上述门槛变量的具体设定与说明如下：

经济发展阶段，不同的地区由于经济发展阶段的不同，会存在要素禀赋结构的差异，要素禀赋所决定比较优势的不同又造成了产业结构的差异，进而影响到金融结构的选择（林毅夫，2009；Lin，2012）。对于经济发展阶段的度量，综观既有研究的普遍做法，人均真实 GDP 作为反映经济发展水平的综合指标，得到了国内外学者的广泛认同和反复检验，且具有权威的数据来源，用以衡量经济发展阶段具有较高的可靠性，故这里选取人均真实 GDP[①]（取自然对数）来衡量经济发展阶段。Eco 值越大，说明经济发展水平越高。

金融生态环境，金融生态环境是确保金融体系良性运作的基础，金融生态环境的完善与法律法规、会计准则、信息披露、信用体系等制度的建立健全密切相关。法律法规体系的完善有利于投资者对金融市场上相关企业信息的获取，从而缓解双方的信息不对称，减少投资摩擦和不确定性，保护投资者特别是中小投资者的权益。金融生态环境的完善是一个系统性工程，健全法律法规体系只是其中的重要一环。由于金融市场投资的分散化导致监督方面的搭便车或者重复监督行为，因而其有效监督还取决于会计准则、信息披露制度和社会信用体系的效率。此外，资信评级机构、财务信息审计机构等非商业银行性质的市场中介组织的成长和壮大，对于金融市场风险的识别与评价也起着至关重要的作用。因此，对于金融生态环境，这里采用王小鲁等（2017）编著的《中国分省份市场化指数报告（2016）》和王小鲁等（2019）编著的《中国分省份市场化指数报告（2018）》中的"市场中介组织的发育和法治环境"这一方面指数来衡量，该指数由三个一级分项指数组成，分别是"市场中介组织发育""维护市场的法制环境"和"知识产权保护"。Fee

---

① 人均真实 GDP 均以 2005 年为不变价测算。

值越大，说明金融生态环境越完善。

本章纳入样本的省份有 30 个（不包括西藏自治区和港澳台地区），由于以"市场中介组织的发育和法治环境"指数来衡量金融生态环境的报告期为 2008~2016 年[①]，故本章中涉及金融生态环境为门槛变量的模型，研究时段均为 2008~2016 年，其余模型的研究时段均为 2005~2017 年。原始数据来自历年的《中国统计年鉴》《中国金融年鉴》、Wind 数据库、CSMAR 数据库和《中国分省份市场化指数报告（2016）》《中国分省份市场化指数报告（2018）》。

8.2 基于金融结构门槛的非线性影响效应检验

8.2.1 基于全国层面的检验结果及分析

为确保研究结论的可靠性，在对面板门槛模型进行估计前，本书首先分别采用 ADF 检验、IPS 检验和 LLC 检验对变量的平稳性进行检验，检验结果显示，包括金融结构和产业结构升级在内的所有变量均在 1% 或 5% 的显著性水平上拒绝原假设，表明本书所使用的面板数据是平稳的。其次，使用 Hausman 检验在固定效应模型与随机效应模型之间进行选择，Hausman 检验在 1% 的水平上拒绝了原假设，说明采用固定效应模型更为合理。在此基础上，使用汉森（Hansen，2000）提出的"自举法"（Bootstrap）对是否存在门槛效应进行检验。

表 8-1 列示了基于全国样本的金融结构门槛效应检验结果，从中可以看出，三组门槛变量均在 1% 或 5% 的显著性水平上通过了单门槛、双门槛和三

[①] 虽然国民经济研究所中国市场化指数课题组从 2000 年开始已陆续发布了 8 项报告，提供了时间跨度长达 20 年、横跨 31 个省份的市场化指数面板数据。但考虑到 2008 年以后发生的某些经济情况变化具有趋势性，该报告将基期更换为 2008 年，并对 2008 年以来各省份的市场化各方面变化重新进行了计算和评分。因此，2008 年以来的数据与之前年份的数据并不具有可比性。故受数据来源限制，这里以 2008~2016 年为研究时段。

门槛检验，其中，融资结构的三个门槛值分别为 0.042、0.110 和 0.370，银行业结构的三个门槛值分别为 0.310、0.385 和 0.501，资本市场结构的三个门槛值分别为 0.111、0.171 和 0.335。由此可见，融资结构、银行业结构和资本市场结构对产业结构升级均存在门槛效应。结合 Hausman 检验和门槛效应检验的结果，这里利用固定效应的三门槛回归模型分别对式（8.11）~式（8.13）进行估计。此外，为克服异方差对估计结果可能造成的不利影响，对样本数据实施了稳健标准差检验，表 8 - 2 列示了具体的回归结果。

表 8 - 1　　　　　　　　　金融结构门槛效应检验结果（全国）

金融结构	模型	临界值				
		F 值	P 值	1%	5%	10%
融资结构	单一门槛	15.979 ***	0.000	7.010	3.981	2.800
	双重门槛	8.034 ***	0.007	7.358	4.112	2.973
	三重门槛	4.536 **	0.040	5.830	4.027	2.675
银行业结构	单一门槛	23.426 ***	0.000	6.192	3.522	2.569
	双重门槛	8.522 ***	0.000	6.374	3.443	2.940
	三重门槛	4.798 **	0.027	6.388	3.526	2.372
资本市场结构	单一门槛	12.219 ***	0.000	5.080	3.845	2.514
	双重门槛	4.944 **	0.030	6.723	3.793	2.410
	三重门槛	2.983 **	0.050	5.161	3.064	1.742

注：***、**、* 分别表示在 1%、5%、10% 的显著性水平下显著；P 值与临界值皆是 Bootstrap 抽样 300 次的结果。

资料来源：笔者利用 Stata14.0 计算整理所得。

表 8 - 2　　　　　　　　基于金融结构门槛的模型估计结果（全国）

变量	融资结构	银行业结构	资本市场结构
Rd	1.448 （1.405）	1.836 * （1.935）	0.225 （0.217）
Open	- 0.028 （- 1.552）	- 0.015 （- 0.869）	- 0.030 （- 1.636）
Fdi	- 0.003 （- 0.395）	- 0.007 （- 1.034）	- 0.005 （- 0.842）

续表

变量	融资结构	银行业结构	资本市场结构
Urb	0.468 *** (7.053)	0.296 *** (3.460)	0.367 *** (4.429)
Gov	-0.027 (-0.404)	0.008 (0.108)	0.028 (0.368)
Fin	0.061 *** (8.422)	0.053 *** (7.645)	0.066 *** (8.801)
Finstr_1	0.724 *** (3.643)	0.057 (0.629)	-0.005 (-0.088)
Finstr_2	0.069 ** (2.190)	-0.015 (-0.198)	-0.109 *** (-2.890)
Finstr_3	0.039 ** (2.029)	-0.063 ** (-2.080)	0.022 * (1.791)
Finstr_4	0.006 (0.637)	-0.036 * (-1.723)	0.032 ** (2.013)

注：***、**、*分别表示在1%、5%、10%的显著性水平下显著；括号内为 t 统计量；Finstr_1 至 Finstr_4 为不同门槛区间金融结构（包括融资结构变量、银行业结构变量和资本市场结构变量）的系数。

资料来源：笔者利用 Stata14.0 软件计算整理所得。

在融资结构层面，融资结构对产业结构升级有着显著的正向非线性影响效应，且这种正向作用呈现出明显的边际递减趋势。当融资结构低于第一门槛值（Fs≤0.042）时，融资结构对产业结构升级的促进作用最大，影响系数为0.724，且在1%的水平上通过了显著性检验，表明在此门槛区间内直接融资与间接融资的比例每增加1%，产业结构水平会平均提升0.724%；当融资结构跨越第一门槛值并小于第二门槛值时（0.042≤Fs≤0.110），影响系数下降至0.069，且通过了5%的显著性水平检验，表明在此门槛区间内融资结构对产业结构升级仍存在正向影响，但影响力度有所减弱；当融资结构介于第二门槛值与第三门槛值之间时（0.110≤Fs≤0.370），融资结构对产业结构升级的影响仍在5%的水平上通过了显著性检验，但影响力度进一步下降至

0.039；当融资结构进一步跨越第三门槛值时（Fs≥0.370），融资结构对产业结构升级的影响下降至0.006，且未通过显著性水平检验。不难看出，当融资结构低于第三门槛值时，直接融资占比的提升会显著促进产业结构的升级，且这种促进效应呈现出明显的边际递减趋势；当融资结构高于第三门槛值时，这种促进效应不再显著。可见，直接融资与间接融资比例的提升确实能够促进产业结构升级，但这一比例应被限定在适度的范围内，即只有适度的融资结构才能促进产业结构升级。结合前文表6-6的描述性统计结果，中国当前融资结构的平均水平仅为0.198，远小于0.370的第三门槛值，因此，中国的直接融资占比还有着较大的提升空间。

银行业结构层面，最为关注的是银行业集中度对产业结构升级的影响，银行业集中度对产业结构升级存在着"U形"非线性影响。当银行业结构低于第一门槛值（Bs≤0.310）时，银行业集中度对产业结构升级的影响不显著为正；当银行业结构跨越第一门槛值并小于第二门槛值时（0.310≤Bs≤0.385），影响系数由正转负，但仍未通过显著性水平检验，表明在此门槛区间内银行业集中度对产业结构升级的影响不显著；当银行业结构介于第二门槛值与第三门槛值之间时（0.385≤Bs≤0.501），银行业集中度对产业结构升级的抑制作用最强，影响系数为-0.063且在5%的水平上显著，即在此门槛区间内银行业集中度每增加1%，产业结构水平平均下降0.063%；当银行业结构跨越第三门槛值时（Bs≥0.501），影响系数下降至-0.036且通过了10%的显著性水平检验，表明在此门槛区间内银行业集中度对产业结构升级的负向影响有所减弱。因此，对中国而言，过于集中的银行业结构对产业结构升级产生了消极影响，为适应产业结构升级的需要，应将银行业集中度限制在适度的范围内。

在资本市场结构层面，资本市场结构对产业结构升级存在着由负转正的"U形"非线性影响。具体来看，当资本市场结构低于第一门槛值（Cs≤0.111）时，资本市场结构对产业结构升级的影响不显著为负；当资本市场结构跨越第一门槛值并小于第二门槛值时（0.111≤Cs≤0.171），影响系数在1%的水平上显著为负，表明在此门槛区间内加强多层次资本市场的建设反而不利于产业层次的提升；当资本市场结构介于第二门槛值与第三门槛值之间时（0.171≤Cs≤0.335），资本市场结构对产业结构升级的影响由负转正，影响系数为 0.022 且通过了 10% 的显著性水平检验，即在此门槛区间内二板规模占比每提升 1%，产业结构水平平均上升 0.022%；当资本市场结构跨越第三门槛值时（Cs≥0.335），影响力度进一步提升至 0.032 且通过了 5% 的显著性水平检验，表明在此门槛区间内资本市场结构对产业结构升级的正向影响有所增强。可见，多层次资本市场对产业结构升级的推动作用只有在资本市场发展到一定阶段后才会显现，在资本市场发展初期盲目强调资本市场的多层次性反而会抑制产业层次的提升。

在控制变量方面，此处各控制变量的估计结果与前文第 6 章线性影响效应检验中的估计结果基本一致且波动较小。因此，这里不再对此进行赘述。

8.2.2 基于分地区层面的检验结果及分析

基于分地区样本的 ADF 检验、IPS 检验和 LLC 检验表明，东部、中部和西部地区的面板数据均是平稳的，且各地区的 Hausman 检验均在 1% 或 5% 的水平上拒绝了原假设，说明采用固定效应模型更为合理。表 8 - 3 列示了基于东部地区样本的金融结构门槛效应检验结果，从中可以看出，银行业结构模型通过了单门槛、双门槛和三门槛检验，融资结构模型和资本市场结构模型仅通过了单门槛和双门槛检验。表明东部地区融资结构、银行业结构和资本市场结构对产业结构升级均存在门槛效应。

表 8 - 3　　　　　　　　金融结构门槛效应检验结果（东部地区）

金融结构	模型	临界值				
		F 值	P 值	1%	5%	10%
融资结构	单一门槛	11.325 ***	0.003	8.833	3.697	2.619
	双重门槛	6.307 ***	0.003	5.329	3.149	2.251
	三重门槛	1.901	0.147	7.342	4.031	2.312
银行业结构	单一门槛	6.035 ***	0.010	5.597	4.019	2.870
	双重门槛	4.263 **	0.033	6.499	3.681	2.342
	三重门槛	7.359 ***	0.003	6.269	4.200	2.594

续表

金融结构	模型	临界值				
		F 值	P 值	1%	5%	10%
资本市场结构	单一门槛	3.839 **	0.047	5.195	3.730	2.668
	双重门槛	6.179 **	0.023	7.745	4.808	3.081
	三重门槛	2.923 *	0.057	6.933	3.036	2.166

注：*** 、** 、* 分别表示在 1% 、5% 、10% 的显著性水平下显著；P 值与临界值皆是 Bootstrap 抽样 300 次的结果。

资料来源：笔者利用 Stata14.0 软件计算整理所得。

表 8 - 4   基于金融结构门槛的模型估计结果（东部地区）

变量	融资结构	银行业结构	资本市场结构
Rd	1.871 * (1.689)	0.797 (0.714)	1.901 (1.279)
Open	-0.016 (-0.977)	0.002 (0.118)	-0.028 (-1.395)
Fdi	0.005 (1.322)	0.003 (0.786)	0.003 (0.748)
Urb	0.482 *** (5.555)	0.288 *** (3.143)	0.476 *** (5.557)
Gov	0.574 *** (4.916)	0.503 *** (4.709)	0.619 *** (5.224)
Fin	0.028 *** (3.026)	0.031 *** (4.004)	0.035 *** (3.721)
Finstr_1	2.581 ** (2.394)	0.020 (0.283)	-0.174 *** (-3.397)
Finstr_2	0.055 * (1.804)	-0.046 ** (-1.953)	-0.071 *** (-2.617)
Finstr_3	0.005 (0.022)	-0.002 (-0.883)	0.027 * (1.700)
Finstr_4		-0.074 ** (-2.173)	

注：*** 、** 、* 分别表示在 1% 、5% 、10% 的显著性水平下显著；括号内为 t 统计量；Finstr_1 至 Finstr_4 为不同门槛区间金融结构（包括融资结构变量、银行业结构变量和资本市场结构变量）的系数。

资料来源：笔者利用 Stata14.0 软件计算整理所得。

表 8-4 报告了东部地区基于金融结构门槛的模型估计结果，从中我们可以得出以下结论：

一是融资结构层面，东部地区融资结构对产业结构升级的影响呈现出正向边际递减的非线性特征，与全国的趋势基本一致。具体来看，融资结构对产业结构升级影响的两个门槛值分别为 0.032 和 0.375。当融资结构小于 0.032 时，融资结构对产业结构升级的促进作用最大，影响系数为 2.581，且在 1% 的水平上通过了显著性检验；当融资结构介于 0.032 ~ 0.375 之间时，影响系数仍在 10% 的水平上显著为正，但影响力度有所减弱，下降为 0.055；当融资结构大于 0.375 时，影响系数进一步下降至 0.005，且并未通过显著性检验。可见，对于东部地区而言，只有当融资结构小于第二门槛值时，提高直接融资占比对产业结构升级的推动作用才会显现。

二是银行业结构层面，东部地区银行业结构对产业结构升级的影响呈现出"W 形"非线性影响特征，这与全国的情况有所差异。具体来看，银行业结构对产业结构升级影响的三个门槛值分别为 0.265、0.352 和 0.442。当银行业结构小于 0.265 时，银行业集中度对产业结构升级的影响不显著为正；当银行业结构介于 0.265 ~ 0.352 之间时，影响系数由正转负，且通过了 5% 的显著性水平检验，表明在此门槛区间内银行业集中度对产业结构升级产生了抑制作用；当银行业结构介于 0.352 ~ 0.442 之间时，银行业集中度对产业结构升级的抑制作用不再显著；当银行业结构大于 0.442 时，银行业集中度对产业结构升级的抑制作用达到最大，影响系数为 -0.074 且通过了 5% 的显著性水平检验。

三是资本市场结构层面，东部地区资本市场结构对产业结构升级存在着由负转正的非线性影响，但与全国的情况存在一定的差异。具体来看，资本市场结构对产业结构升级影响的两个门槛值分别为 0.208 和 0.728。当资本市场结构小于 0.208 时，资本市场结构对产业结构升级的影响在 1% 的水平上显著为负；当资本市场介于 0.208 ~ 0.728 之间时，负向影响有所减弱，但仍在 1% 的水平上通过了显著性检验；当资本市场结构大于 0.728 时，影响系数由负转正，且在 10% 的水平上通过了显著性检验。可见，东部地区资本市场结构对产业结构升级的正向影响，只有在资本市场结构跨越第二门槛值之后才会显现，且东部地区资本市场结构门槛值远高于全国平均水平。

表 8-5 列示了基于中部地区样本的金融结构门槛效应检验结果，从中可

以看出，资本市场结构模型通过了单门槛、双门槛和三门槛检验，融资结构模型和银行业结构模型仅通过了单门槛和双门槛检验。表明中部地区融资结构、银行业结构和资本市场结构对产业结构升级均存在门槛效应。

表 8-5　　　　　　　金融结构门槛效应检验结果（中部地区）

金融结构	模型	F 值	P 值	临界值		
				1%	5%	10%
融资结构	单一门槛	5.842 ***	0.017	6.254	3.257	2.086
	双重门槛	10.771 ***	0.000	8.166	4.297	2.756
	三重门槛	3.420 *	0.093	7.357	4.906	3.332
银行业结构	单一门槛	36.291 ***	0.000	5.667	3.503	2.255
	双重门槛	12.653 ***	0.000	7.226	3.320	2.451
	三重门槛	3.361 *	0.080	7.666	3.843	3.027
资本市场结构	单一门槛	17.333 ***	0.000	8.058	3.360	2.365
	双重门槛	13.283 ***	0.000	7.617	3.869	2.649
	三重门槛	7.555 **	0.013	7.700	3.914	1.519

注：***、**、*分别表示在1%、5%、10%的显著性水平下显著；P 值与临界值皆是 Bootstrap 抽样 300 次的结果。

资料来源：笔者利用 Stata14.0 软件计算整理所得。

表 8-6 报告了中部地区基于金融结构门槛的模型估计结果，从中我们可以得出以下结论。

表 8-6　　　　基于金融结构门槛的模型估计结果（中部地区）

变量	融资结构	银行业结构	资本市场结构
Rd	0.647 * (1.772)	0.486 (1.496)	0.587 (1.409)
Open	-0.148 (-1.648)	-0.126 (-1.462)	-0.296 *** (3.398)
Fdi	0.014 (1.373)	-0.002 (-0.277)	0.005 (0.659)
Urb	0.770 *** (5.192)	0.874 *** (5.406)	0.902 *** (5.017)

续表

变量	融资结构	银行业结构	资本市场结构
Gov	− 0.063 (− 0.439)	0.152 (1.090)	0.311 ** (2.074)
Fin	0.084 *** (6.613)	0.074 *** (5.025)	0.072 *** (5.889)
Finstr_1	0.866 *** (3.818)	− 0.343 *** (− 3.788)	− 0.340 *** (− 5.925)
Finstr_2	0.082 * (1.784)	− 0.274 *** (− 3.415)	− 0.185 *** (− 4.311)
Finstr_3	− 0.026 (− 0.919)	− 0.173 ** (− 2.220)	− 0.088 *** (− 2.659)
Finstr_4			0.003 (0.093)

注： *** 、 ** 、 * 分别表示在 1%、5%、10% 的显著性水平下显著；括号内为 t 统计量；Finstr_1 至 Finstr_4 为不同门槛区间金融结构（包括融资结构变量、银行业结构变量和资本市场结构变量）的系数。

资料来源：笔者利用 Stata14.0 软件计算整理所得。

一是融资结构层面，融资结构对产业结构升级影响的两个门槛值分别为 0.054 和 0.268。当融资结构小于 0.054 时，融资结构对产业结构升级的促进作用最大，影响系数为 0.866，且在 1% 的水平上通过了显著性检验；当融资结构介于 0.054 ~ 0.268 之间时，影响系数仍在 10% 的水平上显著为正，但影响力度有所减弱，下降为 0.082；当融资结构大于 0.268 时，影响系数由正转负，但并未通过显著性检验。可见，对中部地区而言，当直接融资与间接融资比例较低时，适度提高直接融资占比能够显著推动产业结构升级，随着直接融资的进一步发展，这种促进作用存在着明显的边际递减效应。

二是银行业结构层面，中部地区银行业结构对产业结构升级的影响呈现出负向边际递减的非线性特征，与全国的情况有所差异。具体来看，银行业结构对产业结构升级影响的两个门槛值分别为 0.436 和 0.489。当银行业结构小于 0.436 时，银行业集中度对产业结构升级的负向影响最大，影响系数为 − 0.343，且在 1% 的水平上通过了显著性检验；当银行业结构介于 0.436 ~ 0.489 之间时，影响系数降低至 − 0.274，且仍在 1% 的水平上显著，表明在此门槛区间内银行业集中度对产业结构升级的抑制作用有所减弱；当银行业结构大于 0.489 时，银行业集中度对产业结构升级的抑制作用进一步减弱至 -0.173，且通过了 5% 的显著性水平检验。

三是资本市场结构层面，中部地区资本市场结构对产业结构升级存在着由负转正的非线性影响，这与东部地区的趋势基本一致。具体来看，资本市场结构对产业结构升级影响的三个门槛值分别为 0.171、0.310 和 0.515。当资本市场结构小于 0.171 时，资本市场结构对产业结构升级的影响在 1% 的水平上显著为负；当资本市场介于 0.171 ~ 0.310 之间时，负向影响有所减弱，但仍在 1% 的水平上通过了显著性检验；当资本市场结构介于 0.310 ~ 0.515 之间时，影响系数仍在 1% 的水平上显著为负，但影响力度进一步减弱，下降为 -0.088；当资本市场结构大于 0.515 时，影响系数由负转正，但并未通过显著性检验。

表 8-7 列示了基于西部地区样本的金融结构门槛效应检验结果，可以看出，融资结构模型和银行业结构模型均通过了单门槛、双门槛和三门槛检验，资本市场结构模型仅通过了单门槛和双门槛检验。表明西部地区融资结构、银行业结构和资本市场结构对产业结构升级均存在门槛效应。

表 8-7　　　　　　金融结构门槛效应检验结果（西部地区）

金融结构	模型	临界值				
		F 值	P 值	1%	5%	10%
融资结构	单一门槛	14.649 ***	0.000	7.293	4.654	2.931
	双重门槛	5.597 **	0.033	7.880	4.170	3.084
	三重门槛	7.118 ***	0.007	5.527	4.109	3.280
银行业结构	单一门槛	8.861 ***	0.003	8.283	3.717	2.763
	双重门槛	4.631 **	0.027	7.499	4.224	3.003
	三重门槛	4.386 **	0.033	7.577	3.276	1.868
资本市场结构	单一门槛	22.488 ***	0.000	6.236	3.744	2.879
	双重门槛	4.840 **	0.027	5.927	3.769	2.696
	三重门槛	3.197 *	0.077	8.355	4.122	2.614

注：*** 、** 、* 分别表示在 1%、5%、10% 的显著性水平下显著；P 值与临界值皆是 Bootstrap 抽样 300 次的结果。

资料来源：笔者利用 Stata14.0 软件计算整理所得。

表 8 - 8 报告了西部地区基于金融结构门槛的模型估计结果，从中我们可
以得出以下结论。

表 8 - 8　　　　　　基于金融结构门槛的模型估计结果（西部地区）

变量	融资结构	银行业结构	资本市场结构
Rd	4.503 ** (2.390)	6.353 *** (2.730)	4.591 ** (2.314)
Open	0.091 * (1.686)	- 0.004 (- 0.066)	0.111 * (1.942)
Fdi	- 0.009 * (- 1.752)	- 0.007 (- 1.330)	- 0.011 ** (- 2.304)
Urb	0.310 *** (2.843)	0.046 (0.322)	0.342 ** (2.450)
Gov	0.034 (0.408)	0.002 (0.028)	- 0.001 (- 0.015)
Fin	0.055 *** (5.527)	0.035 *** (2.820)	0.050 *** (4.529)
Finstr_1	0.075 (1.086)	- 0.331 *** (- 3.147)	0.041 (0.985)
Finstr_2	0.249 *** (5.252)	- 0.203 ** (- 2.253)	- 0.127 * (- 1.901)
Finstr_3	0.129 *** (4.364)	- 0.090 (- 1.146)	0.249 (1.204)
Finstr_4	0.018 (0.816)	- 0.043 (- 0.653)	

注：*** 、** 、* 分别表示在1% 、5% 、10% 的显著性水平下显著；括号内为 t 统计量；Finstr_1
至 Finstr_4 为不同门槛区间金融结构（包括融资结构变量、银行业结构变量和资本市场结构变量）的
系数。

资料来源：笔者利用 Stata14.0 软件计算整理所得。

一是融资结构层面，融资结构对产业结构升级影响的三个门槛值分别为
0.132、0.195 和 0.329。当融资结构小于 0.132 时，融资结构对产业结构升
级的影响不显著；当融资结构介于 0.132 ~ 0.195 之间时，融资结构对产业结
构升级的促进作用最大，影响系数为 0.249，且在 1% 的水平上通过了显著性

检验；当融资结构介于 0.195 ~ 0.329 之间时，影响系数仍在 1% 的水平上显著为正，但影响力度有所减弱，下降为 0.129；当融资结构大于 0.329 时，融资结构对产业结构升级的促进作用不再显著。可见，对于西部地区而言，只有当融资结构位于第二和第三门槛区间时，提高直接融资占比对产业结构升级的推动作用才会显现。

二是银行业结构层面，西部地区银行业结构对产业结构升级的影响呈现出负向边际递减的非线性特征，与全国的情况有所差异。具体来看，银行业结构对产业结构升级影响的两个门槛值分别为 0.436 和 0.489。当银行业结构小于 0.436 时，银行业集中度对产业结构升级的负向影响最大，影响系数为 - 0.343，且在 1% 的水平上通过了显著性检验；当银行业结构介于 0.436 ~ 0.489 之间时，影响系数降低至 - 0.274，且仍在 1% 的水平上显著，表明在此门槛区间内银行业集中度对产业结构升级的抑制作用有所减弱；当银行业结构大于 0.489 时，银行业集中度对产业结构升级的抑制作用进一步减弱至 - 0.173，且通过了 5% 的显著性水平检验。

三是资本市场结构层面，中部地区资本市场结构对产业结构升级存在着由负转正的非线性影响，这与东部地区的趋势基本一致。具体来看，资本市场结构对产业结构升级影响的三个门槛值分别为 0.171、0.310 和 0.515。当资本市场结构小于 0.171 时，资本市场结构对产业结构升级的影响在 1% 的水平上显著为负；当资本市场介于 0.171 ~ 0.310 之间时，负向影响有所减弱，但仍在 1% 的水平上通过了显著性检验；当资本市场结构介于 0.310 ~ 0.515 之间时，影响系数仍在 1% 的水平上显著为负，但影响力度进一步减弱，下降为 - 0.088；当资本市场结构大于 0.515 时，影响系数由负转正，但并未通过显著性检验。

8.3 基于经济发展阶段门槛的非线性影响效应检验

8.3.1 基于全国层面的检验结果及分析

延续上文的估计方法，基于全国样本数据，在变量平稳性检验和 Hausman 检验的基础上，使用自举法对是否存在经济发展阶段门槛效应进行检验。表 8 - 9 列示了具体的门槛效应检验结果。

表 8 - 9 经济发展阶段门槛效应检验结果（全国）

金融结构	模型	临界值				
		F 值	P 值	1%	5%	10%
融资结构	单一门槛	39. 228 ***	0. 000	7. 433	4. 202	3. 089
	双重门槛	29. 914 ***	0. 000	7. 528	3. 951	2. 520
	三重门槛	10. 160 ***	0. 003	7. 508	4. 398	3. 042
银行业结构	单一门槛	23. 631 ***	0. 000	7. 277	3. 748	2. 228
	双重门槛	17. 037 ***	0. 000	7. 030	4. 010	2. 391
	三重门槛	9. 634 ***	0. 007	6. 546	4. 226	2. 736
资本市场结构	单一门槛	41. 419 ***	0. 000	5. 935	3. 625	2. 800
	双重门槛	5. 146 **	0. 033	7. 892	4. 133	2. 878
	三重门槛	3. 697 **	0. 047	6. 553	3. 636	2. 465

注：*** 、** 、* 分别表示在 1%、5%、10% 的显著性水平下显著；P 值与临界值皆是 Bootstrap 抽样 300 次的结果。

资料来源：笔者利用 Stata14. 0 软件计算整理所得。

其中，融资结构模型、银行业结构模型和资本市场结构模型的经济发展阶段门槛变量均在 1% 或 5% 的显著性水平上通过了单门槛、双门槛和三门槛检验。其中，融资结构模型中经济发展阶段的三个门槛值分别为 9. 331、9. 651 和 10. 231，银行业结构模型中经济发展阶段的三个门槛值分别为 9. 291、9. 871 和 10. 231，资本市场结构模型中经济发展阶段的三个门槛值分别为 10. 011、10. 231 和 11. 191。由此可见，金融结构对产业结构升级的影响确实会受到经济发展阶段的约束。结合 Hausman 检验和门槛效应检验的结果，这里利用固定效应的三门槛回归模型分别对式（8. 14）~ 式(8. 16) 进行估计。此外，为克服异方差对估计结果可能造成的不利影响，对样本数据实施了稳健标准差检验，表 8 - 10 列示了具体的回归结果。

表8－10　　　　　基于经济发展阶段门槛的模型估计结果（全国）

变量	融资结构	银行业结构	资本市场结构
Rd	1.534 (1.591)	0.954 (1.025)	0.235 (0.242)
Open	−0.018 (−1.013)	−0.004 (−0.237)	−0.008 (−0.477)
Fdi	−0.003 (−0.519)	−0.003 (−0.615)	−0.005 (−0.963)
Urb	0.413 *** (6.616)	0.406 *** (5.053)	0.312 *** (4.003)
Gov	0.093 (1.374)	0.066 (0.848)	0.085 (1.126)
Fin	0.054 *** (8.042)	0.052 *** (7.323)	0.059 *** (8.077)
Finstr_1	−0.137 *** (−8.251)	−0.161 *** (−3.978)	−0.130 *** (−3.948)
Finstr_2	−0.024 (−1.146)	−0.124 *** (−2.936)	−0.062 ** (−2.523)
Finstr_3	0.001 (0.102)	−0.107 *** (−2.689)	0.050 *** (3.301)
Finstr_4	0.153 *** (3.774)	−0.048 (−1.171)	0.098 *** (4.142)

　　注：*** 、** 、* 分别表示在1%、5%、10%的显著性水平下显著；括号内为 t 统计量；Finstr_1 至 Finstr_4 为不同门槛区间金融结构（包括融资结构变量、银行业结构变量和资本市场结构变量）的系数。

　　资料来源：笔者利用 Stata14.0 软件计算整理所得。

　　融资结构层面，融资结构对产业结构升级存在着由负转正的非线性影响。当经济发展阶段小于9.331时，融资结构的影响系数为 −0.137，且在1%的水平上通过了显著性检验，表明在此门槛区间内直接融资与间接融资的比例每增加1%，产业结构水平会平均下降0.137%；当经济发展阶段介于9.331～9.651之间时，融资结构对产业结构升级的负向影响不再显著；当经济发展阶段大于9.651且小于10.231时，融资结构对产业结构升级的影响系数开始由负转正，但并未通过显著性检验；当经济发展阶段大于10.231时，融资结构对产业结构升级的影响系数进一步增强至0.153，并且在1%的水平上通过了显著性检验，表明在该门槛区间，直接融资占比的提高对产业结构升级产生了显著的正向影响。可见，随着经济发展阶段的提升，直接融资对产业结构升级的促进作用逐渐增强，而间接融资的促进作用则逐步减弱。

银行业结构层面，银行业结构对产业结构升级的影响呈现出负向边际递减的非线性影响特征。具体来看，当经济发展阶段小于9.291时，银行业集中度对产业结构升级的抑制作用达到最大，影响系数为−0.161，且通过了1%的显著性水平检验；当经济发展阶段大于9.291且小于9.871时，影响系数仍在1%的水平上显著为负，但影响力度有所减弱；当经济发展阶段介于9.871~10.231之间时，影响系数进一步下降至−0.107，且在1%的水平上显著；当经济发展阶段大于10.231时，影响系数不显著为负，表明在此门槛区间内银行业集中度对产业结构升级的抑制作用不显著。可见，过于集中的银行业结构对中国的产业结构升级产生了一定的消极影响，但随着经济发展阶段的提升，这一消极影响有所减弱。

资本市场结构层面，资本市场结构对产业结构升级存在着由负转正的非线性影响。当经济发展阶段小于10.011时，影响系数在1%的水平上显著为负，表明在此门槛区间内，二板规模占比的提高反而会抑制产业层次的提升；当经济发展阶段介于10.011~10.231之间时，负向影响有所减弱，但仍通过了5%的显著性检验；当经济发展阶段大于10.231小于11.191时，资本市场结构对产业结构升级的正向影响显现，且通过了1%水平的显著性检验；当经济发展阶段大于11.191时，正向影响进一步增强至0.098，表明在此门槛区间内，二板规模与主板规模的比例每增加1%，产业结构水平会平均提升0.098%。可见，随着经济发展阶段的提升，产业中蕴含的高风险对外部融资的风险分散需求更强了，因此多元化、多层次的资本市场结构对产业结构升级的促进作用逐步凸显，并且这一促进作用会随着经济发展阶段的提升而逐步强化。

8.3.2 基于分地区层面的检验结果及分析

表8-11列示了基于东部地区样本的经济发展阶段门槛效应检验结果，

从中可以看出，融资结构模型和银行业结构模型的经济发展阶段门槛变量均通过了单门槛、双门槛和三门槛检验，资本市场结构模型的经济发展阶段门槛变量仅通过了单门槛和双门槛检验。由此可见，东部地区金融结构对产业结构升级的影响确实会受到经济发展阶段的约束。

表 8 - 11   经济发展阶段门槛效应检验结果（东部地区）

金融结构	模型	临界值				
		F 值	P 值	1%	5%	10%
融资结构	单一门槛	7.015***	0.007	6.855	3.848	2.741
	双重门槛	8.433***	0.010	8.242	4.043	2.959
	三重门槛	5.686**	0.023	6.449	4.444	2.958
银行业结构	单一门槛	14.344***	0.000	5.600	3.669	2.705
	双重门槛	10.740***	0.000	5.669	3.344	2.461
	三重门槛	4.203**	0.047	8.111	4.059	2.621
资本市场结构	单一门槛	20.627***	0.000	8.188	3.612	2.387
	双重门槛	9.460***	0.003	6.601	3.358	2.275
	三重门槛	2.594*	0.097	5.204	3.204	2.566

注：***、**、*分别表示在1%、5%、10%的显著性水平下显著；P 值与临界值皆是 Bootstrap 抽样 300 次的结果。

资料来源：笔者利用 Stata14.0 软件计算整理所得。

表 8 - 12 列示了东部地区基于经济发展阶段门槛的模型估计结果，从中我们可以得出以下结论。

表 8 - 12   基于经济发展阶段门槛的模型估计结果（东部地区）

变量	融资结构	银行业结构	资本市场结构
Rd	0.965 (0.736)	1.084 (0.926)	1.170 (0.993)
Open	0.006 (0.275)	0.012 (0.683)	0.010 (0.630)
Fdi	0.003 (0.945)	0.004 (1.354)	0.004 (1.225)

续表

变量	融资结构	银行业结构	资本市场结构
Urb	0.603 *** (7.058)	0.336 *** (3.633)	0.549 *** (6.439)
Gov	0.393 *** (3.042)	0.053 (0.278)	0.478 *** (4.266)
Fin	0.032 *** (3.574)	0.034 *** (3.738)	0.033 *** (3.809)
Finstr_1	− 0.010 (− 0.424)	− 0.212 *** (− 3.629)	− 0.064 *** (− 3.232)
Finstr_2	− 0.078 *** (− 5.182)	− 0.157 *** (− 3.096)	− 0.012 (− 0.951)
Finstr_3	− 0.009 (− 1.303)	− 0.095 * (− 1.882)	0.246 *** (3.849)
Finstr_4	0.124 *** (2.741)	0.051 (0.833)	

注：*** 、** 、* 分别表示在1%、5%、10%的显著性水平下显著；括号内为 t 统计量；Finstr_1 至 Finstr_4 为不同门槛区间金融结构（包括融资结构变量、银行业结构变量和资本市场结构变量）的系数。

资料来源：笔者利用 Stata14.0 软件计算整理所得。

一是融资结构层面，东部地区融资结构对产业结构升级的影响呈现出"U 形"非线性影响特征，这与全国的趋势有所差异。具体来看，融资结构对产业结构升级影响的经济发展阶段门槛值分别为 10.450、10.882 和 11.348。当经济发展阶段小于 10.450 时，融资结构对产业结构升级的影响不显著为负；当经济发展阶段介于 10.450 ~ 10.882 之间时，融资结构对产业结构升级的影响在 1% 的水平上显著为负；当经济发展阶段介于 10.882 ~ 11.348 之间时，负向影响明显降低且不再显著；当经济发展阶段大于 11.348 时，融资结构对产业结构升级的促进作用开始显现，且通过了 1% 的显著性检验。可见，对于东部地区而言，只有当经济发展阶段跨过第三门槛值时，提高直接融资占比对产业结构升级的推动作用才会显现。

二是银行业结构层面，东部地区银行业结构对产业结构升级存在着由负转正的非线性影响，这与全国的情况存着在一定的差异。具体来看，银行业结构对产业结构升级影响的经济发展阶段门槛值分别为 9.751、10.882 和

11.348。当经济发展阶段小于9.751时，银行业集中度对产业结构升级的负向影响最大，影响系数为-0.212，且在1%的水平上通过了显著性检验；当经济发展阶段介于9.751~10.882之间时，影响系数降低至-0.157，且仍在1%的水平上显著，表明在此门槛区间内银行业集中度对产业结构升级的抑制作用有所减弱；当经济发展阶段大于10.882小于11.348时，银行业集中度对产业结构升级的抑制作用进一步减弱至-0.095，且通过了10%的显著性水平检验；当经济发展阶段大于11.348时，银行业集中度对产业结构升级的影响由负转正，但并未通过显著性检验。可见，对于东部地区而言，随着经济发展阶段的提升，银行业集中度对产业结构升级的消极影响是在不断减弱的。

三是资本市场结构层面，东部地区资本市场结构对产业结构升级存在着由负转正的非线性影响，这与全国的影响趋势基本一致。具体来看，东部地区资本市场结构对产业结构升级影响的经济发展阶段门槛值分别为10.832和11.348。当经济发展阶段小于10.832时，资本市场结构对产业结构升级的影响在1%的水平上显著为负；当经济发展阶段介于10.832~11.348之间时，负向影响进一步下降至-0.012且不再显著；当经济发展阶段大于11.348时，影响系数开始由负转正，且通过了1%的显著性检验。表明对于东部地区而言，只有当经济发展阶段位于第三门槛区间时，加强多层次资本市场建设对产业结构升级的促进作用才会显现。

表8-13列示了基于中部地区样本的经济发展阶段门槛效应检验结果，从中可以看出，融资结构模型、银行业结构模型和资本市场结构模型的经济发展阶段门槛变量均通过了单门槛、双门槛和三门槛检验。由此可见，中部地区金融结构对产业结构升级的影响确实会受到经济发展阶段的约束。

表8-13　　　　　经济发展阶段门槛效应检验结果（中部地区）

金融结构	模型	临界值				
		F值	P值	1%	5%	10%
融资结构	单一门槛	15.973***	0.000	8.936	4.181	2.967
	双重门槛	19.406***	0.000	9.503	5.701	4.014
	三重门槛	11.791***	0.003	6.222	2.363	0.629

续表

金融结构	模型	临界值				
		F 值	P 值	1%	5%	10%
银行业结构	单一门槛	14.598***	0.003	6.852	3.332	2.533
	双重门槛	13.372***	0.000	8.898	4.173	3.350
	三重门槛	9.069***	0.007	8.124	1.643	0.740
资本市场结构	单一门槛	31.035***	0.000	6.808	3.739	2.883
	双重门槛	7.602**	0.013	8.299	4.247	3.350
	三重门槛	7.367***	0.003	6.155	3.533	2.304

注：***、**、*分别表示在1%、5%、10%的显著性水平下显著；P 值与临界值皆是 Bootstrap 抽样 300 次的结果。

资料来源：笔者利用 Stata14.0 软件计算整理所得。

表 8-14 报告了中部地区基于经济发展阶段门槛的模型估计结果，从中我们可以得出以下结论。

表 8-14　　基于经济发展阶段门槛的模型估计结果（中部地区）

变量	融资结构	银行业结构	资本市场结构
Rd	0.907** (2.553)	0.547* (1.865)	0.403 (1.105)
Open	-0.097 (-1.285)	0.005 (0.049)	-0.094 (-1.201)
Fdi	-0.001 (-0.179)	0.004 (0.489)	-0.004 (-0.565)
Urb	0.693*** (4.848)	0.780*** (5.031)	0.440** (2.541)
Gov	0.177* (1.671)	0.356** (2.533)	0.260* (1.986)
Fin	0.078*** (6.812)	0.079*** (5.860)	0.077*** (6.466)
Finstr_1	-0.124*** (-5.988)	-0.191*** (-3.606)	-0.137*** (-4.161)
Finstr_2	0.019 (0.732)	-0.095** (-2.300)	-0.038 (-1.619)

变量	融资结构	银行业结构	资本市场结构
Finstr_3	0.420 *** (4.066)	−0.074 (−0.946)	0.041 ** (2.095)
Finstr_4	0.014 (0.412)	0.018 (0.243)	0.094 *** (4.720)

注：*** 、** 、* 分别表示在 1%、5%、10% 的显著性水平下显著；括号内为 t 统计量；Finstr_1 至 Finstr_4 为不同门槛区间金融结构（包括融资结构变量、银行业结构变量和资本市场结构变量）的系数。

资料来源：笔者利用 Stata14.0 软件计算整理所得。

　　一是融资结构层面，中部地区融资结构对产业结构升级的影响呈现出"倒 U 形"非线性影响特征，这与全国的趋势有所差异。融资结构对产业结构升级影响的经济发展阶段门槛值分别为 9.259、9.831 和 10.253。当经济发展阶段小于 9.259 时，融资结构对产业结构升级的影响在 1% 的水平上显著为负；当经济发展阶段介于 9.259~9.831 之间时，融资结构对产业结构升级的影响由负转正，但并未通过显著性检验；当经济发展阶段介于 9.831~10.253 之间时，正向影响进一步增大且通过了 1% 的显著性水平检验；当经济发展阶段大于 10.253 时，融资结构对产业结构升级的正向影响不显著。可见，对于中部地区而言，只有当经济发展阶段位于第三门槛区间时，提高直接融资占比对产业结构升级的推动作用才会显现。

　　二是银行业结构层面，中部地区银行业结构对产业结构升级存在着由负转正的非线性影响，这与东部地区的情况高度一致。具体来看，银行业结构对产业结构升级影响的经济发展阶段门槛值分别为 9.327、9.872 和 10.267。当经济发展阶段小于 9.327 时，银行业集中度对产业结构升级的负向影响最大，影响系数为 −0.191，且在 1% 的水平上通过了显著性检验；当经济发展阶段介于 9.327 和 9.872 之间时，影响系数降低至 −0.095，且仍在 5% 的水平上显著，表明在此门槛区间内银行业集中度对产业结构升级的抑制作用有所减弱；当经济发展阶段大于 9.872 小于 10.267 时，银行业集中度对产业结构升级的抑制作用进一步减弱至 −0.074，且不再显著；当经济发展阶段大于 10.267 时，银行业集中度对产业结构升级的影响由负转正，但并未通过显著性检验。可见，对于中部地区而言，随着经济发展阶段的提升，银行业集中度对产业结构升级的消极影响是在不断减弱的。

　　三是资本市场结构层面，中部地区资本市场结构对产业结构升级存在着由负转正的非线性影响，这与全国的趋势基本一致。具体来看，资本市场结构对产业结构升级影响的经济发展阶段门槛值分别为 10.144、10.253 和 10.430。当经济发展阶段小于 10.144 时，资本市场结构对产业结构升级的影响在 1% 的水平上显著为负；当经济发展阶段介于 10.144 和 10.253 之间时，负向影响明显减弱且不再显著；当经济发展阶段大于 10.253 小于 10.430 时，影响系数由负转正，且通过了 5% 的显著性检验；当经济发展阶段大于 10.430 时，正向影响进一步增强至 0.094，且通过了 1% 的显著性检验。表明对于中部地区而言，只有当经济发展阶段跨越第二门槛值时，加强多层次资本市场建设对产业结构升级的促进作用才会显现。

　　表 8-15 列示了基于西部地区样本的经济发展阶段门槛效应检验结果，从中可以看出，融资结构模型的经济发展阶段门槛变量通过了单门槛和双门槛检验，银行业结构模型和资本市场结构模型的经济发展阶段门槛变量均通过了单门槛、双门槛和三门槛检验。由此可见，西部地区金融结构对产业结构升级的影响确实会受到经济发展阶段的约束。

表 8-15　　　　　　　　经济发展阶段门槛效应检验结果（西部地区）

金融结构	模型	临界值				
		F 值	P 值	1%	5%	10%
融资结构	单一门槛	17.097 ***	0.000	8.714	4.468	3.040
	双重门槛	15.143 ***	0.000	7.158	3.851	2.569
	三重门槛	2.973	0.113	9.403	4.756	3.612
银行业结构	单一门槛	18.110 ***	0.000	5.869	3.431	2.411
	双重门槛	7.154 ***	0.010	7.063	3.602	2.525
	三重门槛	5.157 **	0.033	7.239	4.231	2.874
资本市场结构	单一门槛	14.276 ***	0.003	6.744	4.118	3.095
	双重门槛	6.980 **	0.020	8.572	4.132	3.593
	三重门槛	5.574 **	0.017	5.627	3.416	2.587

注：***、**、*分别表示在 1%、5%、10% 的显著性水平下显著；P 值与临界值皆是 Bootstrap 抽样 300 次的结果。

资料来源：笔者利用 Stata14.0 软件计算整理所得。

表 8 - 16 报告了西部地区基于经济发展阶段门槛的模型估计结果，从中我们可以得出以下结论。

表 8 - 16　　　基于经济发展阶段门槛的模型估计结果（西部地区）

变量	融资结构	银行业结构	资本市场结构
Rd	5.979 *** (3.367)	5.869 *** (3.109)	4.833 ** (2.441)
Open	0.041 (0.810)	0.002 (0.030)	0.046 (0.744)
Fdi	-0.006 (-1.161)	-0.009 (-1.642)	-0.010 ** (-2.025)
Urb	0.348 *** (3.427)	0.303 ** (2.165)	0.125 (1.023)
Gov	0.042 (0.529)	0.007 (0.083)	0.003 (0.032)
Fin	0.047 *** (4.721)	0.047 *** (4.074)	0.051 *** (4.358)
Finstr_1	-0.183 *** (-6.762)	-0.065 (-0.974)	-0.600 *** (-3.981)
Finstr_2	-0.008 (-0.309)	-0.112 * (-1.663)	-0.094 * (-1.693)
Finstr_3	0.053 ** (2.056)	-0.157 ** (-2.139)	0.024 (0.724)
Finstr_4		-0.093 (-1.212)	0.134 *** (3.584)

注：*** 、** 、* 分别表示在1%、5%、10%的显著性水平下显著；括号内为 t 统计量；Finstr_1 至 Finstr_4 为不同门槛区间金融结构（包括融资结构变量、银行业结构变量和资本市场结构变量）的系数。

资料来源：笔者利用 Stata14.0 软件计算整理所得。

一是融资结构层面，西部地区融资结构对产业结构升级的影响呈现由负转正的非线性特征，这与全国的情况较为一致。融资结构对产业结构升级影响的经济发展阶段门槛值分别为 9.685 和 10.241。当经济发展阶段小于 9.685 时，融资结构对产业结构升级的影响在 1% 的水平上显著为负；当经济发展阶段介于 9.685 和 10.241 之间时，融资结构对产业结构升级的影响仍为负，但并未通过显著性检验；当经济发展阶段大于 10.241 时，融资结构对产业结构升级的影响由负转正，且通过了 5% 的显著性水平检验。可见，对于西部地区而言，只有当经济发展阶段跨越第二门槛值时，提高直接融资占比对产业结构升级的推动作用才会显现。

二是银行业结构层面，西部地区银行业结构对产业结构升级的影响呈现"倒 U 形"的负向非线性特征，这与全国的情况有所差异。银行业结构对产业结构升级影响的经济发展阶段门槛值分别为 9.685、9.887 和 10.241。当经济发展阶段小于 9.685 时，银行业集中度对产业结构升级的影响不显著为负；当经济发展阶段介于 9.685 和 9.887 之间时，影响系数在 10% 的水平上显著为负，表明在此门槛区间内银行业集中度对产业结构升级产生了明显的抑制作用；当经济发展阶段大于 9.887 小于 10.241 时，银行业集中度对产业结构升级的抑制作用进一步增强至 −0.157，且在 5% 的水平上显著；当经济发展阶段大于 10.241 时，银行业集中度对产业结构升级的负向影响有所减弱且不再显著。可见，对于西部地区而言，随着经济发展阶段的提升，银行业集中度对产业结构升级的消极影响呈现出先升后降的趋势。

三是资本市场结构层面，西部地区资本市场结构对产业结构升级存在着由负转正的非线性影响，这与全国的趋势基本一致。具体来看，资本市场结构对产业结构升级影响的经济发展阶段门槛值分别为 9.111、9.938 和 10.308。当经济发展阶段小于 9.111 时，资本市场结构对产业结构升级的影响在 1% 的水平上显著为负；当经济发展阶段介于 9.111 和 9.938 之间时，负向影响明显减弱，但仍在 10% 水平上显著；当经济发展阶段大于 9.938 小于 10.308 时，影响系数由负转正，但并未通过显著性检验；当经济发展阶段大于 10.308 时，正向影响进一步增强至 0.134，且通过了 1% 的显著性检验。表明对于西部地区而言，只有当经济发展阶段跨越第三门槛值时，加强多层次资本市场建设对产业结构升级的促进作用才会显现。

8.4　基于金融生态环境门槛的非线性影响效应检验

8.4.1　基于全国层面的检验结果及分析

延续前面的估计方法，基于全国样本数据，在变量平稳性检验和豪斯曼检验的基础上，使用自举法对是否存在金融生态环境门槛效应进行检验。表8-17列示了具体的门槛效应检验结果。

表8-17　　　　　　金融生态环境门槛效应检验结果（全国）

金融结构	模型	临界值				
		F 值	P 值	1%	5%	10%
融资结构	单一门槛	36.321 ***	0.000	6.108	4.053	2.838
	双重门槛	9.204 ***	0.003	7.910	3.578	2.407
	三重门槛	9.496 ***	0.000	6.261	4.050	2.882
银行业结构	单一门槛	13.991 ***	0.000	6.620	4.856	3.454
	双重门槛	6.122 ***	0.010	6.489	3.773	3.098
	三重门槛	6.047 **	0.027	7.480	4.891	2.779
资本市场结构	单一门槛	21.901 ***	0.000	6.738	4.195	2.544
	双重门槛	6.806 **	0.023	8.526	3.840	2.763
	三重门槛	4.818 **	0.027	7.284	3.720	2.809

注：***、**、*分别表示在1%、5%、10%的显著性水平下显著；P值与临界值皆是Bootstrap抽样300次的结果。

资料来源：笔者利用Stata14.0软件计算整理所得。

其中，融资结构模型、银行业结构模型和资本市场结构模型的金融生态环境门槛变量均在1%或5%的显著性水平上通过了单门槛检验、双门槛检验和三门槛检验。其中，融资结构模型中金融生态环境的三个门槛值分别为1.532、3.856和8.505，银行业结构模型中金融生态环境的三个门槛值分别为2.756、3.856和6.181，资本市场结构模型中金融生态环境的三个门槛值分别为 2.511、3.856 和 8.505。由此可见，金融结构对产业结构升级的影响确实会受到金融生态环境的约束。结合 Hausman 检验和门槛效应检验的结果，这里利用固定效应的三门槛回归模型分别对式（8.17）~式（8.19）进行估计。此外，为克服异方差对估计结果可能造成的不利影响，对样本数据实施了稳健标准差检验，表 8 - 18 列示了具体的回归结果。

表 8 - 18　　　　　　　　基于金融生态环境门槛的模型估计结果（全国）

变量	融资结构	银行业结构	资本市场结构
Rd	4.232 *** (3.390)	3.631 *** (2.878)	1.962 (1.525)
Open	-0.023 (-0.869)	-0.034 (-1.310)	-0.026 (-0.905)
Fdi	0.003 (0.397)	0.005 (0.620)	0.003 (0.378)
Urb	0.250 *** (2.774)	0.174 (1.431)	0.304 *** (3.163)
Gov	0.173 * (1.656)	0.081 (0.666)	0.189 (1.548)
Fin	0.041 *** (4.390)	0.027 *** (2.839)	0.034 *** (3.498)
Finstr_1	-0.242 *** (-5.069)	-0.145 ** (-2.442)	-0.104 *** (-2.671)
Finstr_2	-0.098 *** (-4.824)	-0.112 * (-1.872)	0.008 (0.270)
Finstr_3	0.000 (0.016)	-0.071 (-1.183)	0.076 *** (4.446)
Finstr_4	0.043 *** (3.455)	-0.013 (-0.220)	0.030 ** (2.093)

注：*** 、 ** 、 * 分别表示在1%、5%、10%的显著性水平下显著；括号内为 t 统计量；Finstr_1 至 Finstr_4 为不同门槛区间金融结构（包括融资结构变量、银行业结构变量和资本市场结构变量）的系数。

资料来源：笔者利用 Stata14.0 软件计算整理所得。

融资结构层面，融资结构对产业结构升级存在着由负转正的非线性影响。当金融生态环境小于 1.532 时，影响系数为 - 0.242，且在 1% 的水平上通过了显著性检验，表明在此门槛区间内直接融资与间接融资的比例每增加1%，产业结构水平会平均下降0.242%；当金融生态环境介于1.532和3.856之间时，融资结构对产业结构升级的负向影响有所减弱，但仍在1%的水平上显著；当金融生态环境大于3.856且小于8.505时，融资结构对产业结构升级的影响系数开始由负转正，但并未通过显著性检验；当金融生态环境大于8.505时，融资结构对产业结构升级的影响系数进一步增强至0.043，并且在1%的水平上通过了显著性检验，表明在该门槛区间，直接融资与间接融资相对比例的提高对产业结构升级产生了显著的正向影响。可见，金融生态环境的改善有利于以债券和股票为代表的直接融资功能的发挥，进而逐渐展现出对产业结构升级的重要推动作用。

银行业结构层面，银行业结构对产业结构升级的影响呈现出负向边际递减的非线性影响特征。具体来看，当金融生态环境小于2.756时，银行业集中度对产业结构升级的抑制作用达到最大，影响系数为-0.145，且通过了1%的显著性水平检验；当金融生态环境大于2.756且小于3.856时，影响系数仍在10%的水平上显著为负，但影响力度减弱至-0.112；当金融生态环境介于3.856和6.181之间时，影响系数进一步下降至-0.071，且并未通过显著性检验；当金融生态环境大于6.181时，影响系数不显著为负，表明在此门槛区间内，银行业集中度对产业结构升级的抑制作用不再显著。可见，过于集中的银行业结构对我国的产业结构升级产生了一定的消极影响，但随着金融生态环境的改善，这一消极影响有所减弱。

资本市场结构层面，资本市场结构对产业结构升级存在着"倒U形"的非线性影响。当金融生态环境小于2.511时，资本市场结构的影响系数在1%的水平上显著为负，表明在此门槛区间内，二板规模与主板规模比例的提高反而会抑制产业层次的提升；当金融生态环境介于2.511～3.856之间时，影响系数由负转正，但并未通过显著性检验，表明在此门槛区间内，资本市场结构对和产业结构升级没有显著影响；当金融生态环境大于3.856小于8.505时，正向影响进一步增强，且通过了1%水平的显著性检验；当金融生态环境大于8.505时，影响系数仍在5%的水平上显著为正，但影响力度有所减弱。可见，多层次资本市场的发展离不开良好的金融生态环境，只有当金融生态环境跨越第二门槛值后，加强多层次资本市场建设才有助于推动产业层次的提升。

8.4.2　基于分地区层面的检验结果及分析

表 8 - 19 列示了基于东部地区样本的金融生态环境门槛效应检验结果，从中可以看出，融资结构模型的金融生态环境门槛变量通过了单门槛检验和双门槛检验，银行业结构模型的金融生态环境门槛变量通过了单门槛检验、双门槛检验和三门槛检验，资本市场结构模型的金融生态环境门槛变量仅通过了单门槛检验。由此可见，东部地区金融结构对产业结构升级的影响确实会受到金融生态环境的约束。

表 8 - 19　　　　　金融生态环境门槛效应检验结果（东部地区）

金融结构	模型	临界值				
		F 值	P 值	1%	5%	10%
融资结构	单一门槛	9.291 ***	0.003	7.493	4.240	3.096
	双重门槛	5.921 **	0.017	6.756	4.273	2.866
	三重门槛	3.885 *	0.070	9.738	4.388	3.025
银行业结构	单一门槛	5.205 ***	0.010	5.242	3.464	2.453
	双重门槛	4.589 **	0.040	6.923	3.880	2.706
	三重门槛	4.237 **	0.033	7.152	3.940	2.966
资本市场结构	单一门槛	5.595 **	0.020	6.399	3.750	2.558
	双重门槛	1.392	0.220	7.816	3.446	2.227
	三重门槛	4.417 *	0.053	6.429	4.613	3.415

注：***、**、* 分别表示在 1%、5%、10% 的显著性水平下显著；P 值与临界值皆是 Bootstrap 抽样 300 次的结果。
资料来源：笔者利用 Stata14.0 软件计算整理所得。

表 8 - 20 报告了东部地区基于金融生态环境门槛的模型估计结果，从中我们可以得出以下结论。

表 8 - 20   基于金融生态环境门槛的模型估计结果（东部地区）

变量	融资结构	银行业结构	资本市场结构
Rd	0.155 (0.089)	1.686 (1.121)	0.747 (0.450)
Open	-0.078** (-2.353)	-0.054** (-1.993)	-0.037 (-1.180)
Fdi	0.008* (1.951)	0.011** (2.532)	0.012*** (2.655)
Urb	0.472*** (4.005)	0.419*** (3.517)	0.496*** (4.009)
Gov	0.710** (2.159)	0.483 (1.512)	0.695** (2.002)
Fin	0.022* (1.946)	0.008 (0.671)	0.010 (0.856)
Finstr_1	-0.066*** (-4.690)	-0.151** (-2.065)	-0.007 (-0.509)
Finstr_2	-0.001 (-0.134)	-0.104 (-1.395)	0.059*** (2.642)
Finstr_3	0.032*** (3.246)	-0.154** (-2.054)	
Finstr_4		-0.195** (-2.555)	

注：***、**、* 分别表示在 1%、5%、10% 的显著性水平下显著；括号内为 t 统计量；Finstr_1 至 Finstr_4 为不同门槛区间金融结构（包括融资结构变量、银行业结构变量和资本市场结构变量）的系数。

资料来源：笔者利用 Stata14.0 软件计算整理所得。

　　一是融资结构层面，东部地区融资结构对产业结构升级的影响呈现由负转正的非线性特征，这与全国的情况较为一致。融资结构对产业结构升级影响的金融生态环境门槛值分别为 7.787 和 12.969。当金融生态环境小于 7.787 时，融资结构对产业结构升级的影响在 1% 的水平上显著为负；当金融生态环境介于 7.787 和 12.969 之间时，融资结构对产业结构升级的影响仍为负，但并未通过显著性检验；当金融生态环境大于 12.969 时，融资结构对产业结构升级的影响由负转正，且通过了 1% 的显著性水平检验。可见，对于东部地区而言，只有当金融生态环境跨越第二门槛值时，提高直接融资占比对产业结构升级的推动作用才会显现。

二是银行业结构层面，东部地区银行业结构对产业结构升级的影响呈现出"U形"负向非线性特征，这与全国的情况有所差异。银行业结构对产业结构升级影响的金融生态环境门槛值分别为2.196、7.787和12.969。当金融生态环境小于2.196时，银行业集中度对产业结构升级的影响在5%的水平上显著为负，表明在此门槛区间内，银行业集中度对产业结构升级产生了明显的抑制作用；当金融生态环境介于2.196~7.787之间时，影响系数不显著为负；当金融生态环境大于7.787小于12.969时，影响系数在5%的水平上显著为负；当金融生态环境大于12.969时，银行业集中度对产业结构升级的负向影响进一步增强，且在5%的水平上显著。可见，对于东部地区而言，随着金融生态环境的改善，银行业集中度对产业结构升级的消极影响呈现出先降后升的趋势。

三是资本市场结构层面，东部地区资本市场结构对产业结构升级存在着由负转正的非线性影响，这与全国的趋势基本一致。具体来看，资本市场结构对产业结构升级影响的金融生态环境门槛值为7.378。当金融生态环境小于7.378时，资本市场结构对产业结构升级的影响不显著为负；当金融生态环境大于7.378时，影响系数由负转正，且通过了1%的显著性检验。表明对于东部地区而言，只有当金融生态环境位于第二门槛区间时，加强多层次资本市场建设对产业结构升级的促进作用才会显现。

表8-21列示了基于中部地区样本的金融生态环境门槛效应检验结果，从中可以看出，融资结构模型和资本市场结构模型的金融生态环境门槛变量通过了单门槛和双门槛检验，银行业结构模型的金融生态环境门槛变量仅通过了单门槛检验。由此可见，中部地区金融结构对产业结构升级的影响确实会受到金融生态环境的约束。

表8-21　　　　　金融生态环境门槛效应检验结果（中部地区）

金融结构	模型	F值	P值	1%	5%	10%
				临界值		
融资结构	单一门槛	13.329 ***	0.000	6.368	3.449	2.530
	双重门槛	3.805 **	0.043	8.314	3.537	2.624
	三重门槛	2.950 *	0.070	5.756	3.150	2.751

续表

金融结构	模型	临界值				
		F 值	P 值	1%	5%	10%
银行业结构	单一门槛	10.623 ***	0.007	8.793	4.451	3.403
	双重门槛	2.095	0.180	7.553	4.147	3.171
	三重门槛	1.380	0.237	6.596	3.896	2.690
资本市场结构	单一门槛	14.456 ***	0.000	7.411	3.976	2.628
	双重门槛	7.533 ***	0.010	6.853	3.394	2.340
	三重门槛	2.067	0.140	6.512	3.160	2.551

注：*** 、** 、* 分别表示在1%、5%、10%的显著性水平下显著；P 值与临界值皆是 Bootstrap 抽样300 次的结果。
资料来源：笔者利用 Stata14.0 软件计算整理所得。

表 8 - 22 列出了中部地区基于金融生态环境门槛的模型估计结果，从中我们可以得出以下结论。

表 8 - 22　　　　基于金融生态环境门槛的模型估计结果（中部地区）

变量	融资结构	银行业结构	资本市场结构
Rd	2.788 (1.167)	1.904 (0.758)	- 0.464 (- 0.186)
Open	0.040 (0.309)	- 0.050 (- 0.333)	- 0.234 ** (- 2.038)
Fdi	0.037 *** (3.788)	0.041 *** (3.981)	0.026 ** (2.650)
Urb	0.016 (0.079)	0.078 (0.313)	- 0.086 (- 0.426)
Gov	0.611 ** (2.465)	0.780 *** (2.865)	0.558 ** (2.492)
Fin	0.057 *** (3.889)	0.081 *** (4.639)	0.057 *** (3.667)
Finstr_1	- 0.098 *** (- 3.848)	- 0.148 *** (- 2.737)	- 0.008 (- 0.175)
Finstr_2	- 0.033 (- 0.933)	- 0.112 ** (- 2.399)	0.163 *** (4.390)

续表

变量	融资结构	银行业结构	资本市场结构
Finstr_3	0.043 * (1.975)		0.070 ** (2.656)
Finstr_4			

注：*** 、** 、* 分别表示在 1% 、5% 、10% 的显著性水平下显著；括号内为 t 统计量；Finstr_1 至 Finstr_4 为不同门槛区间金融结构（包括融资结构变量、银行业结构变量和资本市场结构变量）的系数。

资料来源：笔者利用 Stata14.0 软件计算整理所得。

一是融资结构层面，中部地区融资结构对产业结构升级的影响呈现出由负转正的非线性特征，这与全国的情况较为一致。融资结构对产业结构升级影响的金融生态环境门槛值分别为 4.024 和 5.677。当金融生态环境小于 4.024 时，融资结构对产业结构升级的影响在 1% 的水平上显著为负；当金融生态环境介于 4.024 ~ 5.677 之间时，融资结构对产业结构升级的影响仍为负，但并未通过显著性检验；当金融生态环境大于 5.677 时，融资结构对产业结构升级的影响由负转正，且通过了 10% 的显著性水平检验。由此可见，对于中部地区而言，只有当金融生态环境跨越第二门槛值时，提高直接融资占比对产业结构升级的推动作用才会显现。

二是银行业结构层面，中部地区银行业结构对产业结构升级的影响呈现出负向边际递减的非线性特征，这与全国的情况基本一致。银行业结构对产业结构升级影响的金融生态环境门槛值为 3.611。当金融生态环境小于 3.611 时，银行业集中度对产业结构升级的影响在 1% 的水平上显著为负，表明在此门槛区间内，银行业集中度对产业结构升级产生了明显的抑制作用；当金融生态环境大于 3.611 时，银行业集中度对产业结构升级的负向影响有所减弱，且在 5% 的水平上显著。可见，对于中部地区而言，随着金融生态环境的改善，银行业集中度对产业结构升级的消极影响不断弱化。

三是资本市场结构层面，中部地区资本市场结构对产业结构升级存在着"倒 U 形"的非线性影响，这与全国的趋势基本一致。具体来看，资本市场结构对产业结构升级影响的金融生态环境门槛值分别为 3.611 和 5.181。当金融生态环境小于 3.611 时，资本市场结构对产业结构升级的影响不显著为负；当金融生态环境介于 3.611 ~ 5.181 之间时，影响系数由负转正，且通过

223

了1%的显著性检验；当金融生态环境大于5.181时，正向影响有所减弱，但仍在5%的水平上显著。表明对于中部地区而言，只有当金融生态环境跨越第一门槛值时，加强多层次资本市场建设对产业结构升级的促进作用。

表8-23列示了基于西部地区样本的金融生态环境门槛效应检验结果，从中可以看出，融资结构模型、银行业结构模型和资本市场结构模型的金融生态环境门槛变量通过了单门槛、双门槛和三门槛检验。由此可见，西部地区金融结构对产业结构升级的影响确实会受到金融生态环境的约束。

表8-23　　　　　金融生态环境门槛效应检验结果（西部地区）

金融结构	模型	临界值				
		F值	P值	1%	5%	10%
融资结构	单一门槛	19.047***	0.000	7.829	3.673	2.969
	双重门槛	11.938***	0.003	6.973	3.829	2.727
	三重门槛	7.517***	0.010	6.626	3.702	2.541
银行业结构	单一门槛	11.583***	0.000	6.400	3.448	2.380
	双重门槛	7.627***	0.007	7.195	5.047	3.642
	三重门槛	5.192**	0.027	8.894	4.423	3.011
资本市场结构	单一门槛	18.924***	0.000	7.136	4.346	2.546
	双重门槛	7.102**	0.017	7.711	5.242	4.019
	三重门槛	7.778***	0.010	7.339	5.127	3.166

注：***、**、*分别表示在1%、5%、10%的显著性水平下显著；P值与临界值皆是Bootstrap抽样300次的结果。
资料来源：笔者利用Stata14.0软件计算整理所得。

表8-24列示了西部地区基于金融生态环境门槛的模型估计结果，从中我们可以得出以下结论。

表8-24　　　基于金融生态环境门槛的模型估计结果（西部地区）

变量	融资结构	银行业结构	资本市场结构
Rd	12.700***	10.962***	11.757***
	(5.242)	(3.871)	(3.786)

变量	融资结构	银行业结构	资本市场结构
Open	0.003 (0.050)	−0.077 (−1.162)	0.074 (1.152)
Fdi	−0.007 (−1.520)	−0.004 (−0.648)	−0.004 (−0.714)
Urb	0.207 * (1.768)	−0.384 * (−1.769)	0.290 ** (2.022)
Gov	0.149 (1.426)	−0.009 (−0.074)	0.057 (0.525)
Fin	0.029 ** (2.283)	0.018 (1.244)	0.014 (0.961)
Finstr_1	−0.160 ** (−2.474)	−0.387 *** (−3.285)	−0.292 *** (−5.110)
Finstr_2	−0.356 *** (−9.872)	−0.345 *** (−2.969)	−0.054 (−1.112)
Finstr_3	−0.123 *** (−4.970)	−0.255 ** (−2.256)	0.190 * (1.819)
Finstr_4	0.059 * (1.718)	−0.080 (−0.668)	0.073 ** (2.085)

注：*** 、** 、* 分别表示在1%、5%、10%的显著性水平下显著；括号内为 t 统计量；Finstr_1 至 Finstr_4 为不同门槛区间金融结构（包括融资结构变量、银行业结构变量和资本市场结构变量）的系数。

资料来源：笔者利用 Stata14.0 软件计算整理所得。

一是融资结构层面，西部地区融资结构对产业结构升级的影响呈现出"U 形"非线性特征，这与全国的情况存在一定的差异。融资结构对产业结构升级影响的金融生态环境门槛值分别为 0.776、1.573 和 6.948。当金融生态环境小于 0.776 时，融资结构对产业结构升级的影响在 5% 的水平上显著为负；当金融生态环境介于 0.776 ~ 1.573 之间时，融资结构对产业结构升级的负向影响进一步扩大，且通过了 1% 的显著性水平检验；当金融生态环境介于 1.573 和 6.948 时，融资结构对产业结构升级的负向影响有所减弱，但仍在 1% 的水平上显著；当金融生态环境大于 6.948 时，影响系数由负转正，且通过了 10% 的显著性水平检验。可见，对于西部地区而言，只有当金融生态环境跨越第三门槛值时，提高直接融资占比对产业结构升级的推动作用才会显现。

二是银行业结构层面，西部地区银行业结构对产业结构升级的影响呈现出负向边际递减的非线性特征，这与全国的情况基本一致。银行业结构对产业结构升级影响的金融生态环境门槛值分别为 2.236、5.886 和 6.948。当金融生态环境小于 2.236 时，银行业集中度对产业结构升级的负向影响最大，且在 1% 的水平上显著，表明在此门槛区间内，银行业集中度对产业结构升级产生了明显的抑制作用；当金融生态环境介于 2.236 和 5.886 之间时，银行业集中度对产业结构升级的负向影响有所减弱，且在 1% 的水平上显著；当金融生态环境介于 5.886~6.948 之间时，负向影响进一步减弱至 -0.255，且仍在 5% 的水平上显著；当金融生态环境大于 6.948 时，影响系数降低至 -0.080，则不再显著。可见，对于西部地区而言，随着金融生态环境的改善，银行业集中度对产业结构升级的消极影响在不断弱化。

三是资本市场结构层面，西部地区资本市场结构对产业结构升级存在着"倒 U 形"的非线性影响，这与全国的趋势基本一致。具体来看，资本市场结构对产业结构升级影响的金融生态环境门槛值分别为 0.776、1.573 和 2.635。当金融生态环境小于 0.776 时，资本市场结构对产业结构升级的影响在 1% 的水平上显著为负；当金融生态环境介于 0.776~1.573 之间时，影响系数仍为负，但并未通过显著性检验；当金融生态环境介于 1.573~2.635 之间时，影响系数由负转正，且在 10% 的水平上显著；当金融生态环境大于 2.635 时，正向影响扩大至 0.073，且在 5% 的水平上显著。表明对于西部地区而言，只有当金融生态环境跨越第二门槛值时，加强多层次资本市场建设对产业结构升级的促进作用才会显现。

8.5 本 章 小 结

本章运用 2005~2017 年中国 30 个省份的面板数据，构建了金融结构影响产业结构升级的面板门槛模型，实证检验了金融结构与产业结构升级之间的非线性关联及其地区差异，并考察了这种非线性影响的约束机制，进而验证了第 3 章理论分析中的假设 3。主要实证结论如下：

首先，基于金融结构门槛的研究发现：一是融资结构层面，融资结构对产业结构升级有着显著的正向非线性影响效应，且这种正向作用呈现出明显的边际递减趋势。可见，直接融资与间接融资比例的提升确实能够促进产业结构升级，但这一比例应被限定在适度的范围内，即只有适度的融资结构才能促进产业结构升级。考虑到中国当前融资结构的平均水平仅为 0.198，远小于 0.370 的第三门槛值，中国的直接融资占比还有着较大的提升空间。二是银行业结构层面，银行业集中度对产业结构升级存在着 "U 形" 非线性影响，过于集中的银行业结构对产业结构升级造成了消极影响，为适应产业结构升级的需要，应将银行业集中度限制在适度的范围内。三是资本市场结构层面，资本市场结构对产业结构升级存在着由负转正的 "U 形" 非线性影响，多层次资本市场对产业结构升级的推动作用只有在资本市场发展到一定阶段后才会显现，在资本市场发展初期盲目强调资本市场的多层次性反而会抑制产业层次的提升。此外，这种基于金融结构门槛的非线性影响在不同的地区还存在着明显的空间差异。

其次，基于经济发展阶段门槛的研究发现：一是融资结构层面，融资结构对产业结构升级存在着由负转正的非线性影响，随着经济发展阶段的提升，直接融资对产业结构升级的促进作用逐渐增强，而间接融资的促进作用则逐步减弱。二是银行业结构层面，银行业结构对产业结构升级的影响呈现出负向边际递减的非线性影响特征，过于集中的银行业结构对我国的产业结构升级产生了一定的消极影响，但随着经济发展阶段的提升，这一消极影响有所减弱。三是资本市场结构层面，资本市场结构对产业结构升级存在着由负转正的非线性影响，随着经济发展阶段的提升，产业中蕴含的高风险对外部融资的风险分散需求更广了，因此多元化、多层次的资本市场结构对产业结构升级的促进作用逐步凸显，并且这一促进作用会随着经济发展阶段的提升而逐步强化。此外，这种基于经济发展阶段门槛的非线性影响在不同的地区还存在着明显的空间差异。

最后，基于金融生态环境门槛的研究发现：一是融资结构层面，融资结构对产业结构升级存在着由负转正的非线性影响，金融生态环境的改善有利于以债券和股票为代表的直接融资功能的发挥，进而逐渐展现出对产业结构升级的重要推动作用。二是银行业结构层面，银行业结构对产业结构升级的影响呈现出负向边际递减的非线性影响特征，过于集中的银行业结构对中国的产业结构升级产生了一定的消极影响，但随着金融生态环境的改善，这一消极影响有所减弱。三是资本市场结构层面，资本市场结构对产业结构升级存在着"倒 U 形"的非线性影响，多层次资本市场的发展离不开良好的金融生态环境，只有当金融生态环境跨越一定门槛值后，加强多层次资本市场建设才有助于推动产业层次的提升。此外，这种基于金融生态环境门槛的非线性影响在不同的地区还存在着明显的空间差异。

| 第 9 章 |

金融助力中国产业结构升级的对策

9.1 构筑金融结构与产业结构协调发展的新格局

"十三五"规划建议提出，要破解发展难题，厚植发展优势，就必须要贯彻落实协调发展的理念。现代协调发展理论是人类文明进程中对发展模式不断总结和反思形成的产物。从中国发展实践角度来看，中国的金融体系与实体产业均面临着发展水平不高和结构性矛盾突出等共同问题，要实现两者之间的"合力"效应，推动中国经济持续健康发展，就需要构筑金融结构与产业结构协调发展的新格局，这也是实现金融助力中国产业结构升级的基础。

9.1.1 弥补产业发展短板，促进经济提质增效

1. 强化工业对农业的支撑，加快发展现代农业

重农固本，是安民之基。农业是关系国计民生的大事，是社会分工、工业和国民经济其他部门独立化的基础。随着农业劳动生产率的提高，农业中剩余劳动和剩余生产物所占比例随之提高，为社会提供的粮食和其他农产品的数量也随之增加，能够脱离农业劳动，从事工业、运输业、建筑业、商业、文化教育和其他事业的人力物力也就能随之扩大，工业和国民经济的各个部门就能得到进一步的发展。所以，马克思曾说："超过劳动者个人需要的农

业劳动生产率，是一切社会的基础"。中国作为一个农业大国，在发展社会主义经济，建设社会主义现代化强国的时候，必须十分重视农业的发展。在农业现代化实现以前，农业劳动生产率比较低，农产品还不能充分满足本国经济发展需要的时候，更应重视农业对工业和国民经济其他部门发展的制约作用。实践证明，忽视农业的制约作用，片面发展重工业，必然会导致国民经济比例失调，严重影响经济发展的速度。现代农业发展的过程中，离不开工业的支持，但"以工哺农"并不代表直接拿工业的资金来补贴农业。行政式的转移支付只会带来资源配置的低效率，进而引发农业领域新的产能过剩。相反地，应发挥工业在资本和技术上的优势，提升对农业的服务水平，促进农业的资本深化，提高农业生产效率，推动农业质量、效益和竞争力的不断提升。

2. 走新型工业化道路，实现发展模式转型

工业化在带来巨大物质财富增长的同时，也给能源资源和生态环境带来了巨大压力。对于中国而言，一方面，传统的以要素投入为主导的工业化生产模式已难以为继；另一方面，从人均 GDP、工业产出在 GDP 的比重、就业结构、工业结构等综合判断，我国的工业化仍然没有完成。因此，突出的结构性矛盾决定了新型工业化道路乃是中国通往现代化的必经之路。我们无法超越工业化历史阶段。然而，当代经济全球化和信息化时代的国际环境，又使中国的工业化道路具有与传统工业化有所不同的新特征，即具有巨大的后发优势，使我们能够以更快的速度、更短的时间、更高的质量完成工业化历史使命。这不仅是中国实现工业化的捷径，也是必由之路。和传统工业化相比，新型工业化不仅关注工业增加值，更要做到"科技含量高、经济效益好、资源消耗低、环境污染少、人力资源优势得到充分发挥"，并实现这几方面的兼顾和统一。走新型工业化道路，仍要重视传统产业的发展，但必须优先发展信息产业，积极发展高新技术产业，并用高新技术和先进适用技术改造传统产业，用信息化引领工业化是提高工业竞争力的重要途径。

3. 深化细化分工，促进生产性服务业发展

加快服务业的发展既是人们生活水平提高的要求，也是提高产业综合竞争能力、促进产业结构升级的客观要求。随着制造业的持续扩张，服务在企业活动中的地位持续上升（黄少军，2000）。然而，一方面，从总量上来看，

中国过度依赖于加工制造环节，而有限的分工深化细化所产生的对研发、设计、物流、营销、供应链管理和品牌等高附加值环节和生产性服务业的需求又对外依赖，直接结果就是第二产业比重过大，生产性服务业发展滞后（王岳平，2013）；另一方面，从结构上来看，与美国生产性服务业中商业服务业占比较高不同，中国的生产服务业中金融业的占比明显偏高，商务服务、科学研究和技术服务业的占比明显偏低。中国制造业对生产性服务业的利用程度明显偏低，与生产性服务业本身水平不足有关，但更重要的还在于制造业本身处于中低端水平，对生产性服务业特别是一些先进生产性服务业的有效需求不高。可见，生产性服务业的发展不能独立于制造业升级之外。只有当制造业企业中的相应职能部门发展到一定水平，并实现分工的深化细化时，才能转化为生产性服务业。因此，未来一个时期，应顺应产业融合、分工深化细化的需求，增强与制造业企业的双向互动，促进生产性服务业的发展。

9.1.2 优化金融体系结构，提升金融服务水平

1. 加快商业银行转型

虽然在我国当前的金融体系中，商业银行的影响依然强大，但随着经济的发展和产业结构的不断优化升级，商业银行赖以生存的外部环境将发生重大变化，其在金融体系中的核心地位和主导作用将受到根本性的动摇，这一趋势将倒逼商业银行加速转型。

第一，发展在线供应链金融，转变传统信贷模式。建立在互联网、物联网、区块链等创新技术之上的在线供应链金融，围绕供应链上下游企业之间的交易，在"商流—资金流—物流—信息流"的基础上，创造性地引入核心企业信用捆绑、物流监管公司、资金流引导工具等新的风险控制变量，不仅有利于解决高新技术产业轻资产、定价难、担保难等问题，而且实现了风险管理从传统的以"三表"（资产负债表、损益表、现金流量表）为基础，向以"三流"（信息流、物流、资金流）为基础的转变，从而强化了风险的有效经营与管控。因此，通过发展在线供应链金融，转变传统的信贷模式是商业银行在产业结构调整期抓住发展机遇、实现成功转型的重大举措。

第二，借助资产证券化，强化流动性创造功能和风险分散功能。实体经

济的发展，尤其是高新技术产业的发展对金融机构的流动性创造功能和风险分散功能提出了更高的要求。而在中国尚处于起步阶段的资产证券化业务恰恰具备这两项基本功能。吸收存款、发放贷款，并将贷款持有到期以获得利差收入是商业银行的传统信贷模式，由于不存在二级市场，在贷款到期前商业银行无法获取流动性收益，也无法向外转移风险。而资产证券化业务通过打包重组，将银行信贷资产以合理的价格发行出售，并通过破产隔离机制将信贷资产与银行资产负债表隔离，有助于商业银行同时实现流动性的增加和风险的转移。因而，商业银行在转型过程中应借助资产证券化业务，强化自身的流动性创造功能和风险分散功能，以更好地满足高新技术产业的金融需求，提高服务实体经济的质效。

第三，从贷款提供商向资金组织商转型，为高新技术产业提供综合化金融服务。随着我国产业结构的不断优化调整，实体经济的金融需求正在发生着深刻的变化。银行传统的"老三样"（贷款、发债和票据）已无法满足高新技术产业多样化的金融需求。为适应这一变化趋势，商业银行需要转变角色定位，即由贷款提供商向资金组织商转变。不同于传统的贷款提供商利用自有资金直接为企业提供融资，资金组织商则是凭借其所掌握的大量客户信息、专业的市场分析能力和强大的同业合作实力，通过构建综合化的融资服务平台，整合银行、证券、产业基金、融资租赁、信托、风投等各类金融资源，降低信息不对称，实现高新技术产业和各类金融资源的对接，为企业提供多产品、综合化、全流程的金融解决方案。这不仅可以更好地满足高新技术产业多样化的金融需求，还避免了商业银行以大量自有资金为高新技术产业的高风险项目提供融资，同时又能够通过顾问咨询、信息整合、融资策划、买卖撮合等业务形式，积极融入产业结构优化升级的大趋势，赚取中间业务收入，实现银行业务结构的轻型化和表外化，促进可持续增长。

2. 健全多层次资本市场

经过近30年的发展，中国的资本市场规模取得了长足发展。然而，成熟的资本市场除了具备一定的规模外，还应具备多层次特性。因此，这里从以下四个方面提出进一步健全多层次资本市场的政策建议。

第一，构建"正金字塔"型资本市场结构，更好地满足高新技术产业融资需求。一方面，继续发挥场内交易市场的功能，尤其要大力发展定位于高成长和高科技企业的创业板市场，为高新技术产业企业提供上市融资的便利，同时也为早期投资于这些高风险、高收益企业的风险资本提供一条正常的退出渠道。另一方面，要重点从场外市场着手，夯实"正金字塔"型资本市场结构的塔基，继续完善新三板融资制度，适时推进市场内部分层，加快做市商扩容；明确区域股权交易市场的法律地位，引导市场规范发展。

第二，放开和规范 VC、PE 等投资主体，大力发展股权投资市场，构建以"天使投资—风险投资—股权投资"为核心的投资链条。由天使投资、风险投资、私募股权投资与产业投资基金等组成的股权投资链，能够以较低的成本为创新、创业型高新技术产业企业提供连续服务，有助于化解企业资金短缺和风险过高等难题。为推动科技成果产业化、支持产业转型升级，未来需要不断完善股权投资链。首先，搭建投资信息共享与交流平台，引导股权投资机构集聚，降低各主体之间的信息不对称，培育区域创新文化；其次，运用税负减免、税收抵扣、财政贴息等优惠政策引导股权投资机构关注长期优质项目，避免重晚轻早行为，促进股权投资与创新创业良性互动；再次，构建风险资本的多重退出机制，为早期投资提供充分和畅通的退出渠道；最后，政府应遵循有限的参与原则，鼓励多方资金进入股权投资市场，培育市场化的运作主体。

第三，进一步壮大机构投资者队伍，提升机构投资者的市场份额，使其在市场交易中起主导型作用。加大创新力度，为机构投资者创造良好的投资环境，鼓励具备专业知识和独立性的机构入市交易，推动产业企业和投资机构良性互动、融合发展。

第四，拓宽金融衍生品市场，降低资本市场系统性风险。金融衍生工具在吸引资金、壮大金融市场规模、提高资金使用效率、规避风险、维护金融安全等方面具有不可替代的积极作用。高新技术产业高风险、高收益的特征也使得金融市场在支持产业结构升级的过程中对金融衍生品市场的需求愈加迫切。因此，在建立多层次资本市场的过程中，除了考虑如何更好地满足高新技术产业的融资需求外，还应考虑提供各种金融衍生品交易场所的建设问题。此外，发展金融衍生品市场，通过提供完整的金融工具，构建有效的风险预警、风险化解和风险调控机制，有助于解决市场波动性强带来的市场危机问题，进一步健全金融市场体系。

3. 完善金融生态环境

金融结构的转变是一个充满矛盾和冲突的过程，不是短期内能够促成的，并且这一过程中也需要中央及地方政府从宏观层面继续推动金融生态环境的建立与完善，为金融市场发挥决定性作用，支持产业结构升级创造条件。

第一，加强金融市场法治化建设，构建层级适当、结构合理、内容科学的法律法规体系。同时，加快司法体制改革，建设高效廉洁型政府和公正权威的司法体系，减少投资摩擦成本和不确定性，共同为金融安全和投资者权益保驾护航。

第二，严厉惩处各种形式的金融市场违法违规行为。惩处虚假信息披露行为，维护金融市场信息的公开性；惩处内幕交易行为，维护金融市场交易的公平性；惩处操纵市场行为，维护金融市场操作的公正性。

第三，完善信息披露制度体系，缓解投资者与内部人之间的信息不对称，从而激发投资者的投资意愿。将信息披露纳入法律法规体系，提高外在制度对信息披露的约束力；进一步完善披露准则，细化披露项目和披露要求。

第四，健全社会信用系统，为市场环境建设提供良好的社会信用基础。在完善相关征信政策的基础上，加快建设全国统一的征信数据库与查询体系，并提高信用数据的开发共享程度。通过正向激励和逆向惩戒机制推动全社会形成重诺守信的信用文化。

第五，推进非商业银行性质的金融中介机构的改革与发展，充分发挥金融中介的真实性审查、资信评级、资产定价、风险识别和资产组合等功能，提升金融市场的透明度、公开性及竞争力。

9.2　深化金融对产业结构升级的支持作用

9.2.1　促进金融结构与产业结构升级的适应性匹配

金融结构演化的内在规律就是顺应产业结构发展的需求，将资源配置到某一特定发展阶段最具比较优势的产业活动中去。长期以来，以银行体系为主导的融资结构、以大型商业银行为主体的银行业结构和以主板市场为主导的单一型资本市场结构充分发挥了储蓄动员、资源配置等功能，为改革开放以来中国经济的高速发展提供了强有力的资金支持，确实功不可没。然而，这一传统的金融结构已无法充分满足当前经济转型时期产业结构升级所提出的更高的金融需求。为此，这里从融资结构、银行业结构和资本市场结构三个层面提出促进金融结构与产业结构升级适应性匹配的政策建议。

1. 提高直接融资占比，构建平衡可持续的融资结构

在过去的十几年中，中国的融资结构始终是以银行间接融资为主导，金融市场直接融资为辅。前面的研究结论表明，以银行为主导的传统融资结构已成为当前中国产业结构升级的重要瓶颈。因此，围绕高新技术产业的需求特征，着力提高直接融资比重，改变以银行信用为基础以存贷款为主体的间接金融架构，推动融资结构向以"金融市场为主、银行体系为辅"的现代融资结构转变，发挥金融市场在配置金融资源方面的决定性作用，实现直接融资和间接融资的协调发展，已成为推动中国经济持续、稳定发展的关键。但在这里值得注意的是，尽管本书的结论表明在当前经济转型的背景下，金融市场相较于银行体系对产业结构升级的促进作用更显著，但是并不能因此认为银行体系就不再重要。商业银行不仅仅是当前我国金融体系的主体，在未来一段相当长的时间内，仍将是金融体系中的重要组成部分。

2. 降低银行业集中度，提升银行业竞争性

近年来，在大型商业银行规模不断扩张的同时，股份制商业银行、城市商业银行和农村金融机构的数量也在持续增加，各类非银行金融机构也伴随着金融资产的多元化、金融业务的专业化而产生和壮大。然而，虽然不同规模、不同类型银行业金融机构并存的局面正在逐渐形成，但不容忽视的是，在中国的银行业金融机构市场份额中，大型商业银行依然占据主体地位。这既不利于银行业的内部竞争，也不利于满足产业结构升级过程中企业多样化的融资需求。因此，进一步打破大型商业银行在中国银行业金融机构中的垄断地位，提升银行业竞争性，仍然是银行业改革的重要方向。

3. 发展多层次资本市场，搭建投融资渠道

中共十八届三中全会强调，要提升直接融资的比重，使其更好地服务于实体经济转型升级。资本市场作为最重要的直接融资途径，是产业创新与金

融创新有机结合的产物,具备服务实体经济尤其是创新型中高端产业企业的能力。多层次资本市场的构建,更是有利于改善过度依赖银行间接融资的不合理的金融结构,拓宽中高端产业的融资渠道,充分发挥市场在资源配置中的决定性作用,对引领经济新常态、助力产业结构优化升级意义重大。多层次资本市场是为了满足具有不同规模、不同投融资取向的市场主体而建立的具有层次性的配置资本性资源的市场。随着我国资本市场的不断发展完善,已形成了包括交易所市场和场外交易市场在内的多层次资本市场体系。然而,与发达国家成熟的资本市场相比,我国的资本市场仍缺乏深度和广度,整体市场体系尚不完备。稚嫩的资本市场还难以承担支持实体经济持续发展和产业结构优化升级的重任。不同产业类型、不同规模和发展阶段的企业具有差异化的风险特征和多样化的融资需求,同时,不同的投资者也具有差异化的风险偏好和投资需求。因此,在经济新常态背景下更要大力发展多层次资本市场,搭建投融资渠道,切实解决高新技术产业融资问题,以此鼓励创新,促进产业结构优化升级。

9.2.2 加强对重点领域与关键行业的资金支持

2013 年国务院办公厅发布《关于金融支持经济结构调整和转型升级的指导意见》,明确提出要增强资金支持的针对性和有效性,引导、推动重点领域与行业转型和调整。中小企业成长、技术创新和主导产业发展作为影响产业结构升级的关键因素,同时也是转变经济发展方式的有力抓手,因此更应成为金融支持的重点方向。

1. 整合金融资源支持中小企业发展

中小企业作为国民经济中数量最大、最具活力的创新主体,是推动产业结构升级的关键。同时,中小企业还是新兴产业发展中最活跃的主体,也是产业结构升级中最重要的力量。因此,整合金融资源以支持中小企业的持续健康发展已成为金融体系改革中的迫切任务。一方面,大力发展科技金融,通过金融科技手段的应用,建立服务于中小企业的融资平台,实现信息采集、信用评价、信息共享、线上融资对接、风险补偿等一体化线上智能融资服务,从而破解中小企业融资过程中普遍存在的信息不对称难题。另一方面,推动银行、保险、担保等机构改进针对中小企业的金融服务，创新中小企业用款还款方式，解决中小企业的续贷、过桥难题；建立对中小企业"敢贷、愿贷、能贷"的长效机制；完善中小企业融资风险分担机制。

2. 拓宽高新技术产业融资渠道

随着我国经济发展进入新常态，其主要特点之一是发展动力从主要依靠资源和低成本劳动力等要素投入转向创新驱动，技术创新已然成为中国经济长期稳定增长的核心动力和产业结构升级的根本途径。随着技术创新水平的不断提升，在农业经济和工业经济中占主导地位的有形要素，如土地、劳动力和资本等，正在被高新技术产业中的无形要素所取代。传统以有形资产抵押、担保为基础的信贷模式难以适应高新技术产业的融资需求。因此，亟待通过金融创新拓宽高新技术产业融资渠道。一方面，持续推进无形资产抵押贷款，并逐渐开放专利质押、订单质押等创新金融产品，提升高新技术产业的信贷可获得性；另一方面，通过发展在线供应链金融，转变传统的信贷模式，加大对高新技术产业的金融支持力度。

3. 引领主导产业转型发展

主导产业既能够积累丰厚的资本，又能够通过较强的关联效应和扩散效应对上下游其他产业产生强大的诱发作用，从而带动区域经济的全面发展和产业结构的升级。当前影响中国国民经济发展的最为敏感的主导产业，大多隶属于第二产业的工业部门，且具有明显的重化工业特征。然而，在能源、资源和环境的制约下，这种要素驱动的高碳型发展模式将面临巨大挑战。因此，在经济新常态的背景下，更要注重增强资金支持的针对性和有效性。通过加大对战略性新兴产业以及绿色环保等领域的资金支持力度，引导、推动主导产业从以能源、原材料驱动的重化工业，向以创新驱动的高新技术产业转型，以形成可持续、低碳化的发展模式，进而持续发挥主导产业对中国经济增长和产业结构升级的重要带动作用。

9.2.3 防范产业结构升级中的金融风险

随着我国经济由高速增长转变为中高速增长，原来被高速度所掩盖的一些结构性矛盾和体制性问题逐渐暴露出来，进而引发金融领域的波动甚至演

化为金融风险。这里从以下层面提出防范产业结构升级中的金融风险的政策
建议。

1. 加强金融宏观审慎管理

借鉴危机后国际金融监管改革经验，强化宏观审慎监管，建立健全金融宏
观审慎管理框架，以缓释微观审慎监管的局限性，保障金融体系的稳定运行。
宏观审慎管理框架的核心是系统性风险的认识、防范和应对。其中，首要任务
就是甄别和认识产业结构升级中的系统性金融风险。随着中国经济进入新常态，
经济转型压力在加大，金融风险暴露在于加速呈现，系统性风险应对压力在于
累积，从而构建宏观审慎管理框架，防范系统性风险，成为重要任务。

2. 完善金融风险预警与处置机制

在切实掌握经济转型期金融业风险状况的基础上，加强产业和经济发展
相关指标的监测，探索建立金融风险预警与处置机制。一方面，加强对实体
经济中重点产业、行业和企业金融风险的严密盯防，将固定资产投资增长率、
总资产周转率、产业结构变动、产业融资和使用等指标列入监控范围，据此
对产业结构升级状况和金融体系风险状况进行综合评价，并及时予以信息披
露和警告，实现经济宏观管理与金融微观监管的协调和良好结合。另一方面，
针对金融业各种可能发生的风险事故，完善预测预警机制，采集相关信息并
开展风险分析，持续识别、监测、评估金融业的风险状况，及时进行风险预
警，督促金融机构采取有效措施，加强对各类风险的监管，最终形成适合中
国实际的金融风险预警系统和应急处置机制。

3. 构建金融监管协调机制

加快改革完善现代金融监管体制，重在落实监管协调，实现金融风险监
管的全覆盖。第一，面对现代金融结构交叉融合的复杂化趋势，亟待建立全
国统一的制度规范和管理市场体系，以强化和明晰对混业经营业务的监督管
理，适应混业经营大势对监管提出的新要求；第二，加强监管协调，尊重金
融业务本质，构建基于综合监管和功能监管的新型金融监管协调体制；第三，
对当前逐渐累积的金融风险，需要从风险形成的源头强化金融监管政策，加
强金融监管部门与公安、司法、信息技术、金融机构等部门的通力合作，严
惩虚假披露、利益输送、操纵市场、证券欺诈、内幕交易等违法违规行为，
以形成完善、互通、统一的投资者保护机制。

9.3 完善差异化与动态化的金融支撑体系

9.3.1 实施差异化的金融支持产业结构升级策略

1. 基于地区差异层面的政策建议

通过前面的分析，能够清楚地认识到金融结构对产业结构升级具有显著的影响，且市场主导型融资结构、竞争性银行业结构和复合型资本市场结构更有利于促进产业结构升级。因此，从全国层面上来看，大力推动金融体系的结构性改革，助力中国的经济转型和产业结构升级是大势所趋。但值得注意的是，金融结构对产业结构升级的影响还存在着不容忽视的地区差异现象。因此，各地区应正视金融结构对产业结构升级所带来的地区影响差异，在大力推进金融体系结构性改革的总基调下，注意结合地区发展实际，制定因地制宜的金融结构转型政策。具体而言，东部地区应重点关注直接融资占比提升所激发的巨大的产业结构升级红利，在大力发展金融市场直接融资的同时，不断提升区域内的银行业竞争性，推动多层次资本市场的持续完善，为地区产业层次的提升提供优质、高效的金融支撑。中西部地区金融结构改革的政策要点在于，进一步打破大型商业银行在区域内银行业金融机构中的垄断地位，鼓励不同规模、不同类型银行业金融机构的协调发展，推动区域内银行业结构的持续合理化，同时适当加大对多层次资本市场建设的投入，努力缩小与东部地区之间的发展差异，最大限度发挥金融体系对产业结构升级的促进作用。

2. 基于金融差异层面的政策建议

在关注金融结构影响产业结构升级的地区差异的同时，也不能忽视了两者之间存在的复杂的非线性关系。从融资结构层面来看，融资结构对产业结构升级的影响存在着正向边际递减的趋势，且当融资结构高于第三门槛值时，这种促进效应不再显著，这表明，直接融资占比的提升确实能够促进产业结构升级，但这一比例应被限定在适度的范围内，即只有适度的融资结构才能促进产业结构升级。因此，应结合融资结构所在门槛区间的差异，制订相应的融资结构调整策略。就全国平均水平而言，中国当前融资结构的平均水平仅为 0.198，远小于 0.370 的第三门槛值，可见，中国的直接融资占比还有着较大的提升空间，应大力推动以债券和金融市场为代表的直接融资的快速发展。从银行业结构层面来看，银行业集中度对产业结构升级存在着由正转负的"U 形"非线性影响，且当银行业结构跨越第二门槛值之后，这种负向影响显著，这表明，当银行业集中度达到一定高度之后，过于集中的银行业结构确实会对产业结构升级产生消极影响，可见，为适应产业结构升级的需要，应通过鼓励不同规模、不同类型银行业金融机构的协调发展，将银行业集中度限制在适度的范围内。从资本市场结构层面来看，资本市场结构对产业结构升级存在着由负转正的"U 形"非线性影响，这表明，多层次资本市场对产业结构升级的正向促进作用只有在资本市场发展到一定阶段后才会显现，在资本市场发展初期盲目强调资本市场的多层次性反而会抑制产业层次的提升。因此，应结合资本市场结构所在门槛区间的差异，制订相应的资本市场发展策略。就全国平均水平而言，中国当前资本市场结构的平均水平为 0.179，已超过 0.171 的第二门槛值，可见，加强多层次资本市场建设正是弥补当前中国资本市场短板、深化资本市场结构改革的重要举措，将有利于提升资本市场服务于实体经济的能力。

9.3.2 实施动态化的金融支持产业结构升级策略

1. 基于经济发展阶段演化的政策建议

前面的研究结论表明，金融结构对产业结构升级的影响会受到不同经济发展阶段要素禀赋结构的约束。即随着经济发展阶段的不断演化和要素禀赋结构的持续升级，实体经济对金融服务的需求也在不断变化，进而造成金融体系各构成部分相对重要性的变化。上述研究结论表明，金融结构需要依据经济发展阶段的变迁而适时调整，以发展最大化的金融体系运行效率，进而支持产业结构升级与实体经济发展。具体来看，就融资结构而言，在经济发展阶段的约束下，融资结构对产业结构升级存在着由负转正的非线性影响。这表明，在经济发展初期，间接融资对产业结构升级的促进作用更大，而随着经济发展阶段的提升，直接融资对产业结构升级的促进作用逐渐增强，间接融资的促进作用则逐步减弱。因此，大力发展以债券和金融市场为代表的直接融资仍然是未来一段时间的总体趋势，但也不能忽略经济发展阶段的约束，各省份应结合自身所处的经济发展阶段及其演化趋势，实施动态的融资结构调整策略。就银行业结构而言，在经济发展阶段的约束下，银行业结构对产业结构升级的影响呈现出负向边际递减的非线性影响特征。可见，过于集中的银行业结构对中国的产业结构升级产生了一定的消极影响，但随着经济发展阶段的提升，这一消极影响有所减弱。这启示我们，在未来较长一段时间内，持续降低银行业集中度，增强银行业竞争性是银行体系改革中需要长期秉持的政策。就资本市场结构而言，在经济发展阶段的约束下，资本市场结构对产业结构升级存在着由负转正的非线性影响。可见，在经济发展初期，实体经济对资本市场的多层次性需求并不强，而随着经济发展阶段的提升，产业中蕴含的高风险对外部融资的风险分散需求更强了，多元化、多层次的资本市场结构对产业结构升级的促进作用逐步凸显，并且这一促进作用会随着经济发展阶段的提升而逐步强化。因此，总体上来看，大力推进多层次资本市场建设是未来金融体系改革的大势所趋，但不同省份还应依据所处的经济发展阶段及其变化，制定相应的资本市场结构动态调整策略。

2. 基于金融生态环境演化的政策建议

要有效发挥金融体系对产业结构升级的支持作用，不能忽视金融生态环境的制约和调节功能。从融资结构层面来看，在金融生态环境的约束下，融资结构对产业结构升级存在着由负转正的非线性影响。可见，以债券和股票为代表的直接融资对金融生态环境存在着较大的依赖性，随着法律制度、信用体系等不断改善，直接融资的功能得以发挥，进而逐渐展现出对产业结构升级的重要推动作用。因此，在大力发展直接融资的总基调下，也不能忽视金融生态环境的约束，应通过不断完善金融生态环境，为直接融资功能的发挥创造有利条件。从银行业结构层面来看，在金融生态环境的约束下，银行业结构对产业结构升级的影响呈现出负向边际递减的非线性影响特征。可见，过于集中的银行业结构对我国的产业结构升级产生了一定的消极影响，但随着金融生态环境的改善，这一消极影响有所减弱。这表明现阶段金融生态环境的完善总体是富有成效的，这也为政府把握金融体系发展规律，持续加强金融生态环境的建设，推动银行体系结构的合理化提供了一定的依据。从资本市场结构层面来看，在金融生态环境的约束下，资本市场结构对产业结构升级存在着由负转正的非线性影响。可见，多层次资本市场的发展离不开良好的金融生态环境，只有当金融生态环境跨越第二门槛值后，加强多层次资本市场建设才有助于推动产业层次的提升。中国当前的金融生态环境水平正面临由负转正的拐点，只有持续推动金融业产权改革、完善法律制度、加快信用体系建设，才能真正跨越该拐点水平，发挥多层次资本市场对产业结构升级的促进作用。

9.4　本 章 小 结

结合中国金融结构与产业结构发展现状，在金融结构影响产业结构升级的理论分析和实证检验的基础上，本章从构筑金融结构与产业结构协调发展的新格局、深化金融对产业结构升级的支持作用、完善差异化与动态化的金融支撑体系三个方面提出了金融助力中国产业结构升级的相关政策建议。在中国当前经济转型的重要时期，要构筑金融结构与产业结构协调发展的新格局，一方面，要着力弥补产业发展过程中的短板，促进经济发展模式的转型；另一方面，要借助金融体系结构的优化，来提升金融对实体经济的服务水平。在两者协调发展的基础上，进一步采取以下措施深化金融对产业结构升级的支持作用：一是结合产业的需求特性和金融的供给特性，促进金融结构与产业结构升级的适应性匹配；二是坚持有扶有控、有保有压原则，加强中小企业成长、技术创新和主导产业发展等重点领域与关键行业的资金支持；三是从加强金融宏观审慎管理、完善金融风险预警与处置机制、构建金融监管协调机制三个层面防范和化解产业结构升级中的金融风险。最后，金融结构对产业结构升级影响的差异性和动态性是不容忽视的，要通过实施差异化和动态化的金融支持产业结构升级策略，完善金融支撑体系，最大限度激发金融对产业结构升级的支持作用。

第 10 章

研究结论与展望

10.1 研究结论

中国处在经济转型升级、新旧动能转换的关键时期，推动产业结构升级势在必行。同时，高新技术产业高科技、高风险与高收益的典型特征也对金融结构的有效对接和金融生态环境的进一步完善提出了更高的要求。金融结构不合理、社会融资成本高企已成为制约中国当前经济转型和产业结构升级的重要瓶颈。产业结构升级对金融支持的迫切需求与金融体系改革的滞后并存，在这一背景下，探索如何围绕产业链部署资金链，实现金融结构和产业结构的有效对接，就成为亟待解决的现实问题。为探寻金融结构影响产业结构升级的作用机理、现存问题与经验证据，本书在国外现有关于金融结构、产业结构升级等相关理论与实证研究的基础上，较为系统地对金融结构影响产业结构升级的理论机理进行了剖析，并结合中国当前金融结构与产业结构发展的实际，从直接影响、间接影响和非线性影响三个层面较为全面地考察了金融结构对产业结构升级的影响效应。本书的主要研究结论如下：

第一，金融结构通过产业资本形成机制、产业资源配置机制和产业技术进步机制三层递进机制作用于产业结构升级。首先，金融结构作为金融体系发展的结构层面，由金融机构、金融市场和金融工具共同构成，其对产业资本的形成具有重要的推动作用，并通过增加国民储蓄和加速资本积累最终作

243

用于产业结构升级。其次，金融部门是国民经济体系中社会资源配置的核心，金融结构的差异直接决定了产业资源配置的效率，并通过资金形成、资金导向和信用催化三个层面作用于资金供给水平和配置结构，进而对产业结构升级产生影响。最后，金融结构通过资金聚集、风险分散、信息处理等功能的发挥有力地推动产业技术进步，并通过改变比较劳动生产率、改变供给与需求结构最终作用于产业结构升级。

第二，中国金融结构和产业结构的发展存在明显的阶段性特征和显著的地区差异。从金融结构的发展来看，一是中国的金融结构自新中国成立以来经历了巨大的变迁，并初步形成了银行主导型融资结构、竞争性银行业结构和复合型资本市场结构；二是随着实践中金融结构的动态演变，现代金融结构呈现出更加明显的复杂化趋势；三是就地区层面而言，东部地区的直接融资发展相对较快，且在资本市场的多层次性上相对更加成熟，中部、西部地区的银行业集中度相对较高，且在融资结构和资本市场结构上存在明显的发展滞后。从产业结构的发展来看，一是改革开放以来中国的产业结构取得了很大进步，并基本形成了"三二一"的产业结构类型；二是中国的产业发展还存在着第三产业占比过低，产值结构与就业结构不匹配，产业结构地区分布不平衡，产业内部结构低端化等结构性问题；三是就地区层面而言，东部、中部和西部地区的产业结构升级水平均呈现出稳定增长态势，且东部地区的产业结构升级水平始终远高于全国和中部、西部地区，中部地区和西部地区的产业结构升级水平差异则相对较小。

第三，金融结构对产业结构升级具有显著影响，且这种影响存在一定的地区差异。一是无论融资结构、银行业结构还是资本市场结构，均对产业结构升级具有显著的影响，且产业结构的升级受惯性影响表现出了延续性与累积性的特征。二是市场主导型融资结构、竞争性银行业结构和复合型资本市场结构更有利于促进产业结构升级。三是金融结构对产业结构升级的影响效应确实存在着一定的地区差异，就融资结构而言，东部、中部和西部地区融资结构变量的估计系数在方向上均为正向，但仅东部和中部地区通过了显著性检验，且东部地区融资结构对产业结构升级的正向影响最大；就银行业结构而言，东部、中部和西部地区银行业结构变量的估计系数在方向上均为负向，但仅东部和西部地区通过了显著性检验，且西部地区银行业结构对产业结构升级的负向影响最大；就资本市场结构而言，东部、中部和西部地区资本市场结构变量的估计系数在方向上均为正向，但仅东部和中部地区通过了显著性检验，且中部地区资本市场结构对产业结构升级的正向影响最大。

第四，金融结构能够通过中小企业发展、技术创新等产生中介效应，从而间接影响产业结构升级。一是融资结构层面，对技术创新水平的促进确实是融资结构推动产业层次提升的一个重要影响路径，但样本考察期内融资结构对中小企业成长和主导产业发展的影响并不明显，且融资结构并不会通过影响中小企业成长和主导产业发展而间接作用于产业结构升级。二是银行业结构层面，银行业集中度的提升确实会通过阻碍中小企业成长和技术创新水平提升而抑制产业结构升级，但样本考察期内银行业结构对主导产业发展的影响并不明显，且主导产业的发展反而会抑制产业结构升级。三是资本市场结构层面，资本市场复合性的提升显著促进了中小企业的成长和技术创新水平的提升，且资本市场结构通过助力中小企业成长和技术创新进而促进产业结构升级的机制是成立的，但考察期内资本市场结构对主导产业发展的影响并不明显，主导产业的发展反而会抑制产业结构升级，资本市场结构通过影响主导产业发展进而作用于产业结构升级的路径是不成立的。

第五，金融结构与产业结构升级之间存在着复杂的非线性关联，且受到经济发展阶段和金融生态环境等因素的制约。一是在金融结构门槛条件下，融资结构对产业结构升级的影响呈现出明显的边际递减趋势，表明直接融资占比的提升确实能够促进产业结构升级，但这一比例应被限定在适度的范围内；银行业集中度对产业结构升级存在着"U 形"非线性影响，表明过于集中的银行业结构对产业结构升级产生了消极影响，为适应产业结构升级的需要，应将银行业集中度限制在适度的范围内；资本市场结构对产业结构升级存在着由负转正的"U 形"非线性影响，表明多层次资本市场对产业结构升级的推动作用只有在资本市场发展到一定阶段后才会显现。二是在经济发展阶段门槛条件下，直接融资对产业结构升级的促进作用随着经济发展阶段的提升逐渐增强，间接融资的促进作用则逐步减弱；银行业集中度对产业结构升级产生的消极影响随着经济发展阶段的提升逐步弱化；多层次的资本市场对产业结构升级的促进作用随着经济发展阶段的提升逐步强化。三是在金融生态环境门槛条件下，金融生态环境的改善有利于直接融资功能的发挥，进而逐渐展现出对产业结构升级的重要推动作用；银行业集中度对产业结构升级产生的消极影响随着金融生态环境的改善有所减弱；多层次资本市场的发展离不开良好的金融生态环境，只有当金融生态环境跨越一定的门槛值后，加强多层次资本市场建设才有助于推动产业层次的提升。

10.2 进一步研究方向

本书虽然从融资结构、银行业结构和资本市场结构三个维度探讨了金融结构对产业结构升级的影响，较为系统地考察了金融结构影响产业结构升级的作用机理、现存问题与经验证据，得出了一些有益的结论。但无论从研究过程还是结论上看，仍存在一定的局限性。为得出对经济转型背景下金融改革的实践更有参考价值的研究结论，进一步研究可以从以下方面继续拓展。

第一，深入剖析现代金融结构的复杂化与产业结构升级的关系。本书在第5章针对金融结构的现状分析中明确指出，随着实践中金融结构的动态演变，现代金融结构呈现出交叉融合的复杂化趋势。然而受数据来源和笔者理论素养的限制，未能在后面的研究中将货币市场基金、产业基金、信托等市场型金融中介和影子银行体系纳入金融结构，考察其对产业结构升级的影响效应和可能带来的更为复杂的系统性风险。针对上述问题的研究将极大扩展和深化该领域的研究范围。

第二，基于产业链视角，进一步探索金融结构对产业链上下游具有技术经济联系的不同产业部门的影响。本书从产业结构调整的中观视角出发，考察了金融结构对产业结构升级的影响效应，揭示了其作用机理、影响规律及其地区差异，但受篇幅限制，本书并未开展基于产业链视角的研究。实际上，产业链中蕴含着广泛的上下游关系和相互价值的交换，并由价值链、企业链、供需链和空间链四个维度构成，其既是相关产业活动的集合，又是产业环逐级累加的有机统一体。针对上述问题的研究将具有重要的理论与实践价值。

第三，细化研究样本，从微观视角出发提升研究结论的针对性。研究大多采用大型跨国面板数据，以发达国家为研究对象考察金融对经济增长的影响，属于宏观经济视角。本书从结构层面出发，考察了金融结构对产业结构升级的影响效应。而产业既是微观企业经济活动的集合，也是社会经济体系的组成部分，因而是介于宏观经济与微观经济之间的中观经济。为得出更具针对性的研究结论，进一步研究可从以下两个方面做出优化：一是将工业经济数据、服务业统计数据、战略性新兴产业数据等纳入考虑，进一步探究金融结构对不同产业，甚至是产业中不同细分行业的影响效应，揭示潜在的产业或行业影响差异；二是从微观视角出发，获取不同产业中具体微观企业层面的数据，利用上市公司数据或微观企业调查数据，在统计数据不断完善的条件下进一步细化研究样本。基于上述研究样本得到的研究结论，将为该研究领域补充更有针对性的经验证据。

参考文献

[1] [德] 艾尔伯特·赫希曼. 经济发展战略 [M]. 曹征海,潘照东译. 北京: 经济科学出版社, 1991.

[2] 白钦先. 百年金融的历史性变迁 [J]. 国际金融研究, 2003 (2): 59 – 63.

[3] 白钦先. 金融结构, 金融功能演进与金融发展理论的研究历程 [J]. 经济评论, 2005 (3): 39 – 45.

[4] 蔡红艳, 阎庆民. 产业结构调整与金融发展——来自中国的跨行业调查研究 [J]. 管理世界, 2004 (10): 79 – 84.

[5] 陈邦强, 傅蕴英, 张宗益. 金融市场化进程中的金融结构、政府行为、金融开放与经济增长间的影响研究——基于中国经验 (1978～2005 年) 的实证 [J]. 金融研究, 2007 (10): 1 – 14.

[6] 陈晓红, 彭佳, 吴小瑾. 基于突变级数法的中小企业成长性评价模型研究 [J]. 财经研究, 2004 (11): 5 – 15.

[7] 陈泽聪, 吴建芳. 小型上市公司成长性指标的统计分析 [J]. 财经科学, 2002 (7): 305 – 308.

[8] 杜爽, 冯晶, 杜传忠. 产业集聚、市场集中对区域创新能力的作用——基于京津冀、长三角两大经济圈制造业的比较 [J]. 经济与管理研究, 2018, 39 (7): 48 – 57.

[9] 杜威. 政府干预、所有制结构与产业结构迟滞——来自 2003～2013 年东北三省地级市面板数据的证据 [J]. 财经问题研究, 2016 (8): 23 – 30.

［10］段鸿斌，杨光. 股票市场与经济增长：基于中国的经验分析［J］. 中央财经大学学报，2009（12）：31 - 36.

［11］范方志，张立军. 中国地区金融结构转变与产业结构升级研究［J］. 金融研究，2003（11）：36 - 48.

［12］高明生，李泽广，刘欣. 我国金融结构宏微观悖论新解：融资权约束［J］. 财经研究，2004（12）：130 - 140.

［13］龚强，张一林，林毅夫. 产业结构、风险特性与最优金融结构［J］. 经济研究，2014（4）：4 - 16.

［14］何德旭，姚战琪. 中国产业结构调整的效应、优化升级目标和政策措施［J］. 中国工业经济，2008（5）：46 - 56.

［15］黄少军. 服务业与经济增长［M］. 北京：经济科学出版社，2000.

［16］黄智淋，董志勇. 我国金融发展与经济增长的非线性关系研究——来自动态面板数据门限模型的经验证据［J］. 金融研究，2013（7）：74 - 86.

［17］惠宁. 产业经济学［M］. 北京：高等教育出版社，2012.

［18］惠玮，韩先锋. 生产性服务业集聚促进了地区劳动生产率吗?［J］. 数量经济技术经济研究，2016（10）：37 - 55.

［19］解维敏，方红星. 金融发展、融资约束与企业研发投入［J］. 金融研究，2011（5）：171 - 183.

［20］李勃昕，韩先锋，宋文飞. 环境规制是否影响了中国工业 R&D 创新效率［J］. 科学学研究，2013（7）：1032 - 1040.

［21］李健，范祚军，谢巧燕. 差异性金融结构"互嵌"式"耦合"效应——基于泛北部湾区域金融合作的实证［J］. 经济研究，2012（12）：69 - 82.

［22］李健，贾玉革. 金融结构的评价标准与分析指标研究［J］. 金融研究，2005（4）：57 - 67.

［23］李健，卫平. 金融发展与全要素生产率增长——基于中国省际面板数据的实证分析［J］. 经济理论与经济管理，2015（8）：47 - 64.

［24］李量. 现代金融结构导论［M］. 北京：经济科学出版社，2001.

［25］李木祥，钟小明，冯宗茂. 中国金融结构与经济发展［M］. 北京：中国金融出版社，2004.

[26] 李晓龙, 冉光和, 郑威. 金融发展、空间关联与区域创新产出 [J]. 研究与发展管理, 2017 (1): 55 - 64.

[27] 梁琪, 滕建州. 股票市场, 银行与经济增长: 中国的实证分析 [J]. 金融研究, 2005 (10): 9 - 19.

[28] 林汉川, 管鸿禧. 我国东中西部中小企业竞争力实证比较研究 [J]. 经济研究, 2004 (12): 45 - 54.

[29] 林毅夫, 姜烨. 发展战略、经济结构与银行业结构: 来自中国的经验 [J]. 管理世界, 2006 (1): 29 - 40.

[30] 林毅夫, 姜烨. 经济结构、银行业结构与经济发展——基于分省面板数据的实证分析 [J]. 金融研究, 2006 (1): 7 - 22.

[31] 林毅夫. 经济发展中的最优金融结构初探 [R]. 北京大学, 中国经济研究中心工作论文, 2005.

[32] 林毅夫. 试论经济发展中的最优金融结构 [R]. 北京大学经济中心午餐讨论会第一讲简报, 2004.

[33] 林毅夫, 孙希芳, 姜烨. 经济发展中的最优金融结构理论初探 [J]. 经济研究, 2009 (8): 4 - 17.

[34] 林毅夫, 孙希芳. 银行业结构与经济增长 [J]. 经济研究, 2008 (9): 31 - 45.

[35] 林毅夫. 新结构经济学: 反思经济发展与政策的理论框架 [M]. 北京: 北京大学出版社, 2012.

[36] 林毅夫. 《新结构经济学》评论回应 [J]. 经济学 (季刊), 2013 (3): 1095 - 1108.

[37] 林毅夫, 章奇, 刘明兴. 金融结构与经济增长: 以制造业为例 [J]. 世界经济, 2003 (1): 3 - 21.

[38] 林志帆, 龙晓旋. 金融结构与发展中国家的技术进步——基于新结构经济学视角的实证研究 [J]. 经济学动态, 2015 (12): 57 - 68.

[39] 刘根荣. 基于全局主成分分析法的中国流通产业区域竞争力研究 [J]. 中国经济问题, 2014 (3): 79 - 89.

[40] 刘贯春, 刘媛媛. 金融结构影响收入不平等的边际效应演化分析 [J]. 经济学动态, 2016 (5): 49 - 61.

[41] 刘培森, 尹希果. 银行业结构、空间溢出与产业结构升级 [J]. 金融评论, 2015 (1): 51 - 63.

[42] 刘思明, 侯鹏, 赵彦云. 知识产权保护与中国工业创新能力——来自省级大中型工业企业面板数据的实证研究 [J]. 数量经济技术经济研究, 2015 (3): 40 - 57.

[43] 刘伟, 黄桂田. 银行业的集中、竞争与绩效 [J]. 经济研究, 2003 (11): 14 - 21.

[44] 刘伟, 张辉, 黄昊. 改革开放以来中国产业结构转型与经济增长 [M]. 北京: 中国计划出版社, 2017.

[45] 刘骁毅. 中国金融结构与产业结构关系研究 [J]. 财经理论与实践, 2013, 34 (183): 24 - 28.

[46] 刘晓光, 苟琴. 银行业结构对中小企业融资的影响 [J]. 经济理论与经济管理, 2016 (6): 58 - 71.

[47] 鲁元平, 王品超, 朱晓盼. 城市化、空间溢出与技术创新——基于中国 264 个地级市的经验证据 [J]. 财经科学, 2017 (11): 78 - 89.

[48] 罗超平, 张梓榆, 王志章. 金融发展与产业结构升级: 长期均衡与短期动态关系 [J]. 中国软科学, 2016 (5): 21 - 29.

[49] [美] 罗斯托. 从起飞进入持续增长的经济学 [M]. 贺力平等译. 成都: 四川人民出版社, 1988.

[50] [德] 马克思. 资本论: 第二卷 [M]. 中共中央马克思恩格斯列宁斯大林著作编译局译. 北京: 人民出版社, 2004.

[51] 马微, 惠宁. 创新驱动发展下的金融结构与产业结构升级——基于 30 个省份动态面板数据的实证分析 [J]. 经济问题, 2019 (4): 1 - 9.

[52] 马微, 惠宁. 金融结构对技术创新的影响效应及其区域差异研究 [J]. 经济科学, 2018 (2): 75 - 87.

[53] 马微, 惠宁. 金融结构影响产业结构升级的内在机制及其门槛效应 [J]. 福建论坛, 2019 (6): 57 - 65.

[54] 马微, 惠宁. 中国制造业创新模式转换与金融结构转型——来自中国省级面板数据的经验证据 [J]. 经济经纬, 2019 (1): 95 - 101.

[55] 彭俞超. 金融功能观视角下的金融结构与经济增长——来自 1989 ~

2011 年的国际经验 [J]. 金融研究, 2015 (1): 32 –49.

[56] 祁斌. 资本市场——中国经济的锋刃 [M]. 中信出版社, 2010.

[57] 冉光和, 李敬, 熊德平, 温涛. 中国金融发展与经济增长关系的区域差异——基于东部和西部面板数据的检验和分析 [J]. 中国软科学, 2006 (2): 102 –110.

[58] 芮明杰. 产业经济学 [M]. 上海: 上海财经大学出版社, 2005.

[59] [瑞典] 魏克赛尔. 利息与价格 [M]. 蔡受百, 程伯撝译. 北京: 商务印书馆, 2013.

[60] 沈军, 白钦先. 金融结构、金融功能与金融效率——一个基于系统科学的新视角 [J]. 财贸经济, 2006 (1): 23 –28.

[61] 孙杰. 发达国家和发展中国家的金融结构、资本结构和经济增长 [J]. 金融研究, 2002 (10): 14 –24.

[62] 孙伍琴. 不同金融结构下的金融功能比较 [M]. 北京: 中国统计出版社, 2003.

[63] 孙伍琴, 王培. 中国金融发展促进技术创新研究 [J]. 管理世界, 2013 (6): 172 –173.

[64] 孙早, 肖利平. 融资结构与企业自主创新——来自中国战略性新兴产业 A 股上市公司的经验证据 [J]. 经济理论与经济管理, 2016 (3): 45 –58.

[65] 唐清泉, 巫岑. 银行业结构与企业创新活动的融资约束 [J]. 金融研究, 2015 (7): 116 –134.

[66] 万建香, 汪寿阳. 社会资本与技术创新能否打破 "资源诅咒"? ——基于面板门槛效应的研究 [J]. 经济研究, 2016 (12): 76 –89.

[67] 王广谦. 中国金融发展中的结构问题分析 [J]. 金融研究, 2002 (5): 47 –56.

[68] 王立国, 赵婉妤. 我国金融发展与产业结构升级研究 [J]. 财经问题研究, 2015 (1): 22 –29.

[69] 王小鲁, 樊纲, 胡李鹏. 中国分省份市场化指数报告 (2018) [M]. 北京: 社会科学文献出版社, 2019.

[70] 王小鲁, 樊纲, 余静文. 中国分省份市场化指数报告 (2016) [M].

北京：社会科学文献出版社，2017.

[71] 王宇鹏，赵庆明. 金融发展与宏观经济波动——来自世界214个国家的经验证据 [J]. 国际金融研究，2015（2）：3 - 13.

[72] 王岳平. 中国产业结构调整和转型升级研究 [M]. 安徽：安徽人民出版社，2013.

[73] 王志强，孙刚. 中国金融发展规模、结构、效率与经济增长关系的经验分析 [J]. 管理世界，2003（7）：13 - 20.

[74] 吴晗，贾润崧. 银行业如何支持实体经济的供给侧改革？——基于企业进入退出的视角 [J]. 财经研究，2016，42（12）：108 - 118.

[75] 吴晓求. 大国经济的可持续性与大国金融模式——美，日经验与中国模式之选择 [J]. 中国人民大学学报，2010（3）：83 - 88.

[76] 吴晓求. 建立以市场为主导的现代金融体系 [J]. 中国人民大学学报，2005（5）：63 - 70.

[77] 谢家智，王文涛，江源. 制造业金融化、政府控制与技术创新 [J]. 经济学动态，2014（11）：78 - 88.

[78] [英] 亚当·斯密. 国民财富的性质和原因的研究 [M]. 郭大力，王亚南译. 北京：商务印书馆，2008.

[79] 杨俊，王佳. 金融结构与收入不平等：渠道和证据——基于中国省际非平衡异质面板数据的研究 [J]. 金融研究，2012（1）：116 - 128.

[80] 杨世迪，韩先锋. 贸易自由化的绿色生产率增长效应及其约束机制——基于中国省际面板数据的门槛回归分析 [J]. 经济科学，2016（4）：65 - 77.

[81] 杨晓玲. 中国金融发展的产业结构优化效应研究 [J]. 区域金融研究，2009（7）：30 - 34.

[82] 姚耀军，鲍晓辉. 金融中介发展平抑了经济波动吗？——来自中国的经验证据 [J]. 财经研究，2013，39（1）：61 - 70.

[83] 姚耀军，董钢锋. 金融发展、金融结构与技术进步——来自中国省级面板数据的经验证据 [J]. 当代财经，2013（11）：56 - 65.

[84] 姚耀军，董钢锋. 中小企业融资约束缓解：金融发展水平重要抑或金融结构重要？——来自中小企业板上市公司的经验证据 [J]. 金融研究，

2015 (4): 148 - 161.

[85] 姚耀军. 金融中介发展与技术进步——来自中国省级面板数据的证据 [J]. 财贸经济, 2010 (4): 26 - 31.

[86] 姚耀军. 中国金融发展与全要素生产率——基于时间序列的经验证据 [J]. 数量经济技术经济研究, 2010 (3): 68 - 80.

[87] 苏屹, 林周周. 区域创新活动的空间效应及影响因素研究 [J]. 数量经济技术经济研究, 2017 (11): 63 - 80.

[88] 易信, 刘凤良. 金融发展、技术创新与产业结构转型——多部门内生增长理论分析框架 [J]. 管理世界, 2015 (10): 24 - 39.

[89] 于淑艳. 产业结构调整与区域经济发展研究——以辽宁为例 [M]. 北京: 经济科学出版社, 2012.

[90] 余东华, 孙婷. 环境规制、技能溢价与制造业国际竞争力 [J]. 中国工业经济, 2017 (5): 35 - 53.

[91] 袁云峰, 曹旭华. 金融发展与经济增长效率的关系实证研究 [J]. 统计研究, 2007, 24 (5): 60 - 66.

[92] [美] 约翰·G·格利, [美] 爱德华·S·肖. 金融理论中的货币 [M]. 贝多广译. 上海: 上海三联书店, 2006.

[93] [美] 约瑟夫·熊彼特. 经济发展理论 [M]. 何畏, 易家祥译. 北京: 商务印书馆, 1990.

[94] 张成思, 刘贯春. 经济增长进程中金融结构的边际效应演化分析 [J]. 经济研究, 2015 (12): 84 - 99.

[95] 张成思, 刘贯春. 最优金融结构的存在性、动态特征及经济增长效应 [J]. 管理世界, 2016 (1): 66 - 77.

[96] 张春. 经济发展不同阶段对金融体系的信息要求和政府对银行的干预: 来自韩国的经验教训 [J]. 经济学 (季刊), 2001, 1 (1): 111 - 126.

[97] 张健华, 王鹏, 冯根福. 银行业结构与中国全要素生产率——基于商业银行分省数据和双向距离函数的再检验 [J]. 经济研究, 2016 (11): 110 - 124.

[98] 张军, 金煜. 中国的金融深化和生产率关系的在检验: 1987 ~ 2001 [J]. 经济研究, 2005 (11): 34 - 45.

［99］张立洲. 论金融结构，金融监管与中国金融发展［J］. 经济学动态，2002（7）：35 - 39.

［100］张学东，李志翠. 中国城市化与产业结构优化升级互动研究［J］. 技术经济与管理研究，2015（2）：117 - 120.

［101］张一林，龚强，荣昭. 技术创新、股权融资与金融结构转型［J］. 管理世界，2016（11）：65 - 80.

［102］赵志军. 金融资产总量、结构与经济增长［J］. 管理世界，2000（3）：126 - 149.

［103］中国企业评价协会，国家经贸委中小企业司，国家统计局工业交通统计司. 成长型中小企业发展报告（2001）［N］. 中华工商时报，2001 - 11 - 26.

［104］周莉萍. 金融结构理论：演变与述评［J］. 经济学家，2017（3）：79 - 89.

［105］周小川. 深化金融体制改革（学习贯彻党的十八届五中全会精神）［N］. 人民日报，2015 - 11 - 25（6）.

［106］左志刚. 金融结构与国家创新能力提升：影响机理与经验证据［J］. 财经研究，2012（6）：48 - 59.

［107］Aggarwal R. , Goodell J. Market versus Institutions in Developing Countries: National Attributes as Determinants［J］. *Emerging Markets Review*, 2009, 10（1）：51 - 66.

［108］Aghion P. , Howitt P. *The Economics of Growth*［M］. Cambridge, Massachusetts: The MIT Press, 2009.

［109］Allen F. , Gale D. *Comparing Financial Systems*［M］. Cambridge, Massachusetts: The MIT Press, 2000.

［110］Anderson T. W. , Hsiao C. Estimation of Dynamic Models with Error Components［J］. *Journal of the American Statistical Association*, 1981, 76（375）：598 - 606.

［111］Ang J. B. , McKibbin W. J. Financial Liberalization, Financial Sector Development and Growth: Evidence from Malaysia［J］. *Journal of Development Economics*, 2007, 84（1）：215 - 233.

［112］Antoniou A. , Guney Y. , Paudyal K. The Determinants of Capital Structure: Capital Market-oriented versus Bank-oriented Institutions ［J］. *Journal of Financial and Quantitative Analysis*, 2008, 43 (1): 59 – 92.

［113］Antzoulatos A. A. , Apergis N. and Tsoumas C. Financial Structure and Industrial Structure ［J］. *Bulletin of Economic Research*, 2011, 63 (2): 109 – 139.

［114］Arcand J. L. , Berkes E. , Panizza U. Too Much Finance? ［J］. *Journal of Economic Growth*, 2015, 20 (2): 105 – 148.

［115］Arellano M. , Bond S. Some Tests of Specification for Panel Data: Monte Carlo Evidence and an Application to Employment Equations ［J］. *The Review of Economic Studies*, 1991, 58 (2): 277 – 297.

［116］Arestis P. , Demetriades P. O. , Luintel K B. Financial Development and Economic Growth: the Role of Stock Markets ［J］. *Journal of Money, Credit, and Banking*, 2001, 33 (1): 16 – 41.

［117］Bagehot W. *Lombard Street: A Description of the Money Market* ［M］. London: Henry S. King & Co, 1873.

［118］Baum C. F. , Schafer D. , Talavera O. The Impact of the Financial System's Structure on Firm's Financial Constraints ［J］. *Journal of International Money and Finance*, 2011, 30 (4): 678 – 691.

［119］Beck T. , Demirgüç – Kunt A. , Levine R. Finance, Inequality and Poor ［J］. *Journal of Economic Growth*, 2007, 12 (1): 27 – 49.

［120］Beck T. , Demirgüç – Kunt A. , Levine R. *Financial Institutions and Markets across Countries and over Time – Data and Analysis* ［R］. World Bank Policy Research Working Paper Series, 2009.

［121］Beck T. , Demirgüç – Kunt A. , Levine R. Financial Institutions and Markets across Countries and over Time: The Updated Financial Development and Structure Database ［J］. *World Bank Economic Review*, 2010, 24 (1): 77 – 92.

［122］Beck T. , Demirgüç – Kunt A. , Levine R. Law and Finance: Why does Legal Origin Matter? ［J］. *Journal of Comparative Economics*, 2003, 31 (4): 653 – 675.

[123] Beck T. , Demirguc – Kunt A. , Levine R. , Maksimovic V. Financial Structure and Economic Development: Firm, Industry, and Country Evidence. In Demirgüç – Kunt A. , Levine R. (Eds.), *Financial Structure and Economic Growth: A Cross – Country Comparison of Banks, Markets, and Development* [M]. Cambridge, Massachusetts: The MIT Press, 2001.

[124] Beck T. , Demirguc – Kunt A. , Maksimovic V. Bank Competition and Access to Finance: International Evidence [J]. *Journal of Money, Credit and Banking*, 2004, 36 (3): 627 – 648.

[125] Beck T. , Levine R. Industry Growth and Capital Allocation: Does Having a Market-or Bank – Based System Matter? [J]. *Journal of Financial Economics*, 2002, 64 (2): 147 – 180.

[126] Beck T. , Levine R. , *Levkov A. Big Bad Banks? The Impact of U. S. Branch Deregulation on Income Distribution* [R]. NBER Working Paper, 2009, No. 13299.

[127] Beck T. , Levine R. , Loayza N. Finance and the Sources of Growth [J]. *Journal of Financial Economics*, 2000, 58 (1 – 2): 261 – 300.

[128] Beck T. , Levine R. Stock Markets, Banks, and Growth: Panel Evidence [J]. *Journal of Banking & Finance*, 2004, 28 (3): 423 – 442.

[129] Beck T. , Lundberg M. , Majnoni G. Financial Intermediary Development and Growth Volatility: Do Intermediaries Dampen or Magnify Shocks? [J]. *Journal of International Money and Finance*, 2006 (25): 1146 – 1167.

[130] Beck T. *The Role of Finance in Economic Development: Benefits, Risks, and Politics* [R]. European Banking Center Discussion Paper, 2011, No. 2011 – 038.

[131] Bencivenge V. R. , Smith B. D. Economic Development and Financial Depth in a Model with Costly Financial Intermediation [J]. *Research in Economics*, 1998, 52 (4): 353 – 386.

[132] Bencivenge V. R. , Smith B. D. Financial Intermediation and Endogenous Growth [J]. *The Review of Economic Studies*, 1991, 58 (2): 195 – 209.

[133] Benmelech E. , Bergman N. K. Collateral Pricing [J]. *Journal of Fi-*

nancial Economics, 2009, 91 (3): 339 – 360.

[134] Bhattacharya S., Thakor A. V. Contemporary Banking Theory [J]. *Journal of Financial Intermediation*, 1993, 3 (1): 2 – 50.

[135] Binh K. B., Park S. Y., Shin B. S. *Financial Structure Does Matter for Industrial Growth: Direct Evidence from OECD Countries* [R]. Working Paper Series, 2006.

[136] Black S. E., Strahan P. E. Entrepreneurship and Bank Credit Availability [J]. *The Journal of Finance*, 2002, 57 (6): 2807 – 2833.

[137] Blundell R., Bond S. GMM Estimation with Persistent Panel Data: An Application to Production Functions [J]. *Econometric Reviews*, 2000, 19 (3): 321 – 340.

[138] Blundell R., Bond S. Initial Conditions and Moment Restrictions in Dynamic Panel Data Models [J]. *Journal of Econometrics*, 1998, 87 (1): 115 – 143.

[139] Bolton P., Freixas X. Equity, Bonds, and Bank Debt: Capital Structure and Financial Market Equilibrium under Asymmetric Information [J]. *Journal of Political Economy*, 2000 (2): 324 – 351.

[140] Bond S., Hoeffler A., Temple J. *GMM Estimation of Empirical Growth Models* [R]. CEPR Discussion Paper, 2001, No. 3048.

[141] Boot A. W. A., Thakor A. V. Can Relationship Banking Survive Competition? [J]. *The Journal of Finance*, 2000, 55 (2): 679 – 713.

[142] Boyd J. H., Prescott E. C. Financial Intermediary – Coalitions [J]. *Journal of Economic Theory*, 1986, 38 (2): 211 – 232.

[143] Brown J. R., Fazzari S. M., Petersen B. C. Financing Innovation and Growth: Cash Flow, External Equity and the 1990s R&D Boom [J]. *Journal of Finance*, 2009, 64 (1): 151 – 185.

[144] Brown J. R., Martinsson G., Petersen B. C. Do Financing Constraints Matter for R&D? [J]. *European Economic Review*, 2012, 56 (8): 1512 – 1529.

[145] Brown J. R., Martinsson G., Petersen B. C. Law, Stock Markets and Innovation [J]. *Journal of Finance*, 2013, 68 (4): 1517 – 1549.

[146] Cameron R. *Banking in the Early Stages of Industrialization: A Study in Comparative Economic History* [M]. New York: Oxford University Press, 1967.

[147] Carlin W. , Mayer C. Finance, Investment and Growth [J]. *Journal of Financial Economics*, 2003, 69 (1): 191 –226.

[148] Carpenter R. E. , Petersen B. C. Capital Market Imperfections, High-tech Investment, and New Equity Financing [J]. The Economic Journal, 2002, 112 (477): 54 –72.

[149] Cecchetti S. G. , Kharroubi E. *Why does Financial Sector Growth Crowd Out Real Economic Growth?* [R]. BIS Working Papers, 2015, No. 490.

[150] Cetorelli N. , Strahan P. E. Finance as a Barrier to Entry: Bank Competition and Industry Structure in Local U. S. Markets [J]. *Journal of Finance*, 2006, 61 (1): 437 –461.

[151] Chakraborty S. , Ray T. Bank-based Versus Market-based Financial Systems: A Growth-theoretic Analysis [J]. *Journal of Monetary Economics*, 2006, 53 (2): 329 –350.

[152] Chava S. , Oettl A. , Subramanian A. , et al. Banking Deregulation and Innovation [J]. *Journal of Financial Economics*, 2013, 109 (3): 759 –774.

[153] Christopoulosa D. K. , Tsionasb E. G. Financial Development and Economic Growth: Evidence from Panel Unit Root and Cointegration Tests [J]. *Journal of Development Economics*, 2004, 73 (1): 55 –74.

[154] Cihak M. , Demirgüç – Kunt A. Financial Structure and Incentives [J]. *National Institute Economic Review*, 2012 (221): 23 –30.

[155] Clarke G. R. G. , Xu L. C. , Zou H. F. Finance and Income Inequality: What Do the Data Tell Us? [J]. *South Economic Journal*, 2006, 72 (3): 578 – 596.

[156] Cull R. , Xu L. C. *Firm Growth and Finance: Are Some Financial Institutions Better Suited to Early Stages of Development than Others?* [R]. World Bank, Washington, D. C. , 2011.

[157] DaRin M. , Hellmann T. Banks as Catalysts for Industrialization [J]. *Journal of Financial Intermediation*, 2002 (11): 366 –397.

［158］Deidda L. , Fattouh B. Non-linearity between Finance and Growth ［J］. *Economics Letters*, 2002, 74（3）：339 –345.

［159］Deidda L. Interaction between Economic and Financial Development ［J］. *Journal of Monetary Economics*, 2006, 53（2）：233 –248.

［160］Demirgüç – Kunt A. , Feyen E. , Levine R. *Optimal Financial Structures and Development：The Evolving Importance of Banks and Markets* ［R］. World Bank, Washington, D. C. , 2011.

［161］Demirgüç – Kunt A. , Feyen E. , Levine R. The Evolving Importance of Banks and Securities Markets ［J］. *The World Bank Economic Review*, 2013, 27（3）：476 –490.

［162］Demirgüç – Kunt A. , Levine R. Bank – Based and Market – Based Financial Systems：Cross – Country Comparisons ［R］. World Bank Policy Working Paper, 1999, No. 2143.

［163］Demirgüç – Kunt A. , *Levine R. Finance and Inequality：Theory and Evidence* ［R］. NBER Working Paper, 2009, No. 15275.

［164］Demirgüç – Kunt A. , Levine R. *Financial Structure and Economic Growth：A Cross-country Comparison of Banks, Markets and Development* ［M］. Cambridge, Massachusetts：The MIT Press, 2001.

［165］Demirgüç – Kunt A. , Maksimovic V. Funding Growth in Bank – Based and Market – Based Financial Systems：Evidence from Firm Level Data ［J］. *Journal of Financial Economics*, 2002, 65（1）：337 –363.

［166］Denizer C. , Iyigun M. , Owen A. L. Finance and Macroeconomic Volatility ［J］. *Contributions in Macroeconomics*, 2000, 2（1）：1048.

［167］Diamond D. W. Financial Intermediation and Delegated Monitoring ［J］, *Review of Economic Studies*, 1984, 51（3）：393 –414.

［168］Ergungor O. E. Financial System Structure and Economic Growth：Structure Matters ［J］. *Internal Review of Economics & Finance*, 2008, 17（2）：292 –305.

［169］Ergungor O. E. Market-vs. Bank-based Financial Systems：Do Rights and Regulations Really Matter?［J］. *Journal of Banking & Finance*, 2004, 28

(12): 2869 - 2887.

[170] Fuerst M. E. *Technological Innovation and the Design of the Financial System* [D]. Doctoral Dissertation in University of Miami, 1999.

[171] Galbis V. Financial Intermediation and Economic Growth in Less-developed Countries: A Theory Approach [J]. *Journal of Development Studies*, 1977, 13 (2): 58 - 72.

[172] Goldsmith P. G. *Financial Structure and Development* [M]. New Haven: Yale University Press, 1969.

[173] Greenwood J., Jovanovic B. Financial Development, Growth, and the Distribution of Income [J]. *Journal of Political Economy*, 1990, 98 (5): 1076 - 1107.

[174] Greenwood J., Sanchez J. M., Wang C. Financing Development: The Role of Information Costs [J]. *American Economic Association*, 2010, 100 (4): 1875 - 1891.

[175] Greenwood J., Smith B. D. Financial Markets in Development, and the Development of Financial Markets [J]. *Journal of Economic Dynamics and Control*, 1997, 21 (1): 145 - 181.

[176] Gurley J. G., Shaw E. S. Financial Aspects of Economic Development [J]. *American Economic Review*, 1955, 45 (4): 515 - 538.

[177] Gustafsson P., Segerstrom P. S. North - South Trade with Multinational Firms and Increasing Product Variety [J]. *International Economic Review*, 2011, 52 (4): 1123 - 1155.

[178] Hansen B. E. Sample Splitting and Threshold Estimation [J]. *Econometrica*, 2000, 68 (3): 575 - 603.

[179] Hassana M. K., Sanchez B., Yu J. S. Financial Development and Economic Growth: New Evidence from Panel Data [J]. *The Quarterly Review of Economics and Finance*, 2011, 51 (1): 88 - 104.

[180] Hayes A. F. Beyond Baron and Kenny: Statistical Mediation Analysis in the New Millennium [J]. *Communication Monographs*, 2009, 76 (4): 408 - 420.

[181] Hellmann T. , Murdock K. , Stiglitz J. E. Financial Restraint: Toward a New Paradigm. In Aoki M. , Kim H. , Okuno – Fujiwara M (Eds.), *The Role of Government in East Asian Economic Development: Comparative Institutional Analysis* [M]. New York: Oxford University Press, 1996.

[182] Hicks J. *A Theory of Economic History* [M]. Oxford: Clarendon Press, 1969.

[183] Honohan P. , Stiglitz J. E. Robust Financial Restraint. In Honohan P, Stiglitz J E (Eds.), *Financial Liberalization: How Far. How Fast?* [M]. New York: Cambridge University Press, 2001.

[184] Hsuan P. H, Tian X. , Xu Y. Financial Development and Innovation: Cross-country Evidence [J]. *Journal of Financial Economics*, 2014, 112 (1): 116 – 135.

[185] Ilyina A. , Samaniego R. Technology and Financial Development [J]. *Journal of Money, Credit and Banking*, 2011, 43 (5): 899 – 921.

[186] Jeanneney S. G. , Hua P. , Liang Z. Financial Development, Economic Efficiency, and Productivity Growth: Evidence from China [J]. *The Development Economics*, 2006, 44 (1): 27 – 52.

[187] Jensen M. C. , Murphy K. J. Performance Pay and Top Management Incentives [J]. *Journal of Political Economy*, 1990, 98 (2): 225 – 264.

[188] Jerzmanowski M. , *Nabar M. Financial Development and Wage Inequality: Theory and Evidence* [R]. MPRA Papers, 2007, No. 9841.

[189] Keynes J. M. , Society R. E. *The Pure Theory of Money* [M]. New York: Cambridge University Press for the Royal Economic Society, 2013.

[190] Kpodar K. , Singh R. J. *Does Financial Structure Matter for Poverty? Evidence from Developing Countries* [R] The World Bank Policy Research Working Paper, 2011, No. 5915.

[191] Krammer S. Drivers of National Innovation in Transition: Evidence from a Panel of Eastern European Countries [J]. *Research Policy*, 2009, 38 (5): 845 – 860.

[192] La Porta R. , Lopez – de – Silanes F. , Shleifer A. Government Owner-

ship of Banks [J]. *Journal of Finance*, 2002, 57 (1): 265 – 301.

[193] La Porta R. , Lopez – de – Silanes F. , Shleifer A, Vishny R. W. Corporate Ownership Around the World [J]. *The Journal of Finance*, 1999, 54 (2): 471 – 517.

[194] La Porta R. , Lopez – de – Silanes F. , Shleifer A, Vishny R. W. Investor Protection and Corporate Governance [J]. *Journal of Financial Economics*, 2000, 58 (1 – 2): 3 – 27.

[195] La Porta R. , Lopez – de – Silanes F. , Shleifer A. , Vishny R. W. Investor Protection and Corporate Valuation [J]. *The Journal of Finance*, 2002, 57 (3): 1147 – 1170.

[196] La Porta R. , Lopez – de – Silanes F. , Shleifer A. , Vishny R. W. Law and Finance [J]. *Journal of Political Economy*, 1998, 106 (6): 1113 – 1155.

[197] La Porta R. , Lopez – de – Silanes F. , Shleifer A. , Vishny R. W. Legal Determinants of External Finance [J]. *Journal of Finance*, 1997, 52 (3): 1131 – 1150.

[198] La Porta R. , Lopez – de – Silanes F. , Shleifer A. , Vishny R. W. The Economic Consequences of Legal Origins [J]. *Journal of Economic Literature*, 2008, 46 (2): 285 – 332.

[199] La Porta R. , Lopez – de – Silanes F. , Shleifer A. , Vishny R. W. What Works in Securities Laws? [J]. *The Journal of Finance*, 2006, 61 (1): 1 – 32.

[200] Levine R. Bank – Based or Market – Based Financial Systems: Which is Better? [J]. *Journal of Financial Intermediation*, 2002, 11 (4): 398 – 428.

[201] Levine R. *Finance and Growth: Theory and Evidence* [R]. NBER Working Paper, 2004, No. 10766.

[202] Levine R. , Loayza N. , Beck T. Financial Intermediation and Growth: Causality and Causes [J]. *Journal of Monetary Economics*, 2000, 46 (1): 31 – 77.

[203] Lin J. Y. *New Structure Economics: A Framework for Rethinking Development and Policy* [M]. World Bank Publications, 2012.

［204］Lin J. Y. , Sun X. , Jiang Y. , Endowment, Industrial Structure, and Appropriate Financial Structure: A New Structural Economics Perspective ［J］. *Journal of Economic Policy Reform*, 2013, 16 (2): 109 - 122.

［205］Loayza N. , Ranciere R. Financial Development, Financial Fragility, and Growth ［J］. *Journal of Money, Credit, and Banking*, 2006, 38 (4).

［206］Lucas R. E. On the Mechanics of Economic Development ［J］. *Journal of Monetary Economics*, 1988, 22 (1): 3 - 42.

［207］Manove M. , Padilla A. J. , Pagano M. Collateral versus Project Screening: A Model of Lazy Banks ［J］. Rand Journal of Economics, 2001, 32 (4): 726 - 744.

［208］McKinnon R. I. *Money and Capital in Economic Development* ［M］. Washington, D. C: The Brookings Institution, 1973.

［209］Merton R. C. A Functional Perspective of Financial Intermediation ［J］. *Financial Management*, 1995, 24 (2): 23 - 41.

［210］Merton R. C. , Bodie Z. *A Conceptual Framework for Analyzing the Financial Environment* ［M］. Cambridge, Massachusetts: Harvard Business School Press, 1995.

［211］Merton R. C. , Bodie Z. The Design of Financial Systems: Towards a Synthesis of Function and Structure ［J］. *Journal of Investment Management*, 2005, 3 (1): 1 - 23.

［212］Morles F. Financial Intermediation in a Model of Growth Through Creative Destruction ［J］. *Macroeconomic Dynamics*, 2003, 7 (3): 363 - 393.

［213］Pagano M. Financial Markets and Growth: An Overview ［J］. *European Economic Review*, 1993, 37 (2 - 3): 613 - 622.

［214］Patrick H. *Financial Development, Growth and Poverty: How Close are the Links* ［R］. The World Bank Policy Research Working Paper, 2004, No. 3203.

［215］Patrick H. T. Financial Development and Economic Growth in Underdeveloped Countries ［J］. *Economic Development and Cultural Change*, 1966, 14 (2): 174 - 189.

［216］Peter S. R. , Yves L. D. , Paul M. O. Managing Formation Processes in

R&D Consortia [J]. *California Management Review*, 2005, 47 (4): 137 –156.

[217] Rajan R. G. Has Financial Development Made the World Riskier? [J]. *Economic Policy Symposium*, 2005 (8): 313 –369.

[218] Rajan R. G. , Zingales L. Financial Dependence and Growth [J]. *American Economic Review*, 2000 (88): 1421 –1460.

[219] Rajan R. G. , Zingales L. Financial Systems, Industrial Structure, and Growth [J]. *Oxford Review of Economic Policy*, 2001, 17 (4): 467 –482.

[220] Rajan R. G. , Zingales L. The Great Reversals: The Politics of Financial Development in the 20th Century [J]. *Journal of Financial Economics*, 2003, 69 (1): 5 –50.

[221] Rin M D. , Nicodano G. , Sembenelli A. Public Policy and the Creation of Active Venture Capital Markets [J]. Journal of Public Economics, 2006, 90 (8): 1699 –1723.

[222] Rioja F. , Valev N. Does One Size Fit All?: A Reexamination of the Finance and Growth Relationship [J]. *Journal of Development Economics*, 2004, 74 (2): 429 –447.

[223] Rioja F. , Valev N. Financial Structure and Capital Investment [J]. *Applied Economics*, 2012, 44 (14): 1783 –1793.

[224] Rioja F. , Valev N. Stock Markets, Banks and the Sources of Economic Growth in Low and High Income Countries [J]. *Journal of Economics and Finance*, 2011, 38 (2): 1 –19.

[225] Robinson J. *The Generalization of the General Theory and Other Essays* [M]. London: MacMillan, 1979.

[226] Sasidharan S. , Lukose P. J. , Komera S. Financing Constraints and Investments in R&D: Evidence from Indian Manufacturing Firms [J]. The Quarterly Review of Economics and Finance, 2014, 121 (6): 127 –139.

[227] Schumpeter J. A. *The Theory of Economic Development* [M]. Cambridge: Harvard University Press, 1912.

[228] Shaw E. S. *Financial Deepening in Economic Development* [M]. New York: Oxford University Press, 1973.

[229] Shen C. H., Lee C. C. Same Financial Development Yet Different Economic Growth: Why? [J]. *Journal of Money, Credit and Banking*, 2006, 38 (7): 1907 – 1944.

[230] Song F., Thakor A. V. Financial System Architecture and the Co-evolution of Banks and Capital Markets [J]. *Economic Journal*, 2010, 120 (547): 1021 – 1055.

[231] Stiglitz J. E., Weiss A. Credit Rationing in Markets with Imperfect Information [J]. *American Economic Review*, 1981, 71 (3): 393 – 410.

[232] Stulz R. Does Financial Structure Matter for Economic Growth? A Corporate Finance Perspective. In Demirgüç – Kunt A, Levine R (Eds.), *Financial Structure and Economic Growth: A Cross – Country Comparison of Banks, Markets, and Development* [M]. Cambridge, Massachusetts: The MIT Press, 2001.

[233] Sturgeon J. T. Modular Production Networks: A New American Model of Industrial Organization [J]. *Industrial and Corporate Change*, 2002, 11 (3): 451 – 496.

[234] Tadesse S. A. Financial Architecture and Economic Performance: International Evidence [J]. *Journal of Financial Intermediation*, 2002, 11 (4): 429 – 454.

[235] Tadesse S. *Financial Development and Technology* [D]. Michigan: Stephen M. Ross School of Business, University of Michigan, 2007.

[236] Wahid A. N. M., Jalil A. Financial Development and GDP Volatility in China [J]. *Economic Notes*, 2010, 39 (1 – 2): 27 – 41.

[237] Wurgler J. Financial Markets and The Allocation of Capital [J]. *Journal of Financial Economics*, 2000 (5): 187 – 214.